Dans la même collection :

Dictionnaire chronologique des papes

Sous la direction de l'équipe
de la Centrale d'achats Maxi-Livres

Direction
Alexandre Falco

Responsable des publications
Françoise Orlando-Trouvé

Responsable de la collection
Stéphanie Lascar

Fabrication
Guillaume Bogdanowicz

Découvrez nos offres
et nos magasins sur le site :

www.maxi-livres.com

Pierre Norma

Dictionnaire chronologique des papes

*De saint Pierre à Jean-Paul II,
de Rome à Avignon,
tous les papes et antipapes
de l'histoire de l'Église.*

Sommaire

Avant-propos

Depuis que saint Pierre, sous le règne de Néron, voici vingt siècles, a été crucifié la tête en bas sur une colline de Rome, près de trois cents papes et antipapes ont fait l'histoire de l'Église et de la chrétienté. Certains ont été de grands hommes d'État, d'autres ont été indignes de leur charge ; il y eut parmi eux des hommes de guerre et des hommes de paix, des princes corrompus et des moines martyrs.

De guerres civiles à Rome, en croisades à Jérusalem, de schismes en excommunications, de rois de France en empereurs d'Allemagne, d'évêques simoniaques en cardinaux félons, des palais de Rome au château d'Avignon, c'est une histoire foisonnante et surprenante qui est ici racontée, loin des récits hagiographiques et des légendes saint-sulpiciennes. Des papes n'ont régné que quelques jours, d'autres près d'un quart de siècle ; la destinée de beaucoup relevait des romans de cape et d'épée, des élections ont été agitées, quelques morts violentes ; d'autres avaient tendance à confondre le royaume de Dieu avec leurs propres biens. Quoi qu'il en soit, dès leur élection, la plupart d'entre eux sont devenus, parfois contre leur gré, les acteurs essentiels de l'histoire, avec ses grandeurs et ses décadences, ses ombres et ses lumières.

Pour comprendre le monde dans lequel nous vivons aujourd'hui, il est indispensable de connaître l'histoire de ceux qui l'ont fait hier. Si royaumes et empires ont disparu, la papauté, elle, existe toujours, et demeure, au-delà de toute religion, une référence historique.

Tous les papes, des origines de l'Église à nos jours

Tu es Pierre, et sur cette pierre je bâtirai mon Église, et les Portes de l'Enfer ne prévaudront point contre elle. Je te donnerai les clefs du Royaume : ce que tu lies sur la terre sera tenu pour lié dans les cieux, et ce que tu délies sur la terre sera tenu pour délié dans les cieux.

Évangile de saint Matthieu.

PIERRE *(saint)* (33 ?–67 ?)

Simon est, avec son frère André, le premier disciple du Christ. « Tu es Simon, lui a dit Jésus, le fils de Jean ; tu t'appelleras Céphas — ce qui veut dire Pierre. » (Jean, I, 42). Né en Galilée, son rôle s'affirme après la Pentecôte, date à partir de laquelle la communauté chrétienne le considère comme le Prince des apôtres (même si les Évangiles de Marc, Luc et Jean restent discrets sur cette « promotion »). Il aurait, le premier, converti un païen, le centurion romain Corneille.

Il préside le premier concile de Jérusalem (vers 48) au cours duquel la conversion préliminaire des gentils, c'est-à-dire les non juifs, au judaïsme est jugée superflue. Pour devenir chrétien, un païen, sur la suggestion de saint Paul, n'aura pas à respecter, auparavant, la loi juive (obligations alimentaires, circoncision, soumission à certaines fêtes…).

Pierre séjourne plusieurs années à Antioche, voyage à travers la Palestine et l'Asie Mineure, et accomplit aussi plusieurs voyages à Rome où il finit par se fixer vers 59. Une communauté de premiers chrétiens a déjà fait souche dans la capitale de l'Empire. Pierre en devient le premier évêque, titre dont se prévaudront ses successeurs (mais on ne sait rien sur son apostolat de premier vicaire du Christ). Il meurt entre 64 et 67, à la suite des persécutions que l'empereur Néron a menées contre les chrétiens, qu'il a accusés d'être responsables de l'incendie de Rome, dont il était sans doute lui-même l'auteur. Des légendes le disent mort à Antioche, d'autres à Babylone.

Selon la tradition, Pierre a été condamné à la crucifixion mais, se jugeant indigne de mourir comme Jésus, son maître, il a demandé à être crucifié la tête en bas. C'est l'empereur Constantin le Grand (306-337) qui fait bâtir la première basilique Saint-Pierre, autour de la grotte où le corps de Pierre aurait été déposé.

LIN *(saint)* (67 ?–79 ?)

On le fait naître en Étrurie, l'actuelle Toscane, et on le dit fils d'Herculanus, un gladiateur breton. Il serait le Linus dont parle saint Paul dans sa seconde Épître à Timothée. Converti par saint Pierre, on lui confie l'administration de l'Église romaine, fonction qu'il va partager avec saint Clet (voir ci-après). Il monte sur le trône pontifical en 67. Il est à l'origine, selon saint Damase, de l'obligation pour les femmes de porter le voile dans les églises.

Il est décapité sous l'empereur Vespasien, sur l'ordre de Saturnin le Consulaire dont il a pourtant guéri la fille peu de temps auparavant.

ANACLET (OU CLET) *(saint)* (79 ?–89 ?)

La tradition selon laquelle Clet et Anaclet seraient deux papes distincts ne répond pas à la liste établie par saint Irénée, au IIe siècle. Grec d'origine, peut-être ancien esclave, Clet vit sans trouble sous Vespasien, puis sous Titus. Coadjuteur de saint Pierre avec Lin, il coiffe la tiare vers 79. Sous Domitien, les persécutions reprennent. Il serait mort martyr en 89.

CLÉMENT Ier *(saint)* (89 ?–97 ?)

Il est né, selon Nicéphore Grégoras (savant et historien byzantin, 1295-1360), sur le mont Célius, l'une des sept collines de la Ville éternelle. Issu d'une lignée ayant donné des empereurs romains, homme cultivé, ancien consul selon une légende, parlant le grec, il est disciple de saint Pierre et de saint Paul. Peut-être était-il parent de Tibère ou de Domitien. Son élection daterait de 89. Saint Euchère, évêque de Lyon, le présente comme un éminent savant. En 96, Trajan le bannit parce qu'il a refusé de sacrifier aux idoles. Déporté en Chersonèse Taurique (Crimée), il entreprend d'en convertir la population. Averti de ces activités, Trajan dépêche auprès de lui un homme chargé de le mettre à mort. Arrêté, il sera ensuite jeté à la mer, une ancre autour du cou. Il a sans doute rédigé deux *Épîtres aux Corinthiens* écrites vers 96, où il tente d'apaiser — déjà — une querelle théologique entre des Corinthiens et leurs pasteurs. Et, avec moins de vérité, vingt-huit homélies dites *pseudo-clémentines*.

ÉVARISTE *(saint)* (97 ?–105 ?)

Grec, né à Bethléem ou à Antioche, il succède à Clément Ier en 97. On lui attribue la division de Rome en paroisses. Il

aurait aussi ordonné que les mariages soient rendus publics.
Il est l'auteur présumé de deux lettres décrétales, l'une
adressée aux évêques d'Afrique, l'autre à ceux d'Égypte. Il
meurt sous le règne d'Hadrien.

ALEXANDRE Ier *(saint)* (105 ?–115 ?)

Né à Rome. Il aurait ordonné que la bénédiction de l'eau se
fasse avec du sel. Les écrits qui lui sont attribués sont apo-
cryphes. Il meurt décapité sur l'ordre des sénateurs romains
qu'il n'a pu réussir à convertir. Une partie de ses restes se
trouverait dans l'église Sainte-Sabine, sur le mont Aventin,
l'autre dans un monument funèbre de la ville de Lucques.

SIXTE Ier *(saint)* (115 ?–125 ?)

Né à Rome comme son prédécesseur. Deux lettres lui sont
attribuées. On ne sait rien de lui, si ce n'est qu'il est mis à
mort vers l'an 125. Il aurait institué le carême.

TÉLESPHORE *(saint)* (125 ?–136 ?)

D'origine grecque, il aurait d'abord été anachorète. On le
dit auteur des *Constitutions* et *Décrets*. Il ordonne qu'à
l'occasion de la nativité du Christ soit célébrée une messe
(dite de minuit) et qu'avant l'offertoire soit chantée l'hymne
angélique *Gloria in exelcis Deo*. Il institue le jeûne des sept
semaines précédant la fête de Pâques. Il est martyrisé sous
Antonin le Pieux.

HYGIN *(saint)* (136 ?–140 ?)

La tradition en fait un philosophe originaire d'Athènes. Il
combat probablement les hérésies qui se répandent à Rome.
C'est l'époque où apparaissent les gnostiques de Valentin
d'Alexandrie, de Cerdon de Syrée et de Marcion de Sinope,
surnommé le « loup du Pont » par Tertullien. On le dit à
l'origine, au moment de la présentation des enfants sur les
fonds baptismaux, de la présence obligatoire d'un parrain ;
mais cette prescription semble n'être que la confirmation
d'un usage préexistant. Il hiérarchise le clergé romain et
meurt, sans subir le martyre, sous Antonin le Pieux.

PIE Ier *(saint)* (140 ?–155 ?)

Le pontificat de ce pape, né à Aquilée, en Italie, est presque entièrement consacré à la lutte contre le gnosticisme alors à son apogée. Il excommunie Marcion, l'un de ses représentants, lors d'un synode assemblé en 144, prouvant ainsi que Rome est devenue le principal foyer chrétien du monde occidental. En l'honneur de sa sœur Prudentienne, il fait bâtir l'église de Rome qui porte le même nom. Probablement martyrisé sous Marc Aurèle.

ANICET *(saint)* (155 ?–166 ?)

Originaire de Syrie, ce pape doit à son tour combattre l'hérésie gnostique, et plus spécialement le montanisme. Sous son pontificat est débattue la date des fêtes de Pâques. Une rencontre avec le vieux saint Polycarpe — disciple de saint Jean — a lieu à Rome à ce sujet.

Anicet décrète que les clercs et les gens d'Église ne doivent pas porter les cheveux longs, que la présence de trois personnes du même ordre est nécessaire pour la nomination d'un évêque — proposition reprise et confirmée lors du premier concile de Nicée (325) — et que, enfin, tous les évêques d'un pays doivent assister au sacre de leur métropolitain. Il lutte âprement contre l'idolâtrie, ce qui lui vaut la persécution et le martyre. Il repose au cimetière de Calixte sur la via Appia.

SOTER *(saint)* (166 ?–175 ?)

Né à Fundi, en Campanie, ce pape porte un nom grec qui signifie « sauveur ». Il proclame que nul prêtre ne doit célébrer l'office divin sans être à jeun et accompagné d'au moins deux assistants ; que nulle religieuse, nul diacre ne doit toucher les ornements de l'autel ni s'arroger le droit d'encenser dans une église. Il déclare aussi qu'une épouse ne sera tenue pour légitime que si elle est conduite publiquement dans une église et qu'elle y reçoit d'un prêtre la bénédiction nuptiale. Il endure le martyre lors des féroces répressions qui frappent les villes de Lyon et de Vienne. À l'instar d'Anicet, il combat le montanisme. Avec lui se poursuit la querelle sur la date du jour de Pâques amorcée par Anicet.

ÉLEUTHÈRE *(saint)* (175–189)

C'est sur son nom que saint Irénée achève sa liste des papes. Fils d'un certain Abundius, il naît à Nicopolis, en Grèce. Saint Jérôme rapporte qu'il a d'abord été diacre, au service d'Anicet. Après son élection sur le trône de saint Pierre, les chrétiens de Lyon qui ont échappé aux persécutions lui envoient saint Irénée, alors simple prêtre , chargé de lettres de suppliques. C'est à cette époque qu'ont lieu les martyres de sainte Blandine et de Pothin, l'évêque de Lyon. Pour la propagation de la foi, Éleuthère envoie, avec succès, des prédicateurs en Bretagne.

VICTOR Ier *(saint)* (189–199)

Originaire d'Afrique, Victor, dès qu'il est nommé, stipule, à l'intention des évêques d'Orient, que l'on doit suivre partout la coutume de l'Église romaine. Ceux qui refuseront d'obéir seront exclus de la communauté. Il impose définitivement la date de la célébration de Pâques, menaçant d'excommunication ceux qui ne se soumettront pas à cette décision. Plusieurs évêques d'Asie Mineure refusent d'obtempérer. Le schisme est consommé. Saint Irénée s'étant interposé et ayant recommandé la modération, Victor revient sur sa sentence et lève l'anathème.

C'est à cette époque que le latin supplante le grec dans la liturgie. Victor est le premier pape de langue latine, mais il faudra attendre l'an 230 pour que la messe soit célébrée à Rome en latin, et non en grec. Sur le plan laïque, Victor intervient auprès de l'empereur Commode pour la libération des chrétiens envoyés dans les mines de Sardaigne et obtient gain de cause.

ZÉPHYRIN *(saint)* (199–217)

Né à Rome, il excommunie aussi les disciples de Montan, au nombre desquels semble s'être trouvé Tertullien, bien qu'il figure parmi les adversaires déclarés des hérétiques. Dans ses *Décrétales*, il ordonne que la consécration du sang de Jésus-Christ se fasse dans un calice de verre et non de bois ; que tout chrétien ayant atteint l'âge de la puberté communie au moins une fois l'an, à Pâques ; que nul évêque ne puisse être jugé autrement que par le Saint-Siège. Mort martyr, selon certaines légendes, sous le règne de Caracalla.

CALIXTE Ier *(saint)* (217–222)

Ancien esclave, chargé d'affaires bancaires pour un riche Grec, il serait venu au christianisme après une jeunesse agitée. Envoyé dans les mines de Sardaigne, il est délivré suite à l'intervention de Victor Ier. Saint Zéphyrin le charge d'administrer les catacombes, cimetières souterrains où les chrétiens cachent leurs morts. Au moment de son accession à la dignité de chef de l'Église, des opposants nomment un autre évêque, Hippolyte, qui devient de ce fait le premier antipape de l'histoire. Ce schisme va durer jusqu'en 235. Lors d'une persécution menée par Sévère Alexandre, un prêtre a la tête tranchée et son corps est jeté dans le Tibre. Calixte ordonne qu'on retrouve ce corps, auquel il fait donner une sépulture honorable. Incarcéré pour cette action, privé de nourriture et de boisson, puis défenestré, il est ensuite précipité dans un puits où il achève d'agoniser.

HIPPOLYTE *(saint)* (ANTIPAPE DE 217 À 235)

Premier antipape de l'histoire, Hippolyte refuse de considérer comme pape Calixte Ier, auquel il reproche sa trop grande indulgence pour les pécheurs qu'il propose de réintégrer dans l'Église. Son intransigeance, approuvée par une minorité de fidèles, se manifeste encore sous les pontificats d'Urbain Ier et de Pontien. Mais lors de persécutions impériales, Hippolyte est exilé avec Pontien et envoyé dans les mines de Sardaigne (où ils mourront tous deux) ; Hippolyte, renonçant à son intransigeance devant les périls auxquels sont exposés les chrétiens, met alors fin au schisme et reconnaît, avant de mourir, saint Anthère comme pape.

URBAIN Ier *(saint)* (222–230)

On accorde à Urbain Ier plusieurs conversions célèbres. C'est ainsi qu'il baptise Valérien, le mari païen qu'on a imposé à sainte Cécile. Il amène ensuite à la vraie foi un parent de Valérien, Tiburce, puis Maxime, le chambellan de Sévère

Alexandre. L'empereur, irrité et poussé par ses proches, le fait saisir ainsi que les trois convertis et les condamne à la décapitation. En raison de la maladresse du bourreau, son agonie dure trois jours...

PONTIEN *(saint)* (230–235)

Fils d'un bourgeois romain, il coiffe la tiare trente jours après la mort d'Urbain Ier. Son pontificat est marqué par le rejet de la doctrine d'Origène jugée ambiguë (elle intègre des thèmes néoplatoniciens) et dont plusieurs points vont être condamnés par la suite lors du concile de Constantinople (553). L'empereur Maximin le Thrace, soucieux de priver l'Église de ses deux principales autorités, le fait déporter avec Hippolyte — l'antipape — sur l'île de Tavolato, près de la Sardaigne, où ils mourront d'épuisement dans les mines. Un fait est à souligner : en raison de sa réconciliation avec Hippolyte, Pontien, peu avant sa déportation, a décidé d'abdiquer (25 septembre 236), décision qu'aucun pape n'a prise avant lui. Cet acte de sagesse va permettre à la communauté chrétienne de retrouver un chef unique en la personne de son successeur et la préservera d'un schisme. Saint Pontien est honoré comme martyr, et il est le premier dont la preuve du supplice est parvenue jusqu'à nous.

ANTHÈRE *(saint)* (235–236)

Ce prélat grec, dès sa nomination à la tête de l'Église, s'attache à faire rechercher les actes des martyrs afin d'en donner lecture pour l'édification des fidèles. L'empereur Maximin le fait arrêter et on ne sait ce qu'il devient après. La tradition le donne pour martyr.

FABIEN *(saint)* (236–250)

L'empereur Gordien succède à Maximin, et son règne s'annonce plus clément. Le nouveau pape peut s'atteler à sa tâche. Il condamne l'hérésie de Primatius et convertit Philippe qui va devenir le premier empereur romain favorable au christianisme. Grégoire de Tours rapporte sa décision d'envoyer des évêques en Gaule afin d'y prêcher la parole de Dieu. Sous sa législation, le corps ecclésiastique est divisé en ordre majeur et en ordre mineur. Il partage aussi Rome en sept diaconies et fait édifier plusieurs églises. Il fait revenir de Sardaigne les cendres de saint Pontien et saint Hippolyte. L'empereur Philippe, dit l'Arabe, venu au pouvoir après Gordien III qu'il a fait assassiner (244), facilite les entreprises de Fabien. Mais il meurt cinq ans plus tard devant les armées de son rival Decius. Ce dernier, partisan d'un retour à la religion traditionnelle, rallume la persécution contre les chrétiens qui refusent de brûler de l'encens à la gloire des dieux et de l'empereur. Fabien, emprisonné, meurt des mauvais traitements qu'il subit.

CORNEILLE *(saint)* (251–253)

Le trône pontifical est vacant depuis quatorze mois lorsque Corneille y accède. Vis-à-vis de ceux qui ont abjuré leur foi sous la menace, les *lapsi* (relaps), il se montre plein d'indulgence, comme il l'est avec ceux qui ont commis, hors mariage, le péché de chair. Cette mansuétude entraîne la réaction du parti rigoriste regroupé autour de Novatien, chef des manichéens et son concurrent récent à la tête de la chrétienté. Un second schisme se forme. Novatien refuse le retour à la religion des *lapsi*, considérant qu'ils ont perdu la grâce acquise par le baptême en tombant dans l'apostasie. Il tente vainement de s'emparer du pouvoir, se risquant à proclamer nulle l'élection de Corneille, qui réunit un synode à Rome et le fait excommunier.

Sous le règne de l'empereur Gallus, Corneille est arrêté et exilé à Centumcellae (l'actuelle Civita Vecchia) avec ses prêtres et ses diacres. Son successeur, l'empereur Valérien, le rappelle alors à Rome, l'interroge et, irrité par ses réponses, le fait fouetter. Puis il le contraint à choisir entre offrir un sacrifice au dieu Mars ou avoir la tête coupée. Comme il refuse de sacrifier à Mars, Corneille est conduit au supplice.

NOVATIEN (ANTIPAPE EN 251)

Ce Romain, philosophe de la rigueur, prétend que l'Église ne peut absoudre les péchés mortels ; il est le premier antipape à se faire élire pour contester le pouvoir d'un autre pape, lui aussi élu. Il serait mort en Afrique, où il a été exilé, en 258, à moins qu'il ait été martyrisé. Son rigorisme fera des disciples jusqu'au VIIᵉ siècle, même si sa doctrine est condamnée par plusieurs conciles.

LUCIUS Iᵉʳ *(saint)* (253–254)
Né à Lucques selon les uns, à Rome selon d'autres, fils de Lucius dans le premier cas, de Porphyre dans le second, il est à peine élu que l'empereur Valérien, déjà, l'éloigne. Il ne reviendra que quelques mois plus tard, pour être mis à mort. Saint Cyprien, dans deux lettres, a fait l'éloge de son courage. Il figure dans le martyrologe, mais l'on prétend qu'il serait mort d'une épidémie.

ÉTIENNE Iᵉʳ *(saint)* (254–257)
Son pontificat reste marqué par la querelle qui divise l'Église à propos du baptême (par la seule imposition des mains) des hérétiques revenus à la vraie religion. Étienne, à Rome, soutient que leur baptême reste valide. Il s'oppose en cela à l'Église d'Afrique où saint Cyprien proclame que les renégats doivent être rebaptisés. Même si la soumission n'est pas complète, le pape l'emportera finalement *post mortem*, le concile de Nicée lui donnant raison.
Devenu la cible des attaques de l'empereur Valérien, Étienne est contraint à l'exil, comme son prédécesseur ; comme lui, il revient à Rome pour y mourir décapité.

SIXTE II *(saint)* (257–258)
Cet Athénien reprend à son compte les arguments d'Étienne relatifs au baptême des hérétiques repentis et parvient à rétablir pleinement la paix entre les Églises antagonistes. Par ailleurs, il laisse sagement l'usage de leurs habitudes aux communautés dissidentes au sujet de la date de Pâques. L'empereur Valérien, au début de son règne, est plutôt favorable aux chrétiens. Mais la mauvaise situation financière de l'Empire, assiégé de toute part par les Barbares, lui fait prendre des décrets contre les chrétiens, dont il cherche à confisquer les biens.

La tradition a rapporté la vénération de Sixte II pour la mémoire des martyrs, malgré la sévère interdiction promulguée par Valérien. Or, un jour qu'il est en train de prier en présence des reliques de saint Pierre et de saint Paul, les gardes impériaux le surprennent et le décapitent sur-le-champ. Au moment de l'arrestation, son diacre, saint Laurent, proteste, déclarant qu'il ne veut pas se séparer de son maître. Sixte lui annonce alors qu'ils ne tarderont pas à être réunis. Peu après, en effet, comme Laurent refuse de livrer l'or de l'Église (dont il est le trésorier), il est condamné à être brûlé vif. Dans sa *Légende dorée*, Jacques de Voragine le dépeint étendu sur un gril sous lequel crépitent des charbons ardents, tandis que ses bourreaux fouillent son corps avec des fourches de fer sans parvenir à lui arracher des cris de douleur.

DENYS *(saint)* (259–268)
Originaire de Calabre, ce pape se rend populaire par ses actes de générosité. Il rachète aux Barbares qui les ont vaincus les habitants de la Cappadoce réduits en esclavage.
À cette époque, l'évêque Denys d'Alexandrie (Alexandrie est alors capitale chrétienne d'Orient, comme Rome l'est pour l'Occident), disciple d'Origène, soutient que dans la sainte Trinité, le Père et le Fils ne sont pas de même nature. On a appelé cette conception le « subordinationisme ». C'est sur l'argumentation du pape Denys que les pères s'appuieront lors du concile de Nicée, lorsqu'il leur sera demandé de formuler la doctrine catholique de la divinité de Jésus-Christ. À la mort de l'empereur Valérien, son fils et successeur Gallien met un terme aux poursuites engagées contre les chrétiens et veille à la restitution de leurs églises et de leurs biens.

FÉLIX Ier *(saint)* (269–274)
Né à Rome sous le règne de l'empereur Aurélien, il doit s'opposer à l'hérétique Paul de Samosate déjà déposé par le pape Denys lors des conciles d'Antioche qui se sont déroulés entre 264 et 268. Paul de Samosate n'en continue pas moins à occuper son poste d'évêque à Antioche, protégé par la puissante reine de Palmyre, Zénobie.

Cette situation cesse lorsque Aurélien s'empare de Palmyre en 272. Sur le recours des Églises d'Orient, il donne l'ordre d'expulser Paul. La tradition assure que saint Félix meurt martyr, mais aucun document ne le prouve.

EUTYCHIEN *(saint)* (275-283)

Né en Toscane en 220, Eutychien voit quatre empereurs se succéder sous son pontificat : Aurélien, Tacite, Probus et Carus. Il encourage la pratique de la bénédiction des arbres et des fruits, préfigurant la fête des Rogations instituée en France lors du concile d'Orléans (515) et répandue ensuite dans toute la chrétienté. Il déclare que tout nouveau converti au christianisme aura le droit de répudier (ou de garder) sa femme s'il l'a épousée avant son baptême. L'hérésie de Manès commence sous son pontificat. On ne sait si ce pape a été martyrisé. Sa pierre tombale se trouve dans les catacombes de Saint-Calixte.

CAÏUS *(saint)* (280-296)

Originaire de Dalmatie, le pape Caïus (ou Gaïus) voit son règne se dérouler presque entièrement sous celui de Dioclétien (284-305) dont il est peut-être le parent. Dioclétien, qui s'est autoproclamé « dieu vivant », persécute ceux qui ne veulent pas adhérer à son culte. Les chrétiens, qui ont appris à transiger, prétendent vouloir prier pour le salut de l'empereur, ce qui leur évite d'être pourchassés. Les chrétiens, passagèrement inquiétés, Caïus se serait enfui de Rome pour un refuge resté secret, d'où il aurait organisé la résistance chrétienne, avant de revenir dans la capitale.

Parallèlement, pendant cette période, les chrétiens accèdent à des postes de confiance dans l'administration impériale grâce à la protection de Constance Chlore, promu à la dignité de césar (pour assister l'empereur) et qui deviendra lui aussi empereur en 305 (il est le père de Constantin). Dioclétien a entrepris une profonde réorganisation de l'Empire, en créant notamment des diocèses, sur lesquels l'Église, dans les siècles à venir, va calquer son organisation administrative. On ne sait rien de la mort de Caïus.

MARCELLIN *(saint)* (296–304)

C'est sous son pontificat que débutent les grandes persécutions de Dioclétien. L'édit de tolérance de Gallien a pris fin.
Après avoir poursuivi la secte des manichéens dont les idées
ont commencé à se répandre à partir de 240, Dioclétien finit
par s'en prendre aux chrétiens, qu'il accuse d'avoir tenté
d'incendier son palais de Nicomédie. Il fait d'abord détruire
leurs églises et leurs livres sacrés. Puis, la pression s'accentuant, il leur demande de choisir entre le reniement et la
mort. Les martyrs ne se comptent plus. Le plus célèbre
d'entre eux est saint Sébastien, capitaine de la garde préto-
rienne de l'empereur livré à ses archers pour avoir avoué sa
foi chrétienne.

En ce qui concerne saint Marcellin, un doute subsiste : il
aurait livré les livres saints à ses persécuteurs et sacrifié aux
dieux païens pour échapper au supplice. D'autres sources le
présentent au contraire comme un homme au courage
exemplaire devant la mort. Son tombeau, dans les catacombes de sainte Priscille, a fait l'objet d'une grande vénération.
Sous son pontificat a lieu, en Espagne, un concile au cours
duquel sont demandés la continence des prêtres et le refus
des images dans les églises.

MARCEL Ier *(saint)* (308–309)

Certains auteurs l'apparente à l'illustre famille des Savelli
dont il sera question plus loin, à propos d'Honorius III. Le
Saint-Siège, dans ces temps de répression, est resté vacant
près de quatre ans — la vacation la plus longue de l'histoire.
La question dominante est alors, une fois de plus, celle des
relaps (*lapsi*), que le régime de terreur a conduits à renoncer
à leur croyance et qui veulent réintégrer l'Église. On veut,
avant de les absoudre, leur imposer une pénitence, ce qui les
indigne. Des bagarres éclatent entre ceux qui n'ont jamais
renié leur foi et ceux qui l'ont abjurée par peur des représailles impériales. L'empereur Maxence, ulcéré par ces troubles
de l'ordre public dont il rend responsable Marcel, évêque de
Rome, l'exile, ou, selon une autre version, l'oblige à servir
dans ses écuries. Marcel meurt peu après. On ignore s'il a été
martyrisé.

EUSÈBE *(saint)* (309–310)

Fils de médecin, médecin lui-même, Eusèbe est né en Calabre, à Cassano. Il hérite des conflits de son prédécesseur. Un certain Héraclius, farouchement opposé aux *lapsi*, s'en prend à lui, arguant que l'apostasie est une faute irrémissible et oubliant, de ce fait, le reniement de saint Pierre. La querelle prenant une ampleur alarmante et menaçant de troubler l'ordre public, l'empereur Maxence fait exiler les deux antagonistes. Eusèbe meurt en Sicile.

MELCHIADE *(saint)* (311–314)

Melchiade (ou Miltiade) serait né à Madrid selon certains, en Afrique selon d'autres. Quoi qu'il en soit, son pontificat, après une vacance de quelques mois, annonce une ère nouvelle : en effet, l'empereur Galerius, avant de mourir, ordonne le rétablissement de la liberté de culte. Puis, aussitôt après lui, c'est l'avènement de Constantin, qui fait publier le fameux édit de Milan (313) qui légalise la religion catholique. L'empereur fonde la ville de Constantinople où il s'installe. Rome, désormais, devient la cité des papes, mais elle va s'opposer à Constantinople, dont l'évêque deviendra le patriarche des Églises d'Orient.

Melchiade réside alors au palais du Latran que lui a offert Constantin, demeure qu'occuperont ses successeurs pendant de longs siècles. Il doit combattre l'évêque Donat, qui dirige une Église schismatique soutenue par la population berbère. Le donatisme est rejeté au concile d'Arles (314).

SYLVESTRE Ier *(saint)* (314–335)

C'est sous le pontificat de ce Romain que se déroule le premier grand concile œcuménique (ouvert à tous les évêques du monde chrétien) dans la ville de Nicée, en 325. Il a été convoqué à l'instigation de l'empereur Constantin : pour la première fois, le pouvoir impérial s'unit au pouvoir pontifical. L'hérésie d'Arius, qui soutient que Jésus-Christ est homme et non Dieu, y est combattue et condamnée. Outre cette décision, le concile se prononce sur de nombreux points : vingt canons sont formulés pour les réformes de la discipline ecclésiastique. La date de la fête de Pâques est à nouveau et définitivement fixée. Le *Credo* ou « Symbole des apôtres » est introduit dans la liturgie, le repos dominical imposé.

Sous l'impulsion de Sylvestre et de Constantin, de somptueuses basiliques sont érigées : Saint-Jean de Latran, Sainte-Croix-de-Jérusalem, Saint-Paul-hors-les-Murs. Sur l'emplacement du tombeau présumé de saint Pierre commence à s'élever la basilique qui porte son nom. Notons encore que c'est sous le règne de Sylvestre Ier qu'Hélène, la mère de Constantin, fait entreprendre des fouilles à Jérusalem, au terme desquelles est découverte la vraie croix, confiée plus tard aux Frères mineurs de l'ordre de saint François d'Assise — découverte qui marque le début d'un florissant trafic des reliques, qui ne cessera qu'à la fin du Moyen Âge. On a prétendu, à tort, que Sylvestre Ier aurait baptisé Constantin, en échange de quoi il aurait reçu sur l'Italie un pouvoir temporel. C'est en fait Eusèbe, évêque de Nicomédie, qui baptisa l'empereur.

MARC *(saint)* (336)

On lui attribue la remise du *pallium* — ornement de laine blanche, marqué de croix noires, que pape, primats et archevêques portent en sautoir sur la chasuble — à l'évêque d'Ostie. Par ordonnance, il aurait confié à ce prélat le privilège de consacrer le pape. Pendant les quelques mois de son pontificat, il fait ériger deux basiliques.

JULES Ier *(saint)* (337–352)

L'hérésiarque Arius est mort (336), mais son influence perdure et entraîne de graves dissensions dans l'Église. Ainsi saint Athanase, patriarche d'Alexandrie, est l'objet des persécutions de l'évêque arien Eusèbe de Nicomédie. Il faudra le synode de Rome, en 340, pour le rétablir dans son autorité. Mais les querelles se poursuivent et Jules Ier convoque, en 343, un important concile qui réunit à Sardique, en Thrace, les chrétiens d'Occident à ceux d'Orient afin qu'ils se prononcent à ce sujet. Les eusébiens n'y sont pas convaincus, mais le Saint-Siège en sort renforcé car, désormais, les évêques feront appel à lui pour trancher tout litige. La primauté du pape de Rome ne fait plus de doute.

LIBÈRE (352–366)
Libère est élu pape au plus fort de la controverse entre défenseurs de la « vraie foi » et ariens. Constant, l'empereur d'Occident, fils de Constantin le Grand et défenseur de l'orthodoxie romaine, vient d'être assassiné (350). Constance, son frère, s'empare du pouvoir ; favorable aux ariens, il convoque le synode d'Arles (353) à l'issue duquel il fait condamner Athanase et annuler l'ensemble des décisions prises au concile de Nicée. Libère est alors exilé en Thrace (358) tandis que s'installe l'antipape Félix II soutenu par le nouvel empereur. Toutefois, la sanction prise contre Libère est levée trois ans plus tard et la permission de revenir à Rome lui est accordée à condition qu'il modère son intransigeance par rapport à l'arianisme. Un compromis ayant été trouvé entre les deux partis, Félix II abandonne le trône. Lors de l'accession au pouvoir de l'empereur Julien l'Apostat, tourné vers le paganisme, Libère, revenu à un catholicisme pur, doit résister aux mesures antichrétiennes de ce dernier. Les hésitations de Libère pendant la querelle contre les ariens serviront d'arguments aux adversaires de l'infaillibilité pontificale. Son attitude équivoque lui vaudra, d'autre part, de ne pas être honoré comme saint, comme le sont ses prédécesseurs et successeurs jusqu'en l'an 800.

FÉLIX II (ANTIPAPE DE 355 À 365)
Archidiacre, Félix est nommé évêque de Rome par l'empereur Constance et reçoit, pendant les dix ans de son pontificat, qu'il exerce en même temps que celui de Libère, le soutien des ariens. Mais, malgré l'exil de Libère, il ne parvient pas à s'imposer au clergé et au peuple de Rome, qui finit par le chasser de la ville.

DAMASE Ier (saint) (366–384)
Grâce à l'autorité de l'empereur Théodose, c'est l'Espagnol Damase qui s'impose à la tête de l'Église, face à l'antipape Ursinus que soutiennent les ariens. Il est alors consacré par

l'évêque d'Ostie. Avec saint Basile le Grand, saint Grégoire de Nysse et saint Grégoire de Naziance sur le plan spirituel, puis Théodose sur le plan temporel, c'est le triomphe de l'orthodoxie sur l'arianisme (qui s'est implanté dans les tribus franques). Au cours du deuxième concile œcuménique de Constantinople (381), la doctrine de la sainte Trinité est définitivement fixée face à Macédonius qui prétend que le Saint-Esprit est une émanation du Christ. Le concile s'oppose aussi à l'apollinarisme qui enseigne que le Verbe s'est uni à un corps et non à une âme humaine, déniant les dons et attributs divins de Jésus.

À l'instigation de Damase, la rivalité entre l'évêque de Rome et celui de Constantinople est tranchée par saint Ambroise, évêque de Milan, qui affirme que l'autorité du prélat romain est fondée sur la tradition et non sur l'accord des évêques. Il est dit occuper le « siège apostolique ». Damase confie ensuite à saint Jérôme la tâche d'établir le texte authentique de la Bible. C'est ainsi que naît la Vulgate. Jérôme traduit aussi la version des Septantes de l'Ancien Testament et fixe le texte latin du Nouveau Testament en le confrontant au texte grec.

URSIN (ANTIPAPE EN 366)

Ursin (ou Ursinus) est élu pape à la mort de Libère, par les ariens partisans de l'antipape Félix II, mort un an auparavant. Mais Damase Ier, lui aussi élu pape par le clergé « orthodoxe », fait intervenir la police impériale pour déloger Ursin et ses partisans de la basilique dans laquelle ils se sont réfugiés. Ursin s'enfuit, laissant derrière lui une centaine de ses partisans tués par les soldats. À la mort de Damase Ier, Ursin tentera, en vain, de se faire élire contre Sirice.

SIRICE *(saint)* (384–399)

Sirice est le premier pontife à prendre le nom de pape. Il combat les hérésies et édicte des règles à propos de l'administration des sacrements de baptême et de pénitence. À cette époque, le paganisme perd définitivement du terrain : l'empereur Théodose a fait de la foi en Jésus-Christ la religion officielle de l'Empire romain. Les temples sont fermés, les cultes païens interdits.

Si le célibat des prêtres n'est pas exigé, il est du moins conseillé. L'accès aux ordres majeurs est interdit aux hommes ayant épousé une veuve. Sous le pontificat de Sirice se déroule le massacre de Thessalonique par Théodose (390). L'empereur est aussitôt excommunié par saint Ambroise. Le fait est important car, pour la première fois, l'État romain se soumet au verdict de l'Église.

ANASTASE Ier *(saint)* (399–401)

Le bref pontificat de ce pape est consacré à la réfutation et à la condamnation de la doctrine d'Origène, père de l'Église d'Orient, teintée de platonisme et qui enseigne la préexistence des âmes et le rachat des démons par l'Amour.

Une curieuse prescription d'Athanase interdit d'ordonner prêtre quiconque serait atteint de difformité. C'est la fameuse règle des « B » qui exclut du sacerdoce les borgnes, les bigles, les boiteux, les bègues, les bossus, les bancals, etc.

INNOCENT Ier *(saint)* (401–417)

Innocent Ier, né dans le Latium, s'attaque aux doctrines de Pélage sur le péché originel, le libre arbitre et la grâce divine. Depuis la mort de Théodose (395), l'Empire romain est définitivement scindé en deux : l'empire d'Orient, qui passe sous l'autorité d'Arcadius, et celui d'Occident, qui reste sous celle d'Honorius. En 410, c'est le sac de Rome par Alaric, roi des Wisigoths. Innocent rencontre alors Honorius pour trouver une solution après ce désastre et sauve la ville en offrant aux Wisigoths les statues d'or des temples païens. L'Église, dans un Empire en pleine décomposition, confirme son rôle politique.

ZOSIME *(saint)* (417–418)

À l'opposé d'Innocent Ier, Zosime (ou Zozime), pontife né en Grèce, va protéger Pélage et son disciple Celestius. Le pélagianisme se propage alors rapidement dans Rome, à tel point que les évêques font appel à l'arbitrage de l'empereur Honorius qui, de Ravenne, saisissant l'occasion de s'immiscer dans les affaires de l'Église, condamne Pélage. Zosime s'incline alors et renouvelle l'excommunication prononcée par son prédécesseur. Il reste de lui quelques lettres et décrets et des fragments de sa *Constitution* contre Pélage.

BONIFACE Ier *(saint)* (418-422)

Son élection ayant été mise en doute par Eulalius, d'abord soutenu par l'empereur Honorius, Boniface s'exile. Mais l'empereur revient sur sa décision et le réprouvé peut alors revenir à Rome. Pour éviter toute future contestation dans le vote, il déclare qu'il sera procédé à une troisième élection si deux candidats sont nommés en même temps, sous l'autorité de l'empereur. Les empereurs allemands, au Moyen Âge, useront beaucoup de cette prérogative.

EULALIUS (ANTIPAPE EN 419)

Archidiacre, Eulalius (ou Eulalien) est élu pape par les diacres (alors que Boniface l'est, lui, par les prêtres). L'empereur Honorius choisit Eulalius, et exile Boniface de Rome. Boniface fait appel de cette décision. Honorius décide alors de réunir un concile pour trancher et, le temps de l'organiser, exile aussi Eulalius. Mais ce dernier revient à Rome parmi ses partisans, ce qui provoque le courroux de l'empereur, qui choisit définitivement Boniface.

CÉLESTIN Ier *(saint)* (422-432)

À partir de 428, la grande question du nestorianisme va occuper le pontificat de cet Italien originaire de Campanie. Nestorius, patriarche de Constantinople de 428 à 431, croit en la séparation des deux natures du Christ : l'humaine et la divine. C'est l'hérésie monophysite. À cette occasion est proclamé le dogme de la maternité divine de la Vierge, afin d'affirmer que Marie est bien la mère de Dieu et non d'un homme seulement.

Nestorius s'oppose à Cyrille, évêque d'Alexandrie. Célestin Ier opte pour Cyrille et, lors du concile œcuménique d'Éphèse (431), il excommunie Nestorius. Il envoie en Bretagne (Angleterre) saint Germain d'Auxerre et saint Loup de Troyes pour combattre les partisans de Pélage qui y sont nombreux, et nomme son diacre Palladius premier évêque d'Écosse (épiscopat fictif, le christianisme ne s'implantant dans les îles Britanniques qu'un siècle plus tard).

SIXTE III *(saint)* (432–440)
Avec Sixte III, pape originaire de Rome, reprend la lutte contre pélagiens et nestoriens. L'unité de l'Église préoccupe Sixte, d'autant que les Églises d'Orient sont nombreuses à vouloir se rendre indépendantes de Rome. Il travaille à la réconciliation des factions opposées au sein des communautés d'Asie et d'Afrique. On lui doit la construction d'églises nouvelles comme Sainte-Sabine ou Sainte-Marie-Majeure consacrée à la Vierge, dans l'esprit du concile d'Éphèse. Il s'attache aussi à la restauration d'un certain nombre d'autres monuments religieux.

LÉON Ier *(saint)* (440–461)
On l'a appelé Léon « Le Grand » en raison de son immense érudition. Natif de Toscane, déjà remarqué par Zosime et Célestin Ier qui l'ont choisi comme conseiller, il est à ce point estimé que c'est en son absence qu'il est élu pape. En 451 s'ouvre le concile œcuménique de Chalcédoine, où le monophysisme et son propagateur, Eutychès, sont combattus. Nestorius est à nouveau déposé. Le titre et la juridiction de patriarche sont reconnus à l'évêque de Constantinople. Léon, toutefois, garde un contact étroit avec cette ville où il installe un représentant permanent de l'Église romaine. En 452, il parvient à dissuader Attila de ravager Rome : assisté du Sénat, il négocie le rachat de la ville. Trois ans plus tard, s'il ne peut en éviter le sac par les Vandales de Genséric, au moins obtient-il que la population ait la vie sauve.
Léon sera proclamé docteur de l'Église par Benoît XIV en 1754. On possède de lui des lettres, des sermons, des traités d'une valeur certaine. On lui doit le premier missel connu sous le nom de *Sacramentaire léonin*, et on lui attribue la suppression de la confession publique et l'extension du célibat aux sous-diacres. Le pouvoir pontifical est renforcé à la mort de cet homme qui domine le ve siècle et dont on a conservé cette phrase significative pour la fonction de pape : *La dignité de saint Pierre ne se perd pas, même dans un héritier*

indigne. Ayant, selon une légende, donné sa bague à baiser à une femme d'une grande beauté, il en éprouva une telle émotion qu'il s'en punit en se coupant la main. C'est depuis, afin d'éviter d'avoir des papes manchots, qu'on leur baise les pieds...

HILAIRE *(saint)* (461–468)

D'origine sarde, il a été le légat de Léon le Grand au concile d'Éphèse (449). Il combat lui aussi les multiples hérésies toujours vivaces et prêtes à se répandre, plus particulièrement l'arianisme et ses « filiales ». Arbitrant un conflit qui oppose les hauts dignitaires de l'épiscopat espagnol, il rappelle que les évêques ne sont pas à même de nommer leurs successeurs. Il interdit aussi de conférer les ordres aux hommes qui ont été mariés deux fois ou qui ont épousé une veuve, ainsi qu'à ceux qui sont amputés d'un membre. On lui doit les oratoires de Saint-Jean-Baptiste et de l'apôtre Jean au baptistère du Latran, ainsi que la réalisation de deux bibliothèques en ce même lieu.

SIMPLICE *(saint)* (468–483)

On retiendra que c'est sous Simplice, en 476, que le Germain Odoacre renvoie à Constantinople les insignes impériaux enlevés à Romulus Augustule, geste qui signe la fin du dernier empereur romain d'Occident. La position du pape se trouve renforcée par cette vacance du pouvoir. Il peut dès lors s'occuper à combattre les défenseurs du monophysisme revenus en Orient où Acace, patriarche de Constantinople, se prévalant du 28e canon du concile de Chalcédoine, tente d'établir chez lui la même autorité qu'exerce Simplice en Occident, prémices de la future rupture avec Rome. Saint Simplice aurait eu l'idée de partager les revenus de l'Église en quatre parts : une pour les évêques, la deuxième pour le clergé, l'autre pour la construction des églises, la dernière pour les pauvres.

FÉLIX III *(saint)* (483–492)

Bien que Félix II ait été un antipape, ce pape originaire de Rome porte le nom de Félix III. Marié alors qu'il n'est encore que diacre, son épouse meurt quelque temps après. C'est de sa descendance que naîtra un pape illustre : Grégoire le Grand, son arrière petit-fils.

Durant son pontificat, le fossé qui sépare les Églises d'Orient et d'Occident se creuse. Félix III excommunie Acace qui a tenté de rapprocher les catholiques des monophysites. En Afrique, il met un terme aux persécutions que Hunéric, le roi arien des Vandales, fait subir à ceux qui sont restés fidèles à Rome. Le zèle de Félix III à lutter contre les hérésies et les schismes provoque de nombreux troubles dans le monde chrétien.

GÉLASE Ier *(saint)* (492–496)

Ce pape d'origine africaine n'occupe pas la chaire de saint Pierre depuis plus d'un an quand Odoacre, nouveau maître de Ravenne d'où il a chassé le dernier empereur d'Occident, est défait par Théodoric, roi des Ostrogoths (qui bénéficie du soutien de l'empereur d'Orient), en 493. Bien que Théodoric soit arien, Gélase entretient de bonnes relations avec ce nouveau maître de l'Italie. Puis Clovis, victorieux à Tolbiac des Alamans (496), reçoit le baptême et entraîne son peuple dans la religion chrétienne. C'est la fin de l'arianisme en Gaule.

Gélase, par ailleurs, est conscient des rapports qui, de plus en plus souvent, mettent en présence l'Église et l'État. *Le pape jouit de l'autorité spirituelle, l'empereur du pouvoir temporel* écrit-il à Athanase Ier, empereur d'Orient. *L'un l'emporte sur l'autre* (celui du pape), *même si dans les deux cas les mandats viennent de Dieu*. Fort de ce principe, Gélase reste ferme vis-à-vis des communautés d'Orient et se permet même des ingérences. À Rome, il abolit la fête païenne des Lupercales qu'il remplace par celle de la Chandeleur. Pour confondre les manichéens qui renoncent au vin, il ordonne que les fidèles communient sous les deux espèces (pain et vin), usage qui se prolongera jusqu'au XIIe siècle, mais ne sera totalement supprimé qu'en 1416.

ANASTASE II (496–498)

L'un des très rares pontifes des premiers temps de l'Église, avec Libère, à ne pas trouver place parmi les saints. Il tente de rapprocher l'Orient de l'Occident par des concessions qu'on ne manquera pas de de lui reprocher. D'ailleurs, à sa mort, l'Église romaine se trouve divisée en factions opposées.

SYMNAQUE *(saint)* (498–514)

Le jour de la nomination au Latran de Symnaque, né en Sardaigne, un autre pape est élu dans la basilique de Sainte-Marie-Majeure, conséquence directe des oppositions nées sous le pontificat précédent. L'antipape Laurent souhaite, comme son prédécesseur Anastase II, une politique plus souple. Symnaque, fort du soutien du roi arien Théodoric, veut, lui, un retour au rigorisme. Cette rivalité va les opposer pendant huit ans, au terme desquels Laurent l'imposteur se retire.

Symnaque décide, afin d'éviter des schismes ultérieurs, que le pape pourra choisir son successeur. S'il ne le fait pas, c'est le clergé romain élira le nouveau pape, à la majorité ; jusqu'alors, l'évêque de Rome (donc le pape) était élu par les clercs et aussi le peuple. Avec l'Orient, les contacts ne s'améliorent pas.

LAURENT (ANTIPAPE EN 498 PUIS DE 501 À 505)

Laurent, écarté du trône pontifical par Symnaque et par le roi Théodoric, accuse son concurrent d'adultère et de rapacité, puis d'hérésie, accusations rejetées par deux conciles successifs qui déclarent le pape Symnaque innocent. Alors que les partisans de Laurent s'emparent des églises de Rome, Symnaque est chassé du Latran pour résider à Saint-Pierre, au Vatican, en dehors, à l'époque, des remparts de Rome. Théodoric met fin au schisme en menaçant Laurent des pires châtiments s'il ne se soumet pas. L'antipape se retire alors dans un monastère où il achève pieusement ses jours.

HORMISDAS *(saint)* (514–523)

Ardent défenseur de l'orthodoxie, Hormisdas, né dans le Latium et d'origine aristocratique, envoie à Constantinople deux ambassadeurs afin d'obtenir de l'empereur Anastase la reconnaissance du concile de Chalcédoine (qui condamna le monophysisme). Anastase fait la sourde oreille, mais il meurt en 518, laissant la place à Justin. À cette époque,

Théodoric, roi des Ostrogoths, vient de s'installer à Ravenne et le pape, qui souhaite le ménager, se rend auprès de lui pour lui exposer son désir de réunir les Églises grecque et latine en conflit depuis le schisme d'Acace (patriarche de Constantinople excommunié en 484 par le pape Félix III).

Théodoric, bien que jaloux de l'influence de Constantinople (où il a été élevé comme otage), donne son consentement, et Hormisdas dépêche ses légats vers Justin. Ce dernier signe alors, avec 2 500 évêques et abbés de monastères, le *Formulaire pontifical* où il reconnaît l'indéfectibilité de l'Église de Rome en matière de foi, reconnaissance qui n'empêche pas les réticences... Théodoric, lui, va désormais craindre que la répression ordonnée par Justin contre les ariens ne s'étende en Italie contre ses coreligionnaires. Hormisdas, qui a propagé dans le clergé l'étude de la psalmodie (manière de chanter les psaumes) meurt après neuf ans de règne en apparence triomphant, en laissant... un fils qui deviendra pape en 536 !

JEAN Ier *(saint)* (523–526)

Né vers 420 en Toscane, Jean, une fois élu pape, se rend à Constantinople, à la demande de Théodoric, maître de toute l'Italie avec ses Ostrogoths, afin de faire révoquer les mesures draconiennes prises par l'empereur Justin contre les ariens, pourtant considérés comme hérétiques par Rome ! Par la même occasion, il couronne une seconde fois l'empereur Justin qui ne l'a été que par son patriarche. L'accueil est enthousiaste. Par esprit de conciliation, Jean Ier fixe la date de Pâques selon le calendrier oriental. À son retour, Théodoric, qui le soupçonne d'avoir comploté contre lui, le retient à Ravenne où il meurt, non dans un cachot, comme l'affirme sa légende, mais sans doute des mauvais traitements infligés. L'Église l'honore comme martyr.

FÉLIX IV *(saint)* (526–530)

L'élection de Félix IV, Italien d'origine, à un trône qui reste vacant deux mois après la mort de Jean Ier, est fortement influencée par Théodoric qui meurt un mois plus tard. Sa fille, Amalaswinte, apaise les tensions provoquées par les actes de son père. En 529 a lieu le concile d'Orange qui condamne le semi-pélagianisme, doctrine formulée par Jean Cassien, et qui présente une version modérée des enseignements de Pélage. Félix IV ordonne la fermeture de l'Académie d'Athènes conçue par Platon. Il fait aussi construire, sur l'emplacement où s'élevait le temple dédié à Romulus et Rémus, la basilique consacrée aux martyrs saint Côme et saint Damien. Sous son pontificat, saint Benoît fonde le monastère du Mont-Cassin, berceau de l'ordre bénédictin dont les moines vont se répandre en Europe, et fournir vingt-quatre papes. Sur le point de mourir, Félix, qui a gouverné avec sagesse et intelligence, remet le pallium (ornement sacerdotal brodé de croix noires que le pape porte autour du cou) à l'archidiacre Boniface, le désignant ainsi comme son successeur, choix qui ne fait pas l'unanimité.

BONIFACE II (530–532)
Le jour de l'élection de Boniface II, Goth d'origine, des opposants proches de Constantinople, mécontents du choix du défunt Félix IV, nomment Dioscore, ancien légat d'Hormisdas auprès des Orientaux. Mais cet antipape meurt un mois plus tard, laissant Boniface légitime possesseur du Saint-Siège. Rien de marquant au cours de ce bref pontificat de deux ans. Boniface II se montre mesquin, en prononçant, bien qu'il soit mort, l'anathème contre Dioscore, son concurrent (il sera réhabilité quatre ans plus tard par un autre pape).

DIOSCORE (ANTIPAPE EN 530)
Dioscore, élu contre Boniface II, coupable d'être d'origine goth, donc barbare, est diacre d'Alexandrie. C'est un homme pieux, qui a négocié la fin du schisme d'Orient en 519, et a l'appui de la majorité du clergé. Il est élu le 22 septembre 530. Il meurt le 14 octobre suivant, ce qui met fin au schisme puisque ses électeurs se rallient à Boniface II.

JEAN II (533–535)
De son vrai nom Mercurius, Jean II est le premier pontife à prendre un second prénom, probablement en raison de la

connotation païenne du premier. Toutefois, Mercure lui restera, d'autant qu'il a été soupçonné d'avoir acheté son Saint-Siège. Son règne ne présente rien de particulier, si ce n'est la lutte contre la simonie (trafic de biens spirituels), qui s'est à ce point installée dans l'Église que le roi goth Atharic prend un décret pour l'interdire. De son côté, Justinien, empereur de Constantinople, intervient sur des questions doctrinales. Il remet en cause, sans que Jean II ose s'y opposer, des conclusions du concile de Chalcédoine sur le monophysisme.

AGAPET Ier FÉLIX IV *(saint)* (535–536)

Pour apaiser les esprits, Agapet Ier, Romain d'origine, réhabilite Dioscore qu'avait excommunié Boniface II. Il s'attache à restaurer l'autorité pontificale ébranlée par les différents schismes. Théodat, fils d'Athalaric, petit-fils de Théodoric, roi des Goths d'Italie, l'envoie à Constantinople pour obtenir que Justinien, le nouvel empereur dont les armées se trouvent alors en Sicile pour reconquérir l'ancien empire, épargne l'Italie. Il est accueilli avec amitié mais ne parvient pas à fléchir Justinien sur ce point. Profitant de son séjour en Orient, Agapet sanctionne le patriarche monophysite Anthime en dépit du soutien que celui-ci reçoit de l'impératrice Théodora. Puis, fait sans précédent, il consacre Ménas, le nouveau patriarche de Constantinople, ville où il meurt.

SILVÈRE II *(saint)* (536–537)

Silvère est le propre fils du pape Hormisdas, lequel s'était marié avant de recevoir les ordres majeurs. Il est élu par la volonté du roi goth Théodat et contre la volonté du clergé, après la mort, à Constantinople, d'Agapet. C'est alors l'époque de la reconquête byzantine. Bélisaire, le général des armées de Justinien, a repris l'Afrique du Nord (534) et vient de vaincre les Ostrogoths en Italie. Silvère l'accueille à Rome, évitant ainsi une effusion de sang. Mais il est soupçonné — à tort — d'entretenir des intelligences avec les vaincus (auxquels il doit son Saint-Siège) et se trouve contraint de comparaître devant Bélisaire. Il est alors condamné à l'exil, d'abord en Syrie, puis, sur l'ordre de l'archidiacre de Constantinople Vigile, qui va lui succéder, dans l'île de

Palmaria (mer de Toscane). Théodora, l'ancienne courtisane devenue impératrice de Byzance, veut installer à sa place l'un de ses protégés... Vigile, précédemment cité. Par souci d'apaisement, Silvère abdique et meurt peu de temps après dans son île, de faim, prétendra-t-on pour en faire un saint.

VIGILE (537-555)

L'impératrice byzantine Théodora, épouse de Justinien, qui a facilité l'accession de Vigile, aristocrate romain, au trône de saint Pierre afin de l'utiliser selon ses objectifs religieux, doit rapidement déchanter : il s'affirme bientôt, après avoir été un courtisan aussi souple qu'habile, comme un strict défenseur de l'orthodoxie contre l'hérésie monophysite. Cependant, la « querelle des Trois Chapitres » va empoisonner toute sa vie. Il s'agit de textes écrits par trois auteurs favorables aux intérêts des monophysites, que l'empereur Justinien a demandé aux évêques de condamner.

Appelé à Constantinople en 553, le Saint-Père désapprouve cette condamnation. S'il rejette les erreurs, il interdit qu'on s'en prenne aux personnes, d'autant que les auteurs en question sont morts depuis longtemps — qui plus est réconciliés avec l'Église. La même année, Justinien convoque à Constantinople le Ve concile œcuménique. Vigile qui s'y est tout d'abord opposé, finit par l'accepter, craignant que son absence ne provoque l'élection d'un antipape. Les « Trois Chapitres » sont rejetés. Vigile doit ruser avec Justinien, qui n'hésite pas à lui envoyer ses soldats alors qu'il dit la messe, ou à le retenir prisonnier à Constantinople. L'empereur obtient qu'il soit déposé, mais Vigile résiste, et finit par obtenir l'autorisation impériale de retrouver l'Italie, après presque dix ans d'absence. La mort le surprend sur la route du retour, à Syracuse.

PÉLAGE Ier *(saint)* (556-561)

Représentant de Vigile et apocrisiaire (on dirait, aujourd'hui, nonce) à Constantinople, Pélage Ier est surtout resté populaire pour la position qu'il prend, dix ans avant son pontificat, au moment du siège de Rome par le Goth Totila : la famine ayant frappé la population, il n'hésite pas à puiser dans sa propre fortune pour venir en aide aux plus démunis. En 556, il est élu avec l'approbation de l'empereur Justinien. Il combat la simonie qui prend des proportions inquiétantes. Puis il retourne à sa croisade contre la misère qui ravage l'Italie entière après les destructions de Totila. Avant de mourir, il entreprend la construction de l'église des Douze Apôtres que consacrera son successeur. Sous son pontificat a lieu le schisme d'Aquilée (voir Jean III).

JEAN III (561-574)

Peu de faits sont dignes d'être mentionnés durant les années de pontificat de ce pape romain, contemporain du début du règne des Lombards en Italie. On notera toutefois qu'il parvient à réduire le schisme d'Aquilée : en effet, après la condamnation des « Trois Chapitres » par Vigile au IIIe concile de Constantinople, l'évêque d'Aquilée, soutenu par l'évêque de Milan, s'est séparé de Rome et a pris le titre de patriarche. Il rétablit en Gaule deux évêques qu'un concile de Lyon avait suspendus comme assassins et adultères… On retiendra qu'en 570 naît le prophète Mahomet dont la religion future, l'islam, va prétendre, comme la religion catholique, à l'universalité.

BENOÎT Ier (575-579)

De même que Justinien a placé Pélage à la tête de la chrétienté, son successeur Justin II y place Benoît Ier, un Romain, dit Bonose. Son règne est marqué par l'invasion lombarde jusqu'à Rome, et par une terrible famine ; il nomme diacre un jeune moine bénédictin, le futur Grégoire le Grand.

PÉLAGE II (579-590)

À la demande du souverain de Constantinople incapable de conserver l'Italie, Pélage II, pape romain d'origine goth, fait appel aux Francs de Childebert II, roi d'Austrasie, afin d'obtenir un secours contre les Lombards. Il s'occupe ensuite de régler les questions issues de la « querelle des Trois Chapitres » et tente de réduire les prétentions de Jean le Jeûneur, en Orient, patriarche de Constantinople qui s'est proclamé « patriarche œcuménique » (c'est-à-dire universel, donc au-dessus du pape). Mais la peste qui sévit dans Rome l'emporte en février 590. Pape d'une charité exemplaire, on rapporte que les pauvres et les vieillards sont en si grand nombre dans ses palais, qu'il leur a ouverts, que ceux-ci finissent par ressembler à des hospices.

GRÉGOIRE Ier LE GRAND *(saint)* (590–604)

Né probablement à Rome vers 540, issu d'une famille sénatoriale et arrière-petit-fils du pape Félix III, Grégoire compte parmi les grands noms de l'histoire de la papauté. Tout jeune, il fonde, à ses frais, grâce à la fortune familiale, le monastère bénédictin de Saint-André. Apocrisiaire (nonce) de Pélage II à Constantinople et, par la suite, son secrétaire, il n'accepte la dignité de vicaire du Christ qu'à contrecœur, ayant supplié l'empereur Maurice de la lui refuser. C'est pourtant lui qui va faire de la papauté la première puissance d'Occident.

Il organise la résistance contre les Lombards, peuple franc qui a investi l'Italie ; il réforme en profondeur l'administration pontificale et la vie ecclésiastique ; il simplifie la liturgie par le *Sacramentaire grégorien* qui servira de base au missel romain. En Afrique, il intervient contre les donatistes, en Espagne contre les ariens. Il envoie en Angleterre la mission d'Augustin de Canterbury assisté par quarante moines.

En Orient, il abaisse les prétentions du « patriarche œcuménique » de Constantinople. En tant que représentant de l'apôtre Pierre, il prend le nom de « serviteur des serviteurs de Dieu », que tous ses successeurs feront leur. S'il réussit à réorganiser l'Église d'Occident, déjà en proie à la corruption, il ne parvient pas à contrôler les Églises d'Orient. Alité en raison d'une goutte chronique, il meurt d'épuisement. On l'accusera, à tort, parce qu'il méprisait la littérature profane, d'avoir fait détruire des manuscrits antiques. Grégoire laisse une œuvre doctrinale et pastorale abondante, qui sera source d'inspiration pour tout le Moyen Âge. L'Église lui a donné le titre de docteur. Le chant grégorien, dont on lui attribue la paternité, lui est cependant postérieur.

SABINIEN (604–606)

Une mauvaise renommée entoure la vie de ce pape, né en Toscane : en 605, peu après son élection, une grande famine éprouve la population romaine mais il n'hésite pas à vendre le blé dont il dispose en pareils cas — l'Église s'étant substituée au pouvoir impérial —, au lieu de le distribuer. Au moment de ses funérailles, le peuple, qui n'a pas oublié son avarice, tente de s'emparer de son cadavre. On lui attribue l'idée de placer des cloches dans les églises — selon certains, cette nouveauté revient à l'évêque saint Paulin, né en Campanie en 410.

BONIFACE III (607–607)

Diacre à Constantinople avant son élection, Boniface III ordonne, sous peine d'excommunication, que personne ne s'occupe de l'élection d'un pape ou de quelque autre évêque avant les trois jours qui suivent leur mort. Cet intervalle sera porté à dix jours par Grégoire X. Boniface III obtient de l'empereur byzantin Phocas — qui, devant faire face aux poussées perses à l'est de ses territoires, se préoccupe peu de questions religieuses — ce que saint Grégoire n'a pu obtenir : c'est au pontife romain seul qu'appartient le titre d'évêque universel, titre que s'arroge le patriarche de Constantinople depuis Jean le Jeûneur.

BONIFACE IV (608–615)

C'est à partir de Boniface IV, un Italien fils de médecin, qu'est levée, pour les moines, l'interdiction de devenir prêtre. Lui-même est bénédictin. À sa nomination, il obtient de l'empereur Phocas la permission de transformer le Panthéon de Rome, construit en 27, en église Sainte-Marie-des-Martyrs. En remerciement, il fait édifier une colonne à la gloire de Phocas, la dernière colonne impériale de l'histoire. En relation avec le moine Mellitus, évêque de Londres, il poursuit la politique d'évangélisation de l'Angleterre.

ADÉODAT Ier (615–618)

Élu dans son grand âge, déjà prêtre depuis quarante ans, Adéodat, dit aussi Déodat ou Dieudonné. Aucune action saillante ne vient illustrer le pontificat de ce pape. Piété et charité (y compris pour le clergé, auquel il octroie des avantages matériels) marquent son passage, à une époque où Rome est ravagée par la lèpre.

BONIFACE V (619–625)

À la mort d'Adéodat, le trône pontifical reste vacant durant un an. L'exarque de Ravenne (il y a alors, dépendants de l'Empire byzantin, deux gouvernements militaires — exarchats — à Ravenne et à Carthage), Éleuthère, revendique le titre d'empereur que porte Héraclius. Dès qu'il est élu, Boniface, né à Naples, soutient le second. En Angleterre, il poursuit l'évangélisation d'Augustin de Canterbury commencée sous Grégoire le Grand. Il est l'un des promoteurs du droit d'asile dans les églises.

Pendant ce temps, dans les déserts de l'Arabie, le 16 juillet 622, c'est le début de l'ère musulmane : Mahomet se prépare à une conquête qui, quelques siècles plus tard, s'étendra sur tout le pourtour méditerranéen.

HONORIUS Ier (625–638)

Comme Grégoire le Grand, Boniface Ier, et son prédécesseur, Honorius s'attache à la conversion de l'Angleterre. Il est aussi promoteur de nombreuses initiatives dans le domaine de l'architecture : construction de nouvelles églises, d'aqueducs, réfection du toit de Saint-Pierre avec des tuiles de bronze enlevées au temple de Jupiter.

Hélas ! il se rallie au monothélisme (une seule volonté en Jésus-Christ : la divine) de Serge, patriarche de Constantinople, qui n'est qu'un monophysisme déguisé, relatif à la double nature de Jésus. Cette attitude lui vaut d'être anathématisé lors du VIe concile œcuménique assemblé à Constantinople (680), près d'un demi-siècle plus tard. Cette affaire retentira encore douze siècles après sa mort, lors du concile de Vatican I, en 1870. Était-il vraiment hérétique ou simplement victime de ses mauvaises connaissances en théologie ? Son exemple sera évoqué par les adversaires de l'infaillibilité pontificale afin d'en démontrer la vacuité.

SÉVERIN (640)

L'empereur Héraclius ne veut pas reconnaître l'élection de ce pape tant qu'il n'a pas approuvé la profession de foi monothéliste, à l'instar de son prédécesseur ; Séverin et le clergé bloquent alors les fonds qui servent à payer les troupes byzantines chargées de protéger Rome. L'empereur demande à son représentant de Ravenne de se saisir du trésor pontifical. Séverin cède. Officiellement nommé près de deux ans après son élection, il meurt deux mois plus tard, épuisé par ces épreuves de force. Il a toutefois eu le temps de faire renouveler la mosaïque de l'abside de Saint-Pierre.

JEAN IV (640–642)

Jean IV, né en 580 en Dalmatie, s'emploie à racheter aux Slaves et aux Avars des chrétiens captifs. Il réunit un synode pour condamner le monothélisme.

THÉODORE Ier (642–649)

Né à Jérusalem, d'origine grecque, il est lui aussi absorbé par la controverse sur le monothélisme, doctrine qu'il condamne fermement. Théodore Ier bénéficie pour cela du soutien de l'épiscopat africain et du moine byzantin Maxime le Confesseur qui, pour s'être opposé à l'empereur de Byzance, sera torturé, et aura la langue et la main droite coupées. Avec Théodore Ier, le pape prend le titre de « souverain pontife » et, désormais, les autres évêques cessent de l'appeler *frère*.

MARTIN Ier *(saint)* (649, destitué le 653)

Comme ses prédécesseurs, Martin, né en Italie vers 590, fait condamner lors du synode de Latran en 649 le monothélisme. Le nouveau *basileus* (titre donné aux empereurs byzantins) Constant II, furieux d'une décision qui bafoue son autorité, ordonne alors à l'exarque de Ravenne de s'emparer du pape qui, bien que malade, est arrêté le 17 juin 653 et conduit de force à Constantinople. Après un voyage éprouvant, on le traîne devant Constant, on le dépouille du pallium et on l'exhibe dans les rues, un carcan autour du cou, avant de le jeter en prison. Il est condamné à mort, mais sa peine est commuée en exil perpétuel. Déporté dans une île de Tauride, lieu d'exil des grands malfaiteurs, il y meurt un an après suite aux mauvais traitements reçus. Son corps sera ramené à Rome par la suite. Les Églises grecque et latine l'honorent comme un saint. C'est le dernier pape officiellement considéré par l'Église comme martyr.

EUGÈNE Ier (654–657)

Eugène, qui a été son vicaire général, est nommé du vivant de Martin Ier. Le pontife déporté ne s'y oppose pas afin d'éviter un schisme. Le nouvel élu ne se considère successeur de saint Pierre qu'à la mort de Martin. Pendant les trois années de son pontificat, il se heurte à Constant II, et seule la mort lui permet d'échapper à la vindicte de l'empereur byzantin qui envisage de l'exiler lui aussi.

VITALIEN (saint) (657–672)

Ce pape, italien d'origine, contribue au resserrement des liens entre Rome et Constantinople. Il reçoit Constant II à Rome et est remercié du bon accueil fait à l'empereur de Byzance par un pillage systématique des trésors de la ville (663). Malgré cela, Vitalien, à la mort de l'empereur (668), favorise l'intronisation de son fils, Constantin IV, aux dépens de l'usurpateur Mésécius. Constantin IV, inquiet de la rapide croissance de l'islam, écarte les querelles dogmatiques et cherche à se rapprocher de la puissance romaine pour faire front à cette nouvelle menace. En Occident, l'Église d'Angleterre s'organise. Un métropolitain y est consacré et la liturgie latine adoptée. Vitalien aurait introduit les orgues dans les églises et la musique instrumentale dans les offices religieux.

ADÉODAT II (672–676)

Moine bénédictin, Adéodat II (ou Dieudonné II) va favoriser le monachisme. Il reprend et renforce aussi les essais de rapprochement avec l'Empire byzantin amorcés sous son prédécesseur. En Sicile, les Arabes ont pillé Syracuse et massacré ses habitants. Adéodat II, réputé pour sa générosité envers les pèlerins, est le premier pontife à inscrire en tête de ses

lettres *Salut et bénédiction apostoliques* et à dater sa corres-
pondance à compter de l'année de son élection.

DONUS II (676–678)

Donus (ou Domnus), pape originaire de Rome, fait restaurer
certains monuments religieux et lutte contre les velléités
schismatiques, notamment dans des monastères d'Orient.
Toutefois, aucun acte politique important n'est à mettre à
son actif.

AGATHON *(saint)* (678–681)

Moine bénédictin né en Sicile, Agathon organise le grand
concile œcuménique de Constantinople au cours duquel
monophysisme et monothélisme sont à nouveau rejetés : le
dogme selon lequel le Christ avait deux volontés complé-
mentaires, humaine et divine, est définitivement adopté ;
l'empereur, qui depuis un demi-siècle soutient le contraire, à
travers le patriarche de Constantinople, en est officiellement
informé par Agathon qui, pour affirmer et imposer l'indépendance et la primauté romaines, évoque pour la première
fois le principe de l'infaillibilité du pape.

LÉON II *(saint)* (682–683)

Né en Sicile, Léon II fait traduire en latin les actes du concile
de Constantinople d'abord rédigés en grec. Amateur de
musique, il améliore, pendant son année de pontificat, le
chant grégorien et compose lui-même plusieurs hymnes
dont certaines se chantent encore. Il inaugure le baiser de
paix à la fin de la messe et l'aspersion d'eau bénite pendant
les cérémonies.

BENOÎT II *(saint)* (684–685)

Originaire de Rome, ce pontife doux, libéral, charitable et
instruit dans les Saintes Écritures, fait, pendant ses dix mois
de règne, reparer les églises de Rome.

JEAN V (685–686)

Ce pape syrien, déjà âgé au moment de son élection, est le
premier d'une série de neuf autres papes d'origine orientale

(à l'exception de Grégoire II). Le fait est important, eu égard aux dissensions qui ont toujours opposé la communauté d'Orient à celle d'Occident. Après moins d'un an de règne, il s'éteint en léguant sa fortune à des monastères.

CONON (686–687)

Encore un vieillard, dace d'origine (Roumanie), qui est élevé à la distinction suprême pour peu de temps, et dont les actes n'ont guère laissé de trace. Manquant d'énergie en raison de son âge, il n'a pu dominer les factions qui secouaient l'Église.

SERGE Ier (saint) (687–701)

Deux antipapes sont évincés, l'archidiacre Pascal et l'archiprêtre Théodore, avant que l'exarque de Ravenne n'intronise Serge, originaire de Syrie. Serge s'oppose aux décisions d'un concile convoqué par l'empereur Justinien, au cours duquel ont été approuvés des canons favorables à l'Église grecque (le mariage des prêtres, égalité entre le pape de Rome et le patriarche de Constantinople...). L'empereur de Byzance, Justinien II, se brouille avec Serge, mais ne peut exercer de représailles contre lui, car il est déposé peu après. Sous le pontificat de Serge, le schisme d'Aquilée (dont l'évêque ne reconnaissait pas l'autorité pontificale) cesse. Des relations sont nouées avec les maires du palais d'Austrasie (ancêtres de Charles Martel et de Pépin le Bref, d'où naîtra bientôt la lignée carolingienne) et d'importantes réformes sont introduites dans la liturgie : l'introduction de l'*Agnus Dei* après la consécration de l'hostie et l'institution de grandes fêtes en l'honneur de Marie, comme celle de la Nativité (8 septembre), de la Purification (2 février), de l'Annonciation (25 mars) et de l'Assomption (15 août). Serge consacre l'évêque Willibrord, d'origine anglo-saxonne, qui va s'attaquer à la conversion de la Frise.

THÉODORE (ANTIPAPE EN 687)

Candidat au trône pontifical à la mort de Jean V, favori de l'armée impériale, mais ayant contre lui le clergé, Théodore se voit préférer le vieux Conon, qui l'élève à la dignité d'archiprêtre. À la mort de Conon, Théodore croit son heure enfin venue, mais l'archidiacre Pascal se dresse contre lui. Théodore finit par reconnaître son rival, mais les deux adversaires doivent céder la place tant convoitée à un troisième candidat de réconciliation, Serge Ier, derrière lequel Théodore se range.

PASCAL (ANTIPAPE EN 687)

Après d'être opposé à Théodore (voir ci-dessus), l'archidiacre Pascal est élu avec le soutien de l'exarque de Ravenne, soutien qu'il aurait acheté. Serge Ier, plus intègre, lui ayant été préféré, Pascal, qui refuse de se soumettre, est accusé de magie et enfermé jusqu'à sa mort, cinq ans plus tard, dans un monastère.

JEAN VI (701-705)

Les Lombards ravagent à nouveau l'Italie. Jean VI, d'origine grecque, parvient à freiner leur avance en payant tribut. Sous son pontificat, l'affaiblissement de l'exarchat de Ravenne au profit du pouvoir papal se confirme. Wilfrid, l'évêque d'York déposé en 692, et adversaire de l'évêque de Canterbury, est rétabli lors d'un synode tenu à Rome en 703 : en Angleterre aussi, Jean VI affirme son autorité.

JEAN VII (705-707)

D'origine grecque, comme son prédécesseur, c'est un pape cultivé, dont le goût pour les arts est manifeste. Il gère le patrimoine pontifical de la via Appia (catacombes) et fait reconstruire, à Subiaco, le premier monastère de saint Benoît, détruit en 601. Avec lui, la mosaïque tant prisée à l'époque romaine revient à l'honneur. Il réussit à établir des relations pacifiques avec les Lombards, et obtient d'eux qu'ils lui restituent des terres. L'empereur byzantin Justinien II — déposé pendant dix ans mais à nouveau établi sur son trône — cherche à lui imposer les décisions prises lors d'un concile, que Serge Ier avait rejetées (voir ce pape). Jean VII tergiverse, désireux de ne pas se brouiller avec Byzance, dont il surestime la puissance, et meurt sans avoir donné satisfaction à Justinien II.

SISINNIUS (708)

Né en Syrie, Sisinnius est emporté par une crise de goutte vingt jours seulement après son élection, au cours de laquelle, déjà malade, il ne pouvait se servir ni de ses mains ni de ses pieds.

CONSTANTIN Ier (708-715)

Né en Syrie, comme son prédécesseur, Constantin, deux ans après son élection, est convoqué à Byzance par Justinien II. Il sera le dernier pape à s'y rendre et y séjournera un an. À nouveau l'empereur cherche à faire approuver son synode (voir Serge Ier et Jean VII). Habilement, Constantin ne délivre qu'une approbation orale et peut regagner l'Italie. Trois mois plus tard, Justinien est assassiné par ses soldats révoltés. Son successeur, l'usurpateur Philippicus, tente de rétablir le monothélisme, mais le pape reste ferme. Cette attitude est récompensée en 713 par l'intronisation du monarque légitime, Anastase II, respectueux du dogme catholique, qui présente sa soumission à Constantin. La paix règne dans l'Église.

GRÉGOIRE II *(saint)* (715-731)

C'est sous le pontificat de Grégoire II, d'origine romaine, qu'éclate la crise iconoclaste ou « querelle des images ». Il s'agit du mouvement chrétien byzantin qui, sous l'influence du monde musulman et conduit par le nouvel empereur Léon III, s'oppose violemment à toute représentation religieuse jugée idolâtre et sacrilège. Léon rédige un édit de persécution (730) qui se traduit par la déposition du patriarche Germain au profit de l'iconoclaste Anastase. Nombre d'opposants sont exilés, les plus récalcitrants sont exécutés.

Face à ce comportement frénétique, Grégoire II adopte une position modérée : *Il ne faut ni adorer ni briser les images.* Et de Jérusalem, récemment conquise par les infidèles, saint Jean Damascène fustige les « briseurs d'images », apportant son soutien au souverain pontife que l'empereur Léon III veut faire assassiner.

En Occident, l'Italie entière se soulève contre les méthodes impériales et chasse les gouverneurs byzantins de son territoire. Le roi des Lombards en profite pour conquérir de nouveaux territoires et assiéger Rome. Grégoire II, bon diplomate, négocie la liberté de la ville dont il est l'évêque, et trouve un nouvel appui dans le royaume franc en la personne de Charles Martel. Il lui fait parvenir une missive par l'intermédiaire de saint Boniface, le futur apôtre de l'Allemagne. Charles accueille favorablement l'appel à l'aide du pape. Désormais, les papes, pour trouver des secours, notamment contre les Lombards, ne se tourneront plus vers l'Orient, mais vers l'Occident.

GRÉGOIRE III *(saint)* (731–741)

Né en Syrie, Grégoire III est le dernier pape à demander confirmation de son élection au *basileus* (empereur de Byzance). Il poursuit avec énergie la politique de son prédécesseur contre les iconoclastes qu'il fait condamner par une centaine d'évêques lors d'un synode convoqué à Rome en 731. Léon III fait aussitôt rassembler une flotte avec l'intention de punir ce pape qui le défie, mais ses navires sont dispersés par une tempête. Il met néanmoins sous la dépendance du patriarche de Constantinople la Sicile et la Calabre, qui jusqu'alors payaient l'impôt au pape. La fracture entre Orient et Occident est profonde. À Rome, où il entreprend de grands travaux de restauration, Grégoire fait battre monnaie, et l'administration de la ville passe entièrement sous son autorité. Devant la menace lombarde, toujours présente, il demande l'appui de Charles Martel qui, depuis qu'il a brisé la poussée musulmane, fait figure de protecteur de la chrétienté, mais ce dernier lui refuse un soutien armé car son premier allié, dans la lutte contre les Sarrasins, c'est… le roi des Lombards.

Grégoire III poursuit, par saint Boniface interposé (auquel il confère le titre d'archevêque), l'évangélisation des terres germaniques.

ZACHARIE *(saint)* (741–752)

Zacharie est le dernier pape grec. Avec ce bénédictin, auquel on doit la création de la Bibliothèque vaticane, l'alliance avec les Francs se précise. Il approuve l'intronisation de Pépin le

Bref par saint Boniface (751). Il légitime, en déclarant que c'est celui qui dirige le royaume qui mérite le nom de roi, l'usurpation de Pépin le Bref, qui a enlevé le pouvoir aux Mérovingiens. Fort de cet appui, Pépin peut se faire sacrer roi à Soissons avec le soutien des évêques du royaume franc. En Italie, Zacharie négocie des domaines pontificaux avec les Lombards, et conclut une paix. Il interdit aussi aux Vénitiens de déporter des esclaves chrétiens et cherche à rétablir de bonnes mœurs dans le clergé. À Constantinople, les iconoclastes se montrant, momentanément, moins vindicatifs, le pape et l'empereur peuvent à nouveau entretenir de bonnes relations.

ÉTIENNE II/III (752–757)

Le premier Étienne II, d'origine romaine, meurt d'apoplexie deux jours après son élection. Parce qu'il n'a pas eu le temps d'être consacré, certains historiens ne le considèrent pas comme pape. La vacance dure quelques jours après lesquels est nommé Étienne II (ou III), romain lui aussi. Menacé par Astulf, roi des Lombards, Étienne II traverse les Alpes au début de l'hiver et, arrivé auprès de Pépin le Bref le jour de l'Épiphanie, il lui demande son soutien. Il en profite pour le sacrer à nouveau — le fait est exceptionnel — dans la basilique Saint-Denis. Il interdit aussi, sous peine d'excommunication, aux seigneurs francs de se donner des rois d'une autre lignée. Après deux expéditions de Pépin, le danger lombard est écarté, et les terres libérées offertes au souverain pontife seront la base de l'État temporel du Vatican, jusqu'en 1870. L'exarchat de Ravenne disparaît et avec lui les obligations du pape de se faire reconnaître par l'empereur de Byzance. Les Francs, à compter de cette époque, adoptent le rite romain dans leur liturgie. C'est aussi le début des interventions françaises en faveur de la papauté. Elles dureront plus de mille ans.

PAUL Ier (saint) (757–767)

Paul Ier, frère d'Étienne II, continue la politique de son prédécesseur. Les iconoclastes, soutenus par le *basileus* Constantin V, provoquent, par leurs excès, la fuite de

nombreux moines grecs à Rome. Pour entretenir de bonnes
relations avec les Francs, Paul Ier fait transférer au Vatican
les restes de sainte Pétronille (sœur ou fille de saint Pierre,
selon la légende) qu'ils vénèrent.
Il accepte, en outre, d'être le parrain de Gisèle, la fille de
Pépin le Bref. Ce pape autoritaire, qui n'hésite pas à faire
arrêter et exécuter ses opposants, fonde l'église Saint-Pierre-
et-Saint-Paul.

CONSTANTIN (ANTIPAPE DE 767 À 768)

Le pape étant, depuis Étienne II, devenu un chef d'État, son
trône est convoité, notamment par des laïcs. Les aristocrates
romains veulent, désormais, participer à l'élection du pape,
et à la mort de Paul Ier, un duc romain impose par les armes
son frère Constantin, qui n'a jamais reçu les ordres. Les
évêques refusent de le reconnaître, et font appel à Pépin, roi
des Francs, qui refuse d'intervenir une troisième fois en
Italie. Les évêques se tournent alors vers leurs anciens ennemis, les Lombards, ravis de l'aubaine. Ils entrent dans Rome,
battent les aristocrates romains, et font prisonnier l'antipape
Constantin, qui est déposé le 6 août 768 et promené dans les
rues de la ville sur un âne.
Étienne III, élu à sa succession, demande qu'on lui crève les
yeux et le fait enfermer dans un monastère, où il meurt.

PHILIPPE (ANTIPAPE EN 768)

Les Lombards, après avoir envahi Rome, veulent à leur tour
imposer leur pape. Ils choisissent Philippe, un prêtre (de
nationalité inconnue) qui vit dans un monastère. Devant les
protestations qui suivent sa nomination, Philippe préfère
démissionner dès le lendemain et retourner dans son monastère ; attitude prudente qui lui évitera de perdre la vue,
comme l'antipape Constantin, son contemporain.

ÉTIENNE III/IV (saint) (768–772)

Entre la mort de Paul Ier et la nomination d'Étienne, deux
antipapes se succèdent : Constantin et Philippe. L'arrestation
de l'un et la démission de l'autre évitent le schisme. Élu dès
la déchéance de Constantin, Étienne III (IV), moine d'origine

sicilienne, convoque un synode au Latran l'année suivante. Il y est établi que seuls les prêtres-cardinaux ou les diacres pourront être élus papes. D'autre part, le culte des images est reconnu et encouragé : c'est la réponse définitive de Rome aux iconoclastes de Byzance.

Étienne III s'oppose en vain au mariage de Charlemagne et de Hermengarde, fille du roi des Lombards. Charlemagne brave l'excommunication, épouse la princesse lombarde mais il la répudiera rapidement pour stérilité et étendra son royaume aux dépens de son ex-beau-père.

ADRIEN Ier (772–795)

Adrien Ier, un aristocrate romain de grande culture, s'empresse, dès son élection, de réconcilier clergé et aristocratie. Pour préserver son indépendance face aux velléités expansionnistes de Didier, roi des Lombards, il fait, comme c'est devenu l'habitude, appel à Charlemagne. Celui-ci s'empare de Pavie, capitale de Didier, en 774, et ceint lui-même la couronne des rois lombards. Du même coup, la menace cesse de peser sur la papauté. Ses territoires comprenaient le duché de Rome et l'exarchat de Ravenne ; Adrien croit pouvoir revendiquer — les Lombards ayant été vaincus — le duché de Bénévent, la Vénétie et la Lombardie (Toscane, Corse...), soit la majeure partie de l'Italie. Mais Charlemagne continue à faire peser sa tutelle sur ces régions.

Côté byzantin, la querelle des Images s'achève avec le concile œcuménique de Nicée II, et les deux communautés se rapprochent à nouveau pour un temps. Le culte des images a pris une telle ampleur en Orient qu'il n'est pas rare de voir les habitants d'une ville assiégée sortir en procession en brandissant effigies ou reliques de saints afin de fléchir l'ennemi. Le concile a cependant fait la distinction entre *adoration* — acte sacré que l'on réserve à Dieu seul — et *vénération* — simple geste de respect que l'on accorde à ceux dont l'image est présente.

LÉON III *(saint)* (795–816)

Romain d'origine modeste, contrairement à son prédécesseur, Léon III s'est rapidement élevé dans la hiérarchie de l'Église — son élection n'atténue pas l'hostilité que lui manifeste la noblesse romaine, qui lui reproche ses origines humbles, d'autant que, au lendemain de son accession au trône de saint Pierre, Léon fait acte d'allégeance à Charlemagne en lui envoyant les clefs du tombeau de saint Pierre et l'étendard de la ville. En avril 799, les neveux d'Adrien Ier (le précédent pape) font tomber de cheval Léon III lors d'une procession et s'emparent de lui ; ils ont l'intention de lui crever les yeux et de lui couper la langue, mais se contentent finalement, après l'avoir roué de coups, de l'enfermer dans un monastère. Léon III s'en échappe et se réfugie à Paderborn auprès de Charlemagne, qui décide de le rétablir sur son trône, malgré les accusations de simonie et d'adultère lancées par ses ennemis.

Le 25 décembre 800, Léon III, après avoir solennellement juré être innocent des accusations portées contre lui, sacre Charlemagne empereur. Le monarque, dès lors, se considère comme l'héritier de Constantin et va agir comme s'il avait la charge morale de l'Église. Le pape se conduit comme son vassal, lui laisse contrôler son administration, mais se montre inflexible lorsque l'empereur veut intervenir dans le dogme, notamment en modifiant le *Credo*. Charlemagne mort, Rome s'agite, mais Léon III se place sous la protection de Louis le Pieux, héritier de Charlemagne, et mate la révolte dans le sang. On lui doit des mosaïques, des vitraux et peintures dont il couvre les églises de Rome.

ÉTIENNE IV/V (816–817)

C'est Étienne IV, fils d'une riche famille romaine, qui consacre Louis Ier le Pieux, fils de Charlemagne, empereur d'Occident à Reims, en 816. C'est le seul acte important de son bref pontificat, au cours duquel il réussit toutefois à imposer la règle bénédictine à tous les monastères. Dans un but d'apaisement, il lève les mesures d'exil qui frappaient les adversaires de son prédécesseur Léon III.

PASCAL Ier *(saint)* (817–824)

Pascal Ier, d'origine romaine, abbé d'un monastère lorsqu'il est élu pape, est un homme à poigne qui profite de la faible personnalité de Louis le Pieux, fils de Charlemagne, pour affirmer l'autorité pontificale. Ainsi, en 824, il sacre Lothaire, que son père Louis le Pieux a déjà couronné six ans plus tôt sans en référer au pape. Pascal crée ainsi un précédent qui sera désormais la règle : seul le pape pourra, par le sacre, conférer la dignité impériale. Accusé d'être complice du meurtre de deux fonctionnaires romains qui contestaient ses décisions, mais qui étaient soutenus par Lothaire et l'aristocratie, il doit s'humilier et jurer sous serment son innocence, mais il refuse de livrer les assassins (qui, personne n'est dupe, ont agi sur son ordre). Sa mort — naturelle — met fin à l'affaire. Mais on doit l'enterrer à la sauvette, dans la crainte que des funérailles solennelles ne déclenchent une émeute, tant il s'est rendu impopulaire.

EUGÈNE II (824-827)
Eugène II est élu quatre mois après la mort de son prédécesseur et avec l'appui du moine Wala, homme de l'empereur Lothaire. L'empereur, qui veut maîtriser le pouvoir pontifical proclame, après négociations avec Eugène II, une constitution selon laquelle les Romains doivent prêter serment à l'empereur, et peuvent faire appel, en cas de procès, à une cour suprême composée de deux membres, l'un désigné par l'empereur, l'autre par le pape. Le temps où Pascal Ier pouvait imposer ses vues à Louis le Pieux n'est plus. Le pape, désormais, est placé sous la surveillance impériale et, lors de son élection, l'aristocratie romaine aura le droit d'intervenir. Cette « prise en main » n'empêche pas Eugène II de réunir un concile à Rome afin de réformer, une fois encore, les mœurs du clergé.

VALENTIN (827-827)
Le pontificat de cet archidiacre romain, adjoint de Pascal Ier puis d'Eugène II, ne dure que six semaines.

GRÉGOIRE IV (827-844)
L'élection de ce pape romain correspond au déclin de l'Empire carolingien. Grégoire IV tente vainement d'intervenir, en 833, dans la dispute qui dresse, pour des raisons

d'héritage, les fils de Louis le Pieux les uns contre les autres, puis contre leur père. À Rome, il fortifie Ostie dans l'éventualité d'une attaque des Sarrasins qui pillent les côtes italiennes. Sur le plan liturgique, il institue la fête de la Toussaint.

Un an avant sa mort, il apprend que l'impératrice Théodora a mis définitivement fin à l'iconoclasme ; cette même année, par le traité de Verdun, l'empire de Louis le Pieux est morcelé, et même si Lothaire conserve le titre d'empereur d'Occident, le pape retrouve une partie de son rôle politique antérieur. Piètre homme politique, Grégoire IV a été, en revanche, un grand bâtisseur de monastères et d'églises.

SERGE II (844-847)

Candidat de la noblesse romaine, Serge, archiprêtre romain, l'emporte sur son rival Jean, un diacre soutenu par le peuple. La même année, il couronne Louis II, fils de Lothaire, roi des Lombards. En 846, les musulmans débarquent à Ostie, s'avancent jusqu'à Rome et pillent les églises Saint-Pierre-et-Saint-Paul non protégées par les murs d'enceinte.

Parmi les embellissements dont il est l'instigateur, il faut signaler les dix-huit marches qu'il fait disposer devant l'église Saint-Jean-de-Latran, marches qu'aurait gravies le Christ à Jérusalem en montant jusqu'à la maison de Pilate. Transportées à Rome sur l'ordre de sainte Hélène, mère de Constantin le Grand, elles seraient restées cachées dans la basilique jusqu'à ce que Serge décide de les mettre à l'honneur ! Ces travaux coûtent cher et Serge II, déjà soupçonné de népotisme (il abandonne une partie de ses pouvoirs à son frère Benoît, évêque) est accusé de simonie : il aurait vendu des charges ecclésiastiques pour les financer.

JEAN (ANTIPAPE EN 844)

Diacre soutenu par le peuple, Jean s'oppose à Serge pour la succession de Grégoire IV ; ses partisans l'installent dans le palais de Latran avant d'être arrêtés. Jean, déposé par une assemblée d'évêques, est envoyé dans un monastère (sans avoir les yeux arrachés) après que son heureux concurrent fut intervenu pour qu'on lui laisse la vie sauve.

LÉON IV (847-855)

Pour répliquer aux menaces arabes, Léon IV, élu à l'unanimité, fait construire la grande « muraille léonine » qui protège la basilique Saint-Pierre et ses alentours. Sous son pontificat sont rédigées les *Fausses Décrétales*, recueil falsifié de décrets pontificaux censés dater les premiers temps de l'Église, dont le but est d'affirmer la suprématie des clercs, des évêques et surtout du pape, sur le pouvoir temporel. L'une d'elles, la *Donation de Constantin*, prétend que cet empereur aurait donné Rome et son territoire au pape Sylvestre Ier et à ses successeurs. À partir de l'an mil, les papes utiliseront ce document pour affirmer leurs droits sur les souverains.

BENOÎT III (855-858)

L'élection de Benoît III se déroule régulièrement, mais elle est l'occasion d'une dispute : l'empereur d'Occident Louis II, fils de Lothaire, soutient l'antipape Anastase qui s'empare par la violence du Latran, maltraite Benoît et le fait incarcérer. Le peuple chasse l'imposteur deux jours plus tard, avant qu'il ne soit consacré. Benoît III ne reprochera pas cet acte à son rival.

Une légende est liée à ce pontificat : Benoît III aurait été précédé, durant l'intervalle qui sépare la mort de son prédécesseur et sa nomination, par une femme, la *Papesse Jeanne*. Cette Anglaise vivant dans un monastère romain sous l'habit d'homme aurait obtenu, à la mort de Léon IV, le titre pontifical, et se serait maintenue deux ans sur le trône de saint Pierre, trône sur lequel elle aurait publiquement accouché ! Légende, bien sûr, et du XIIIe siècle de surcroît, mais à ce point romanesque qu'on l'évoque encore. Dans la réalité, il ne s'écoule que neuf semaines entre le décès de Léon IV et l'intronisation de Benoît III.

ANASTASE (ANTIPAPE EN 855)

Fils de l'évêque d'Ostie, ce Romain érudit, qui parle le grec, est nommé cardinal-prêtre, puis excommunié par Léon IV, qui lui reproche son ambition. Anastase, dit le Bibliothécaire, se réfugie auprès de l'empereur qui soutient sa candidature à la mort de Léon IV contre Benoît III (voir ci-dessus).

Chassé par le peuple romain, Anastase se retire dans un monastère, d'où le pape Nicolas Ier le fait chercher afin d'en faire son conseiller et son représentant au concile de Constantinople, ultime tentative de réconciliation entre Églises orientale et occidentale. Anastase occupera encore des fonctions importantes auprès de deux autres papes, Adrien II et Jean VIII, tout en rédigeant des vies de saints et des biographies de papes.

NICOLAS Ier LE GRAND *(saint)* (858–867)

L'élection de Nicolas, un Romain né vers 800, est approuvée par le clergé comme par l'empereur Louis, qui, pour lui marquer sa déférence, tient la bride de son cheval le jour de son intronisation. Nicolas Ier, qui a été le conseiller du précédent pape, est un homme intègre, que ses vertus font apprécier du peuple, sa fermeté respecter des rois et des évêques. En Lotharingie, Lothaire II a divorcé d'avec sa femme Teutberge, sous la « bénédiction » de plusieurs conciles locaux, parce qu'il veut épouser sa maîtresse. Nicolas, prenant la défense de l'épouse injustement accusée des fautes les plus infamantes, s'oppose à cette séparation (864) et condamne les évêques prévaricateurs, en dépit des menaces proférées contre lui. Lothaire II, dont les armées menacent un temps Rome, est obligé de garder l'épouse qu'il voulait répudier.
Nicolas, réfugié à Saint-Pierre, impose l'indépendance pontificale. Photius, le patriarche de Constantinople dont il ne veut pas reconnaître l'autorité, essaie de le faire déposer par un concile, mais en vain.

ADRIEN II (867–872)

Adrien compte deux papes parmi ces ancêtres (Étienne IV et Serge II) et est le fils d'un évêque. Il a 75 ans lorsqu'il est élu. Il a été auparavant marié à une femme, que le frère de l'antipape Anastase le Bibliothécaire (voir plus haut), Éleuthère, veut épouser. Adrien s'oppose au mariage ; de rage, Éleuthère tue sa fiancée et la mère de celle-ci. Adrien réplique en faisant condamner à mort Éleuthère, et en excommuniant (c'est la seconde fois que cela lui arrive)

Anastase pour complicité fraternelle. Mais Adrien II ne tarde pas à rappeler Anastase que sa connaissance du grec rend indispensable pour démêler les affaires byzantines. Pendant le pontificat d'Adrien II, les missionnaires grecs saint Cyrille et saint Méthode évangélisent la Moravie et reçoivent l'autorisation de la bouche même du pape, auquel ils sont venus rendre compte, d'utiliser la langue slavone dans la liturgie.

JEAN VIII (872–882)

Jean VIII, lorsqu'il est élu, est déjà un homme âgé, et ses électeurs espèrent que son règne sera court. Toutefois, ce pontificat durera dix ans, et aurait pu continuer plus encore s'il n'avait été brutalement interrompu. Jean doit payer tribut aux Sarrasins aux portes de Rome. Il couronne trois empereurs (Charles le Chauve, Louis le Bègue et Charles le Gros) et dirige onze conciles dont l'objectif est de réorganiser la hiérarchie et de renforcer la discipline. Il commue aussi les pénitences en pèlerinages.

Mais son caractère entier lui vaut de nombreux ennemis, y compris dans le clergé ; d'ailleurs, il lance tellement d'excommunication qu'elles en perdent de leur efficacité. En 878, il doit fuir Rome et se réfugier en France, où il couronne le nouveau roi Louis le Bègue. De retour à Rome (881), il consacre Charles III le Gros, fils de Louis le Germanique, empereur d'Occident. En 882, ses propres parents ourdissent un complot contre lui. On veut l'empoisonner, mais le poison n'agissant pas assez vite, il est achevé à coups de marteau sur la tête.

MARIN Ier (882–884)

Marin Ier (dit aussi Martin II), né dans le Latium, a participé au concile de Constantinople et a été trésorier de Jean VIII avant de lui succéder. Il ne parvient ni à maîtriser la guerre des clans à Rome (il la relance même, en accordant son pardon aux assassins de son prédécesseur), ni les querelles qui portent davantage sur des problèmes de personnes (nominations et excommunications d'évêques) que sur des points du dogme, entre Rome et Constantinople.

ADRIEN III *(saint)* (884-885)

Adrien III, natif de Rome, est élu par des partisans du pape
Jean VIII, dont il venge la mort tragique en faisant crever les
yeux de l'un de ses assassins, le chef des gardes du palais de
Latran. Comme ses deux prédécesseurs, il tergiverse avec
Constantinople. L'empereur Louis le Gros, qui voudrait que
Bernard, son bâtard, lui succède, le convoque à la diète de
Worms, afin d'obtenir l'aval (en contrepartie, il lui assurera
son soutien dans sa lutte contre ses rivaux romains)
d'Adrien, qui ne le lui accordera jamais : il meurt en route,
près de Modène, à la mi-septembre, après un an de règne. A-
t-il été assassiné ? On l'a supposé, car son corps n'est pas
reconduit à Rome, mais enterré dans une abbaye voisine. Sa
tombe va devenir l'objet d'un culte local, au point qu'en
1891, son lointain successeur au Vatican jugera bon de le
canoniser...

ÉTIENNE V/VI (885-891)

Parent d'Adrien II, issu d'une famille de l'aristocratie romaine,
Étienne V est élu et consacré sans que Charles le Gros ait
donné son accord. L'empereur veut donc déposer le pape,
mais c'est lui qui perd son trône. En effet, en 887, Charles le
Gros, dernier Carolingien, est déchu pour folie par une
assemblée d'évêques et de barons. Arnulf de Carinthie, roi de
Germanie, qui lui succède, ne répond pas à l'appel au
secours que lui lance le pape, dont les États sont menacés
par les Sarrasins et les Normands. C'est donc à Guy de Spolète, roi d'Italie, que le pape confère la couronne impériale.
Selon la légende, ce pape autoritaire, qui rappelle volontiers
à l'ordre ses évêques, aurait partagé son patrimoine afin de
soulager la misère du peuple romain.

FORMOSE (891-896)

Né dans le Latium vers 815, Formose est nommé évêque de
Porto (864), puis missionnaire en Bulgarie (866), pays dont
le roi Boris, récemment converti au catholicisme, demande
qu'il soit nommé archevêque, ce que Nicolas Iᵉʳ puis Adrien II
refusent : le droit canon interdit à un évêque d'échanger son
diocèse contre un autre (cette décision, outre celle d'Étienne V

d'exiger que le latin remplace la langue slavone dans les rituels, fera basculer l'Église bulgare dans le giron byzantin). De plus, Formose, ascète à la vie exemplaire et à la culture brillante, a pour principal défaut d'afficher son ambition de devenir pape. À la mort d'Adrien II, dont il a été l'un des émissaires à Constantinople, il croit son heure venue, mais c'est Jean VIII qui est élu. Les rapports entre le pape et le toujours évêque en titre de Porto deviennent rapidement conflictuels, et Jean VIII excommunie son concurrent qu'il accuse de complot. Martin Ier réhabilite Formose qui, à la mort d'Étienne V est enfin choisi pour occuper le trône de saint Pierre — il a 75 ans. Il entretient de bonnes relations avec Constantinople ; il sacre empereur Arnulf de Carinthie, en 896, après que ce dernier soit venu, à la tête de ses troupes, délivrer Rome de la tyrannie de la famille de Guy de Spolète, qui vient de mourir. Il fait aussi progresser l'évangélisation de l'Angleterre et du nord de l'Allemagne. Très peu de temps après son couronnement, Arnulf est frappé de paralysie. À peine est-il reparti pour l'Allemagne que Formose meurt.

Formose aura été un bon pape, mais sa mémoire n'en sera pas pour autant honorée. Son deuxième successeur, Étienne VI, fait déterrer son corps neuf mois après sa mort ; il fait installer le cadavre, préalablement revêtu d'habits pontificaux, sur un siège et, au cours d'une parodie de procès où un diacre répond à la place du mort, il l'accuse de parjure. En effet, Formose, élu pape, est devenu évêque de Rome, ce qui lui était interdit, puisqu'il était encore évêque de Porto en titre ! Le cadavre de Formose est condamné à avoir la tête ainsi que les trois doigts de la main droite, avec lesquels il donnait la bénédiction papale, tranchés. On jette dans le Tibre ses restes, qu'un ermite, lors d'une crue, recueillera puis enterrera.

BONIFACE VI (896)

Né à Rome, fils d'un évêque nommé Adrien, Boniface VI, diacre puis prêtre, a eu à subir les foudres de Jean VIII qui l'a relevé de la dignité de sa charge pour immoralité. Il n'en est pas moins élu chef de la chrétienté, ce qui provoque des émeutes populaires à Rome. Mais il meurt deux semaines plus tard, victime d'une sévère crise de goutte.

ÉTIENNE VI/VII (896–897)

Étienne VI, dont on ne connaît pas les origines, si ce n'est qu'il était romain, a été ordonné évêque d'Agnani par Formose, raison pour laquelle l'élection, qui fait de lui l'évêque de Rome, est contestable. Étienne, qui ne veut pas abandonner le trône pontifical, a donc l'idée de faire le macabre procès de Formose (voir ci-dessus). L'élection de Formose ayant été déclarée nulle, les consécrations d'évêques auxquelles il a procédé le sont aussi, et Étienne VI peut ainsi garder sa tiare. Pas longtemps cependant, car le sort qu'il a réservé au cadavre de son prédécesseur a indigné la population. Une émeute le jette en prison. Il meurt étranglé dans son cachot, après avoir été, comme Formose, déshabillé et dépouillé de ses ornements sacerdotaux. L'effondrement de la basilique du Latran, quelques semaines auparavant, avait été interprété comme un signe de la colère divine. Excepté le sinistre « synode du cadavre », rien n'est à porter à l'actif des quatorze mois de pontificat d'Étienne VI...

ROMAIN (897–897)

Né dans le Latium, Romain, sans doute proche de Formose, est élu quelques jours après l'assassinat d'Étienne VI. Rien de notable sous son pontificat, qui ne dure que trois mois, au cours desquels il annule tout ce qui a été formulé par son prédécesseur contre Formose. Est-il mort, a-t-il été déposé puis enfermé dans un monastère par les partisans ultras de Formose, qui lui reprochent de n'avoir rien fait pour le venger ? On l'ignore.

THÉODORE II (897)

Excepté qu'il est romain, on ignore tout des origines et de la carrière de Théodore II, qui règne moins d'un mois, le temps de réhabiliter la mémoire de Formose et de préparer un synode pour annuler les conclusions du « synode du cadavre ». Les restes de Formose sont une nouvelle fois déterrés, mais pour être solennellement déposés à Saint-

Pierre. Ces mesures sont bien accueillies à Rome, où elles ramènent provisoirement le calme.

JEAN IX (898–900)

À la mort de Théodore II, la faction ennemie de Formose élit Serge III. Aussitôt les partisans de Formose réagissent, demandent l'aide du roi d'Italie, et désignent Jean IX, qui finalement l'emportera (Serge, excommunié, s'exile ; il régnera quatre ans plus tard). Jean IX, né en 840 dans la région romaine, est un bénédictin (il confirmera les privilèges de la grande abbaye du Mont-Cassin) aussi sage que pieux. Il dirige le synode qui réhabilite Formose, synode au cours duquel l'interdiction de changer de siège épiscopal est maintenue : aucun évêque ne peut devenir évêque de Rome et accéder au trône de saint Pierre. Parlant des païens, il aurait recommandé — ce qui est remarquable à une époque qui ne laisse le choix qu'entre la conversion ou la mort — : *Ramenez-les* (dans le giron de l'Église) *par la douceur et la raison, et non par la force des armes*.

BENOÎT IV (900–903)

Aristocrate romain, Benoît IV continue l'œuvre de son prédécesseur. Les luttes politiques se poursuivent, l'empereur Louis l'Aveugle ne parvenant pas à s'imposer à Bérenger, roi d'Italie. Benoît lutte aussi contre les mœurs corrompues du clergé, qui profite de l'abaissement de l'autorité papale. Selon des rumeurs non confirmées, cet homme, généreux avec les indigents, aurait été assassiné sur l'ordre de Bérenger, qui ne lui aurait pas pardonné d'avoir choisi Louis l'Aveugle.

LÉON V (903)

Prêtre d'une paroisse au sud de Rome, partisan de Formose autour de qui la querelle n'a toujours pas cessé, Léon V est élu, alors qu'il n'appartient pas au clergé romain, ce qui semble indiquer que la noblesse et le clergé romains ne sont pas parvenus à s'entendre sur une personnalité locale. Moins d'un mois après son accession au trône de saint Pierre, il est renversé par son chapelain Christophe, qui le fait mettre en prison.

CHRISTOPHE (ANTIPAPE DE 903 À 904)
Bien qu'il soit un usurpateur, Christophe (ou Christophore) figure dans la liste officielle des successeurs de saint Pierre. D'origine romaine, partisan de Formose lui aussi, Christophe fait incarcérer Léon V pour des raisons obscures : a-t-il, avec ceux qui le soutiennent, été surpris de l'élection de Léon V, qui n'appartenait pas au clan romain, et a-t-il voulu s'en débarrasser avant qu'il n'affirme son pouvoir ? Il ne se maintiendra sur le trône pontifical que quatre mois. Le futur Serge III, qui a été antipape contre Jean IX (voir ce nom) marche sur Rome avec une armée et emprisonne à son tour Christophe, qui rejoint Léon V enfermé dans une geôle voisine.

SERGE III (904–911)
Serge III, issu de l'aristocratie romaine, diacre confident d'Étienne VI, dont il a partagé la haine virulente contre Formose, puis concurrent malheureux de Jean IX, réussit enfin, avec le soutien de l'armée du duc de Spolète, à ceindre la tiare tant convoitée. L'une de ses premières décisions est de faire étrangler, dans leurs cellules, ses prédécesseurs Léon V et l'antipape Christophe. Puis, à nouveau, il fait condamner Formose par un synode… Il entretient de bonnes relations avec Byzance et fait reconstruire la basilique du Latran détruite sous Étienne IV par un séisme. Il laisse la famille du sénateur Théophylacte s'immiscer dans les affaires pontificales et, finalement, s'emparer du pouvoir qu'elle gardera pendant les six pontificats suivants. Il faut préciser que la fille du sénateur, Marozie, est la maîtresse de Serge III, et le fils bâtard qui naîtra de leur union sera pape lui aussi, sous le nom de Jean XI.

ANASTASE III (911–913)
Il ne se passe rien sous le pontificat d'Anastase III, pape si insignifiant qu'on ignore ses dates d'élection et de mort précises. Rome, surveillée par Bérenger Ier, roi d'Italie, est alors

entre les mains du comte Albéric, l'époux de Marozie (voir Serge III), et celles du sénateur Théophylacte, beau-père du précédent.

LANDON (913–914)

Fils d'un riche Lombard, Landon règne six mois et onze jours, sans que l'on sache précisément comment et pourquoi il a été élu. Seul fait incontestable, il doit sa nomination à l'influente famille de Théophylacte, qu'il laisse contrôler Rome, se contentant d'être sous l'emprise de sa maîtresse Théodora, sœur aînée de Marozie (voir Serge III). Rien de notoire durant son rapide pontificat.

JEAN X (914–928)

Jean X, originaire de Romagne, accède au trône de saint Pierre grâce à l'influence de Théodora l'aînée (dont il aurait été l'amant), épouse de Théophylacte. Ancien archevêque, il foule aux pieds les lois qui interdisent sa nomination. Sous sa conduite, les Arabes sont battus au Garigliano en 915. À cette même époque, il consacre empereur d'Occident le roi d'Italie, Bérenger Iᵉʳ de Frioul qui, par sa mère, est le petit-fils de Louis le Pieux. À la mort de Bérenger (926), il offre la couronne d'Italie à Hugues de Provence.

Il cherche à rehausser l'honneur de la papauté en perdition, notamment en encourageant les conversions de Normands à Rouen, ou en luttant pour que la Croatie et la Dalmatie reviennent sous obédience latine. Il fait décorer le Latran, encourage le chant sacré... et laisse son propre frère Pierre prendre une part de plus en plus importante dans les affaires pontificales, tout en recherchant la protection d'Hugues de Provence, jusqu'à ce que Marozie, qui vient de se remarier avec le marquis de Toscane, craigne pour son influence. Elle fait assassiner, au Latran en 927, Pierre, le frère du pape, sous ses yeux, parce que la rumeur l'accuse d'avoir laissé entrer les Hongrois en Italie. En mai de l'année suivante, elle fait arrêter et enfermer Jean X au château Saint-Ange, sans que le peuple romain, las de ces intrigues de palais et du dévoiement de ses papes, s'en indigne. Quelques mois plus tard, elle le fait étouffer sous un oreiller.

LÉON VI (928)
Marozie est, comme le fut son père mort en 920, la toute-puissante maîtresse de Rome. Elle choisit un cardinal issu de l'aristocratie, déjà âgé, pour succéder au pape qu'elle vient de faire emprisonner. Mais il meurt — de vieillesse — sept mois après son élection, sans avoir pu mener à bien la seule mission pour laquelle il avait été choisi : garder le trône pontifical pour Jean, le fils que Marozie a eu du pape Serge III.

ÉTIENNE VII/VIII (928–931)
À nouveau, la redoutable Marozie choisit un vieillard pour occuper le trône pontifical. Étienne VII, pendant trois ans, la laisse régner en son nom. Il ne se passe rien sous l'administration de ce pape, dont on dit qu'il était doux et pieux. Est-il mort de vieillesse ou a-t-il été assassiné, afin de laisser la place à son successeur ? Avec Marozie, tout est possible...

JEAN XI (931–935)
Jean XI, fils de Marozie et bâtard supposé de Serge III, a 20 ans à la mort d'Étienne VII. Le temps est venu pour lui d'être installé sur le trône pontifical par sa mère, qui l'a déjà fait cardinal quand il était adolescent, et lui a appris à obéir. En effet, même coiffé de la tiare, Jean XI n'a aucune initiative. Rien ne paraît pouvoir endiguer l'appétit de pouvoir de sa mère, qui, en troisièmes noces, épouse en 932 Hugues de Provence, roi d'Italie, avec la papale bénédiction de son fils. Mais un fils qu'elle a eu de son premier mariage, Albéric II de Tusculum, appuyé par la noblesse romaine qui désapprouve cette mésalliance avec « l'étranger », fomente une révolte. Il assiège le château Saint-Ange où le couple royal est installé, et d'où Marozie domine la ville.

Le roi Hugues parvient à s'enfuir, ce qui lui évitera la mort, mais Marozie et le pape Jean XI sont jetés en prison où ils resteront jusqu'à leur mort. Albéric II, qui va régner sur Rome pendant plus de vingt ans, autorise son demi-frère, qu'il traite comme un esclave selon les chroniqueurs, à administrer les sacrements et exercer des fonctions strictement ecclésiastiques. La période dite « pornocratique » s'achève avec la mort (naturelle ?) de Jean XI. Sous son pontificat a été confirmé le statut exceptionnel de l'abbaye de Cluny : elle ne répond que du pape, ce qui va permettre son expansion spirituelle et financière.

LÉON VII (936–939)

Après sa mère Marozie, c'est au tour d'Albéric II de désigner les papes. Ancien bénédictin (dont il va réformer l'ordre en soutenant le renouveau monastique parti de Cluny), puis cardinal, Léon VII se contente d'exercer ses fonctions ecclésiastiques, sans se mêler de politique, afin de ne pas heurter son ombrageux et violent protecteur.

ÉTIENNE VIII/IX (939–942)

Lui aussi choisi par Albéric II, d'origine romaine mais élevé en Allemagne et soutenu par Othon de Germanie (ce qui lui vaudra l'hostilité des Romains), Étienne VIII poursuit les travaux de son prédécesseur en encourageant l'essor de Cluny. Il intervient dans les affaires « françaises » en soutenant Louis IV d'Outremer, l'un des derniers rois carolingiens, contre Hugues le Grand, père d'Hugues Capet, qu'il menace d'excommunication. En 942, Étienne VIII conspire contre Albéric. Le complot échoue, il est emprisonné, après avoir eu le nez coupé, et il meurt de ses blessures.

MARIN II (942–946)

Appelé Martin III, Marin II, cardinal d'origine romaine, est le troisième pape nommé par Albéric II. Lui aussi s'attache à la réforme clunisienne et se cantonne dans ses fonctions ecclésiastiques, tout en embellissant les églises et en soulageant les indigents de ses dons.

AGAPET II (946–955)

Quatrième candidat poussé par Albéric II, Agapet II continue avec l'aide d'Odon, abbé de Cluny, la réorganisation du monachisme. Sous son pontificat, les territoires nordiques (Danemark, Norvège, Suède), définitivement christianisés, deviennent des évêchés, tandis que l'évangélisation des

Slaves se poursuit. Avant de mourir (954), Albéric fait jurer à Agapet II et à l'aristocratie romaine d'élire comme prochain pape son propre fils bâtard, Octavien, ce qui est en contradiction avec un décret pontifical datant de 499. Mais Albéric, même moribond, est au-dessus des lois papales !

JEAN XII (955–964)

C'est sous le nom de Jean XII (prénom alors peu en odeur de sainteté : voir Jean X et Jean XI, avec lesquels Jean XII a des liens de parenté) qu'Octavien, bâtard d'Albéric II (une rumeur le prétend aussi fils incestueux, puisque né de l'inévitable Marozie, sa grand-mère et mère !), accède au trône de saint Pierre. Il a 18 ans et, à la prière, même s'il en fait chanter tous les jours pour le repos de son âme, il préfère la chasse, le jeu et les femmes ! On prétendra même qu'il a transformé le palais de Latran en bordel. En 962, il sacre empereur d'Occident Othon Ier, roi de Germanie. C'est la résurrection du Saint Empire romain germanique, qui sera brisé par Napoléon Ier, neuf siècles plus tard. Cependant, la brouille ne tarde pas à naître entre Jean XII et Othon, le premier ayant fait alliance avec le roi d'Italie pour échapper au parrainage impérial, dont il découvre la pesanteur. Othon revient alors à Rome avec son armée, fait déposer et excommunier Jean XII le 4 décembre 963 sous les accusations d'homicide, de débauches, parjure, sacrilège et inceste, par un synode qui nomme à sa place Léon VIII.

Mais Jean XII, qui a pu s'enfuir avec l'argent du Vatican, s'en sert pour acheter des partisans et fomenter des troubles. Il revient dès le départ de l'empereur et récupère son siège. Il se venge de sanglante façon de ses adversaires ; lorsque Othon revient sur Rome, il part se réfugier en Campanie. C'est là que Jean XII trouve la mort, assassiné par un mari jaloux, qui l'a surpris au lit avec sa femme.

LÉON VIII (963–965)

Pape ou antipape ? Léon VIII, laïc archiviste de la chancellerie pontificale, est élu par acclamations le 4 décembre 963, lors du synode réuni par Othon Ier pour déposer Jean XII. Il reçoit les ordres le jour même et est sacré évêque de Rome le lendemain ! Othon reparti, Léon VIII, qui ne peut juguler l'émeute fomentée par les partisans de Jean XII, doit quitter Rome, pour se réfugier à la cour impériale. Jean XII le dépose et le fait excommunier en février 964. Othon renvoie Léon à Rome avec des troupes, ce qui provoque la fuite de Jean XII. À la mort de ce dernier, toutefois, plutôt que de désigner à nouveau Léon VIII comme son successeur, les Romains choisissent Benoît V. Léon VIII doit, une fois encore, demander l'aide d'Othon Ier pour retrouver son trône : Rome est prise, Benoît V chassé, et Léon VIII à nouveau dans ses meubles, au Latran, où il meurt, en mars 965, sans n'avoir jamais rien fait de son pontificat.

BENOÎT V (964–966)

Benoît V, dit le Grammairien en raison de son savoir, est un prêtre dévoué, à la moralité exemplaire, que les Romains choisissent le 22 mai 964 en réaction contre ses prédécesseurs qui, depuis plus d'un demi-siècle, se distinguent surtout par leur immoralité. Sans doute a-t-il déjà été candidat contre Léon VIII, un an plus tôt. Son seul tort est de ne pas avoir été choisi par l'empereur Othon Ier, qui le fait déposer par un synode le 23 juin 964, et rétrograder comme diacre. Au cours d'une cérémonie, on lui arrache ses vêtements pontificaux et on lui brise sa crosse pastorale sur la tête, tandis qu'il s'agenouille.

Confié à la surveillance de l'archevêque de Hambourg, qui le traite avec égard, Benoît V finit sa vie dans un monastère, le 4 juillet 966. Il n'aura été pape qu'un mois. Ses restes seront ramenés à Rome en 988 par l'empereur Othon III.

JEAN XIII (965–972)

Le pouvoir pontifical reste vacant pendant six mois après la mort de Léon VIII, car émissaires de l'empereur et électeurs romains ne parviennent pas à s'entendre sur le choix du prochain pape. Ils finissent par élire Jean XIII, évêque de Narni, ancien bibliothécaire de Jean XII, que l'on dit fils de Théodora, sœur de Marozie et maîtresse du pape Landon. Il n'y a pas un mois qu'il est élu que Jean XIII s'est déjà rendu, en raison de son autoritarisme et de son obéissance servile à l'empereur, insupportable aux Romains, qui se révoltent, et l'emprisonnent. Le pape parvient à s'enfuir, pour revenir le jour de Noël 966. Entretemps, les Romains — cernés par les troupes impériales — se sont excusés pour ce coup de folie. Jean XIII retrouve son trône et sa brutalité coutumière. Il punit de façon impitoyable ses adversaires — par exemple, ainsi un préfet est suspendu par les cheveux à la statue équestre de Marc Aurèle, avant d'être promené sur un âne dans les rues de Rome, puis fouetté.

L'empereur Othon Ier s'étant installé en Italie, Jean XIII peut s'adonner à ses fonctions pontificales sans craindre les émeutes. Il encourage la conversion des Polonais et des Hongrois, soutient l'implantation d'églises au nord de l'Espagne (alors sous l'emprise des Maures), couronne empereur, en 967, Othon II, fils d'Othon Ier. Il le marie en 972 à la princesse grecque Théophano, nièce de l'empereur de Byzance. Il meurt peu avant son protecteur, l'empereur Othon Ier.

BENOÎT VI (973–974)

Cardinal, Benoît VI est le fils d'un Romain qui, sur la fin de sa vie, s'est fait moine. On n'en sait pas plus sur ses origines, ni sur les tractations qui ont précédé son élection (il est consacré plus de quatre mois plus tard). Seule certitude, il n'appartient pas au clan des Crescenti, famille issue du sénateur Théophylacte, dont les femme et les filles ont régné par papes interposés. C'est d'ailleurs l'un des fils de Théodora (voir Landon et Jean XIII) qui fomente une révolte contre lui. Benoît VI est arrêté et incarcéré dans le château Saint-Ange, malgré les protestations de l'émissaire impérial. Quelques jours plus tard, il est étranglé par Étienne, un prêtre, sur l'ordre de l'antipape Boniface VII.

BENOÎT VII (974–983)

L'élection de l'antipape Boniface VII n'ayant pas reçu l'aval impérial, c'est Benoît VII, évêque de Sutri et membre de l'aristocratie romaine (son père était le cousin du terrible Albéric II), qui est choisi par les deux partis. C'est un homme pieux, qui préfère se consacrer au renouveau monastique qu'aux manœuvres politiques. Au concile de Latran de mars 981, il condamne la simonie — en effet, la vente des charges ecclésiastiques est à nouveau une activité prospère en ces temps troublés où la papauté vacille entre protectorat impérial et velléités d'indépendance romaines.

Auparavant, il a dû faire appel à Othon II pour chasser de Rome l'antipape Boniface VII, qui y était revenu pendant l'été 980, profitant de l'absence de Benoît VII alors en voyage. Benoît VII meurt en juillet 983, la même année qu'Othon II, son protecteur, avec lequel il a su s'entendre sans pour autant lui obéir servilement.

JEAN XIV (983-984)

À la mort de Benoît VII, l'empereur Othon II, qui s'est installé en Italie pour la défendre des Sarrasins, fait nommer au trône de saint Pierre, après cinq mois de tergiversations (l'abbé de Cluny ayant refusé le poste), l'un de ses hommes de confiance, l'évêque de Pavie, ville dont il est originaire. Othon II meurt de la malaria trois jours avant l'intronisation de Jean XIV. Cela rend la situation du nouveau pape, qui n'a pas été accepté par les Romains, d'autant plus délicate que l'impératrice doit elle aussi quitter l'Italie pour aller en Allemagne défendre la succession de son fils. En avril 984, l'antipape Boniface VII revient à Rome et s'empare de Jean XIV, qu'il fait jeter, avec ses partisans, dans les cachots du château Saint-Ange. Jean XIV y meurt quatre mois plus tard, le 20 août 984, de faim, ou d'empoisonnement.

BONIFACE VII (ANTIPAPE EN 974, PUIS DE 984 À 985)

À la mort de Jean XIII, le diacre romain Franco s'oppose à Benoît VI, qui l'emporte. Soutenu par le clan Crescenti, Franco est mis sur le trône pontifical lors des émeutes de juin 974. Après avoir pris le nom de Boniface VII, il fait étrangler son prédécesseur afin que sa légitimité ne soit pas remise en cause. Mais il doit s'enfuir en juillet devant la menace des impériaux. Déposé par un synode fin 974, il se réfugie en Italie du Sud, sur des terres encore byzantines.

En 980, il profite de troubles pour revenir à Rome mais, en mars 981, le pape Benoît VII ayant repris la maîtrise des événements, il doit à nouveau s'exiler, à Constantinople cette fois. Se considérant toujours comme le pape légitime, il met à profit la mort, en décembre 983, de l'empereur Othon II, protecteur du pape en exercice Jean XIV, pour revenir à Rome. Fort du soutien des Byzantins et de la noblesse romaine, il emprisonne Jean XIV. D'avril 984 à juillet 985, il occupe le trône de saint Pierre. Mais le peuple, qui lui reproche l'assassinat de deux papes, attaque le palais de Latran (à moins qu'il s'agisse d'une conjuration de palais). Boniface VII est tué à coups de lances, et son cadavre, est exposé nu sur la statue équestre de Marc Aurèle (alors face au Latran) puis traîné dans les rues, et abandonné sur la place publique jusqu'à ce que des moines osent l'enterrer chrétiennement.

JEAN XV (985-996)

Fils d'un prêtre romain, Jean XV est élu grâce au soutien de la famille Crescenti, qui vient de perdre un autre de ses protégés, l'antipape Boniface VII. Peu aimé en raison de son népotisme et de son avidité, Jean XV doit fuir à deux reprises en Toscane. C'est lui qui, pour la première fois, fait signer une « trêve de Dieu » lors du conflit entre le roi d'Angleterre Ethebred et Richard, duc de Normandie. Il est aussi le premier à canoniser un évêque (Ulrich, d'Augsbourg), privilège exclusif jusqu'alors des évêques. Ses velléités d'indépendance ne sont pas sans indisposer ses protecteurs romains, mais il n'est pas de ceux que l'on manipule aisément. Il confie à des ecclésiastiques, et non plus à des laïcs, les charges de son administration, ce qui ne met pas fin à la corruption, afin de limiter le pouvoir de l'aristocratie romaine.

Il envoie une mission en Russie auprès de Vladimir Iᵉʳ, prince de Kiev, qui vient de se convertir, mais ce dernier choisit de placer son pays sous la juridiction du patriarche de Constantinople, ce qui contribuera à l'éviction du catholicisme de ces contrées. En France, où Hugues Capet est en train d'établir sa dynastie, Jean XV refuse de reconnaître Gerbert d'Aurillac (futur pape) archevêque de Reims, qui a été désigné par un synode aux ordres d'Hugues Capet (l'ancien archevêque de Reims étant Arnoult, neveu du prétendant carolingien dépossédé de la couronne). C'est l'empereur Othon III qui dénouera l'affaire en faisant nommer Gerbert archevêque de Ravenne, afin qu'Arnoult retrouve son évêché. Chassé de Rome par le sénateur Crescentius, chef de l'inévitable famille Crescenti, pendant l'été 995, Jean XV demande l'aide du jeune empereur Othon III qui exige de la noblesse romaine le retour du pape au Latran. Jean XV ne retrouvera pourtant pas son palais pontifical : il meurt de fièvre, sur le chemin du retour, fin février 996.

GRÉGOIRE V (996–999)

Fils du duc de Carinthie et cousin — et chapelain — de l'empereur Othon III, Brunon, né en 972, est choisi par ce dernier pour succéder à Jean XV. C'est le premier pape germanique. Il prend le nom de Grégoire V et sacre Othon à Rome le 23 mai 996. Mais l'empereur à peine reparti, la noblesse romaine, sous la houlette du sénateur Crescentius, chasse Grégoire et fait élire un antipape d'origine grecque, Philagathos. Grégoire doit attendre le retour d'Othon III en Italie (997) pour retrouver son trône. Sous le pontificat de Grégoire V, Gerbert d'Aurillac est nommé archevêque de Ravenne, et les évêques français sont repris en main : ceux qui refusent de se soumettre aux décisions du pape sont menacés d'excommunication. Celle-ci frappera le roi de France Robert II, dit pourtant le Pieux, parce qu'il a répudié sa première épouse pour épouser Berthe, une (très) lointaine cousine. La sanction ne sera levée que lorsque le roi acceptera de se séparer d'elle.

Sa mort inattendue, en février 999 — il n'a pas 30 ans —, provoquera la rumeur selon laquelle il a été empoisonné. Il semblerait pourtant que ce jeune pape énergique et déterminé, capable de prêcher en français, allemand ou latin, a succombé à une crise de malaria.

JEAN XVI (ANTIPAPE 997–998)

D'origine grecque, né en Calabre, Jean Philagathos a été abbé d'une abbaye près de Modène, sous le règne d'Othon II.

Nommé chancelier et archevêque de Plaisance, il est envoyé à Constantinople pour négocier le mariage d'Othon III avec une princesse byzantine. Lors de la révolte contre le pape Grégoire V, le sénateur Crescentius le choisit pour remplacer le pape réfugié à Pavie. Élu par les Romains, soutenu par les Byzantins satisfaits de voir monter un Grec sur le trône de saint Pierre, Philagathos prend le nom de Jean XVI, et règne six mois, le temps pour Othon III et le toujours pape en titre Grégoire V de rassembler des troupes, qui entrent dans Rome en février 998.

Jean XVI s'enfuit. Il est rattrapé par les soldats d'Othon III, qui sans que Grégoire V intervienne pour les retenir, lui coupent les oreilles, la langue, le nez et les mains, lui crèvent les yeux, et le promènent, ainsi mutilé, nu, assis sur un âne à travers les rues de Rome. Puis il est enfermé dans un monastère romain après qu'un tribunal, dirigé par le pape, l'eut dégradé. Il meurt misérablement le 26 août 1001.

Le sénateur Crescentius qui l'a poussé à trahir la famille impériale, dont il était pourtant un éminent serviteur, est assiégé pendant trois mois dans le château Saint-Ange où il s'est réfugié. Il finit par se rendre. Il avait déjà été condamné, puis gracié, pour avoir organisé les rébellions qui avaient provisoirement porté au pouvoir pontifical l'antipape Boniface VII. Cette fois-ci, il ne peut plus compter sur les clémences papale et impériale, et il meurt la tête tranchée.

SYLVESTRE II (999–1003)

Né en Auvergne vers 940, dans une famille paysanne, Gerbert est élevé par des moines d'Aurillac avant d'embrasser lui-même l'état monastique. Distingué pour son aptitude à l'étude par le comte de Barcelone, il le suit en Catalogne où, auprès de professeurs, notamment arabes, il apprend la musique, la géographie, l'astronomie, la médecine et les mathématiques (il en écrira plusieurs traités), sciences peu étudiées dans l'Occident chrétien. On l'accusera même de « diablerie », tant un homme trop savant, même s'il porte le froc des moines de Cluny, sort de l'ordinaire en ces temps proches de l'an mil. Il est, par ailleurs, intelligent et caustique. À Rome, en 970, il impressionne Jean XIII, qui le présente à l'empereur Othon Ier. En 989, Hugues Capet nomme archevêque de Reims (où Gerbert a étudié et enseigné la philosophie) Arnoult, fils bâtard d'un des derniers Carolingiens, avant de le déposer, par synodes interposés, pour avoir comploté contre lui. Il nomme Gerbert, dont il apprécie l'entregent, à sa place. Mais le pape Jean XV, qui subit déjà l'autorité de l'empereur d'Allemagne, ne peut tolérer une semi-autonomie de l'Église française (gallicanisme). Il refuse la nomination de Gerbert, et c'est le jeune empereur Othon III, dont il a été le précepteur, qui met fin à l'affaire en offrant à Gerbert l'archevêché de Ravenne.

Gerbert, qui à ses heures perdues, bricole des orgues, des machines hydrauliques, des automates et des globes célestes, est aussi grand érudit que piètre administrateur. Dans les évêchés où il passe, il s'intéresse surtout aux bibliothèques, ce qui n'empêche pas les princes du moment de rechercher sa conversation. Hugues Capet, dont il a favorisé l'élection, lui demande d'être le conseiller de son fils, Robert le Pieux. Subjugué par son aisance et sa culture, Othon II le nommera précepteur de son fils, Othon III, dont il restera, même pape, l'ami et le maître, comme Sylvestre Ier était celui de Constantin le Grand.

À la mort du pape Grégoire V, Odilon, influent abbé de Cluny, suggère à Othon III de proposer la candidature de Gerbert à sa succession. Il est temps, en effet, de rompre avec les papes romains et les complots que leurs élections suscitent. Élu pape sous le nom de Sylvestre II, Gerbert d'Aurillac, fort du soutien d'Othon III (qui meurt en 1002), entreprend de réformer l'Église. Il s'attaque à la simonie et au népotisme (ce que feront, avec plus ou moins de conviction, tous les papes jusqu'aux Temps modernes), appelle au célibat des ecclésiastiques et à l'élection des abbés par les moines de leurs monastères.

Pape en un temps où l'Europe est plongée dans de multiples guerres féodales, il impose la « trêve de Dieu », qui n'autorise les batailles qu'en certaines périodes de l'année, afin d'en limiter les ravages. À la tête de la Hongrie, il place Étienne Ier, qu'il consacre en 1000 (Étienne sera canonisé en 1081). L'évangélisation de ce pays, et de la Pologne, sous son règne, se développe considérablement. Mais s'il a réussi à imposer sa volonté au clergé comme aux princes, Sylvestre II doit, en 1002, quitter Rome où la famille Crescenti, humiliée par la décapitation, quatre ans auparavant, de son représentant, s'est révoltée. Sylvestre II peut revenir au palais de Latran pour y mourir le 12 mai 1003. Une légende, entretenue par les Romains qui détestaient ce pape « étranger », a fait de lui un alchimiste, voire un sorcier (ses trois évêchés, Reims, Ravenne et Rome, commencent par la même lettre, ce qui serait un signe !) qui aurait vendu son âme au diable pour avoir accès au savoir, alors qu'il étudiait en Espagne, chez le Maure, lui aussi diabolique...

JEAN XVII (1003)

À Rome, profitant d'un affaiblissement impérial consécutif au décès d'Othon III, la famille Crescenti est revenue au pouvoir, avec Jean II Crescentius, son nouveau chef, qui fait élire Jean Sicco pour succéder à Sylvestre II. Jean Sicco, devenu Jean XVII, est une marionnette aux mains de Jean II Crescentius, mais il parvient toutefois à encourager, au cours d'un pontificat de cinq mois, l'évangélisation des Slaves et le renforcement des Églises de Pologne et de Hongrie. On ne sait ni comment il meurt, ni à quel âge.

JEAN XVIII (1003–1009)

Nouveau pape élu, lui aussi, suite à l'intervention de Jean II Crescentius, Jean XVIII est le fils d'un prêtre romain. Il se rapproche du roi d'Allemagne Henri II, malgré les avertissements de son protecteur Jean II Crescentius, qui est pro-byzantin, et fonde l'évêché de Bamberg. Il poursuit la christianisation des Slaves, et menace d'excommunication le roi Robert II et des évêques de France qui ont voulu mettre fin aux privilèges pontificaux accordés à l'abbaye de Fleury. On ignore les motifs pour lesquels, peu avant de mourir, il se retire dans un monastère, redevenu simple moine. Suprême leçon d'humilité, ou démonstration de force de la noblesse romaine, qui a peu apprécié sa collaboration avec Henri II, roi d'Allemagne ? S'il en est ainsi, en des temps relativement proches, il aurait été assassiné, preuve que les papes, même fantoches, commencent à être respectés par ceux qui les élisent.

SERGE IV (1009–1012)

Ce pape est encore un protégé de Jean II Crescentius. Fils d'un savetier, Pierre, surnommé Osporci (« bouche de porc »), évêque d'Albe, choisit de s'appeler Serge IV. En trois années de pontificat, vertueux mais non téméraire, il continue la politique de ses prédécesseurs. La disparition, en moins d'une semaine, de Serge IV (12 mai) et de Jean II Crescentius (18 mai), et l'élection immédiate comme successeur au trône de saint Pierre d'un partisan de la famille Tusculum, opposée aux Crescenti, a fait supposer, sans preuves, que ces morts n'étaient pas naturelles. Parce que sous son pontificat, Jérusalem est investie par le calife al-Hakim le 18 octobre 1009, on a attribué — à tort — à Serge IV l'idée de lancer une croisade en Orient.

BENOÎT VIII (1012–1024)

Théophylacte, qui porte le prénom de son ancêtre (père de Théodora et de Marozie [voir Serge III et ses successeurs], est le fils cadet du comte de Tusculum, famille qui vient de l'emporter sur celle des Crescenti (l'antipape Grégoire VI, proposé par les Grescenti, s'enfuit). Remarquable soldat, Benoît VIII, davantage pape par devoir familial que par conviction, s'allie aux Pisans et aux Génois pour infliger aux musulmans une sévère défaite navale en 1016. Il encourage les révoltes contre les Byzantins en Italie du Sud, en se servant des Normands qui s'y établissent. Avec Henri II d'Allemagne, il réunit le synode de Pavie (1022), où le mariage des prêtres est pour la première fois franchement interdit (nicolaïsme). C'est Benoît VIII qui, pour le remercier de l'avoir soutenu contre l'antipape Grégoire VI, offre à Henri II un globe d'or surmonté d'une croix, qui deviendra le symbole de l'Empire. L'alliance entre ces deux hommes, qui meurent à deux mois d'intervalle, a permis à la papauté d'échapper à l'emprise de l'aristocratie romaine.

GRÉGOIRE VI (ANTIPAPE 1012–1013)

Candidat des Crescenti à la succession de Serge IV, il est battu par Benoît VIII et doit s'enfuir de Rome. Bien que les Crescenti, ses protecteurs, soient opposés au roi d'Allemagne, il demande l'arbitrage d'Henri II, qui le reçoit à Noël 1012, et tranche en faveur de son rival. Grégoire VI, dont on ignore les origines, disparaît de l'histoire, et nul n'entendra plus parler de lui...

JEAN XIX (1024–1032)

Après Théophylacte de Tusculum, dit Benoît VIII, c'est son frère Romain qui coiffe la tiare sous le nom de Jean XIX, mais le second n'a pas les qualités du premier. Laïc lors de son élection, il reçoit les ordres dès le lendemain. Si on a pu reprocher à son frère sa cruauté, il est, lui, un pontife aussi autoritaire qu'avide, et sous son pontificat, la simonie va prendre des proportions alarmantes. Contrairement à son prédécesseur, il cherche à se rapprocher de Byzance, mais doit refuser, sous la pression de son clergé, de donner au patriarche de Constantinople le titre « d'évêque universel » (œcuménique) qui lui est réservé. Après le décès d'Henri II, il sacre empereur Conrad II, qui fonde la dynastie salienne et va lui imposer un protectorat pesant. Il confirme les privilèges de Cluny et institue la fête des Morts .

BENOÎT IX (1033–1044/1045/1047–1048)

Issu lui aussi de la famille des Tusculum, neveu de Théophylacte et de Romain, également prénommé Théophylacte, Benoît IX est pape à... 15 ans, suite aux intrigues menées par son père. En 1044, les Crescenti, exploitant l'impopularité de ce pape rapace aux mœurs déréglées, imposent un antipape, Sylvestre III, mais son passage est bref car il est chassé peu après. Benoît réoccupe, grâce à sa puissante famille, son trône le Ier mai 1045, trône qu'il vend alors à l'antipape Jean XX, avant de revenir sur sa décision et de tenter de reprendre sa charge pontificale avec l'aide de son armée. L'Église compte alors trois papes. Grégoire VI achète leurs droits et se fait élire, jusqu'à ce qu'il soit déposé avec les trois autres par le concile de Sutri. Un cinquième pape,

Clément II, est élu, mais Benoît IX le fait empoisonner. Il réussit à se maintenir sur le trône encore deux ans, jusqu'à ce que le comte Boniface de Toscane, sur les ordres du roi d'Allemagne Henri III, fils de Conrad II le Salique, l'en chasse et mette Damase II à sa place.

On a dit que Benoît (passé à la postérité pour avoir « inventé » les armoiries papales), qui a 30 ans lors de son ultime déchéance, s'est, pris de remords, retiré dans un monastère. On peut en douter. La légende est née parce qu'en 1055, quelques mois avant sa mort supposée, il fait, avec ses frères, un don à une abbaye.

SYLVESTRE III (1045)

Bien qu'antipape, Sylvestre III (prénommé Jean) figure sur la liste régulière des successeurs de saint Pierre. Évêque de Sabine, pays natal des Crescenti, il est élu, sans avoir revendiqué ce périlleux honneur, lors de la première éviction du trône pontifical de Benoît IX. Il ne se maintient qu'un mois et demi contre son rival, qu'il s'est empressé d'excommunier. Lorsqu'il est à son tour chassé de Rome, la protection du clan Crescenti lui évite la déchéance et l'internement dans un monastère, comme c'est l'usage. Il reste évêque de Sabine jusqu'à sa mort, en 1063.

GRÉGOIRE VI (1045–1046)

Issu d'une famille de banquiers, les Pierleoni, Grégoire VI parvient à la dignité pontificale par un acte simoniaque : il achète ce titre à Benoît IX, son filleul. L'empereur Henri III, fils de Conrad II le Salique, apprenant la manœuvre, le fait déposer l'année suivante au synode de Sutri, et l'exile à Cologne, où il meurt de maladie fin 1047.

CLÉMENT II (1046–1047)

De son vrai nom Suidger, évêque de Bamberg en Bavière, Clément II accompagne en Italie l'empereur Henri III pendant l'automne 1046. Après la déposition de Sylvestre III, Benoît IX et Grégoire VI, il est élu pape sur proposition de son protecteur. C'est le premier pape allemand, issu de la

noblesse saxonne. Il remercie son bienfaiteur en le couron-
nant le lendemain, jour de Noël, comme ce fut le cas pour
Charlemagne, qui était, lui, un grand massacreur de Saxons.
Il combat à son tour la simonie (trafic des fonctions ecclésiastiques) qui ronge l'ensemble du clergé. Pendant l'été
1047, il doit quitter Rome, sans doute en raison des troubles
fomentés par les partisans de Benoît IX. Malade, il meurt à
Pesaro le 9 octobre. Immédiatement, la rumeur prétend qu'il
a été empoisonné par Benoît IX. Son corps est ramené à
Bamberg, où il est enterré. En 1942, l'examen de ses restes
confirmera qu'il est mort de saturnisme (empoisonnement
par le plomb).

DAMASE II (1048)

D'origine bavaroise, Poppon, évêque au Tyrol, est lui aussi
choisi par l'empereur Henri III et prend le nom de Damase II.
Benoît IX a fait une réapparition juste avant son élection,
comme antipape cette fois, et a réussi à se maintenir
jusqu'au mois de juillet 1048. Toutefois, l'approche de
Damase et de l'empereur contraint l'ex-pape antipape à
s'enfuir. Damase, cependant, n'a pas le temps de s'établir : il
meurt après vingt-trois jours de règne. Bien évidemment, on
soupçonne Benoît IX. Il semblerait pourtant qu'en ce qui le
concerne, l'accusation soit infondée. En effet, Damase II, peu
habitué au climat romain, serait mort d'une « banale »
malaria.

LÉON IX *(saint)* (1049–1054)

Cousin des empereurs Conrad II et Henri III, issu de la
famille alsacienne des Eguisheim, l'évêque Bruno de Toul
ceint la tiare sous le nom de Léon IX. Comme il s'était
auparavant rendu à Rome en simple pèlerin, son humilité
lui vaudra le respect populaire. Ce pape de combat, le troisième « Allemand » à être désigné par l'empereur, s'entoure
aussitôt d'éminents conseillers, tel Hildebrand qui deviendra le grand pape Grégoire VII, et entreprend de réformer
l'Église en profondeur : il lutte contre la simonie, contre le
mariage des prêtres, et restaure l'autorité pontificale fortement mise à mal depuis plus d'un siècle...

Il voyage à travers l'Europe, réunit de nombreux conciles, condamne Bérenger de Tours qui nie la présence réelle du Christ dans l'Eucharistie (1050), combat les Normands, engage, enfin, une dispute théologique avec le patriarche de Constantinople Michel Cérulaire qui aboutira, peu après sa mort, à une séparation définitive entre l'Église grecque et l'Église latine (1054). Cette querelle byzantine porte sur le célibat des prêtres, la tonsure des clercs et surtout sur le pain azyme de l'Eucharistie. Les légats envoyés à Constantinople excommunient Michel Cérulaire qui, à son tour, excommunie Léon. Ces anathèmes réciproques seront levés par Paul VI et le patriarche Athénagoras en 1964, sans pour autant mettre fin à la rupture.

Lors d'une bataille contre les Normands, dans le sud de la péninsule, Léon IX est fait prisonnier (18 juin 1053) ; il restera neuf mois en captivité. Les Normands le traitent avec respect et lui permettent d'exercer en partie son pontificat, mais ne le libèrent qu'après qu'il a accepté de faire des concessions importantes. Revenu à Rome en mars 1054, malade de corps et d'esprit, il agonisera pendant un mois, murmurant ses dernières prières dans sa langue natale. Ce pape, qui a restauré le prestige de la papauté, après des années d'ombre, sera, dès sa mort, vénéré comme un saint.

VICTOR II (1055-1057)

À la mort de Léon IX, l'évêque d'Eichstadt, parent de l'empereur, hésite à prendre sa succession. La vacance se prolonge pendant une année. L'empereur Henri III, que conseille (saint) Hildebrand, le persuade enfin d'occuper ce poste au mois d'avril 1055. Il prend le nom de Victor II et s'applique, avec les conciles et synodes de Florence, Rome et Arezzo, à consolider les réformes entreprises par son prédécesseur, n'hésitant pas à déposer plusieurs évêques.

Après la mort de l'empereur Henri III (1056), dont il était un familier, il organise la régence de l'impératrice Agnès, Henri IV, l'héritier, n'ayant alors que 5 ans. L'année suivante, cinq jours après avoir dirigé un synode à Arezzo, il succombe à une fièvre. Les Allemands de sa suite veulent rapporter son corps à Eichstadt, mais les Italiens s'y opposent et obtiennent qu'il soit enterré à Ravenne, dans le mausolée de Théodoric le Grand devenu cathédrale.

ÉTIENNE IX/X (1057–1058)

Fils du duc de Lorraine, Frédéric a, comme légat de Léon IX, prononcé l'excommunication de Michel Cérulaire en juillet 1054. Victor II l'a nommé abbé du Mont-Cassin, puis cardinal. Élu pape, sans que l'impératrice régente ait été consultée, il prend le nom d'Étienne IX. Mais il peut compter sur la protection de son frère Godefroy le barbu, duc de Lorraine et marquis de Toscane, au cas où la noblesse romaine, qui voit s'installer au palais de Latran le cinquième « Allemand » consécutif, commencerait à s'agiter.

Abbé du Mont-Cassin, il a déjà restauré la règle de pauvreté dans l'abbaye. Il s'engage dans la poursuite de la réforme de l'Église, et lutte, notamment contre l'investiture laïque, poison du monde ecclésiastique à l'époque, et pour la chasteté des prêtres, soutenu en cela par la population indignée par les excès. Il entreprend, avec son frère Godefroy, une expédition (financée par le Mont-Cassin) contre les Normands en Italie du Sud lorsqu'il tombe malade. Il fait jurer au clergé et aux Romains d'attendre le retour de (saint) Hildebrand (futur Grégoire VII), alors en mission en Allemagne, avant d'élire son successeur. Il compte sur Hildebrand pour poursuivre ses réformes, que la brièveté de son pontificat — huit mois — ne lui a pas permis de mener à bien, mais il a eu tort de se fier aux Romains qui, dès son enterrement à Florence, s'empresseront de se parjurer.

BENOÎT X (ANTIPAPE 1058–1059)

Jean le Mince, cardinal, rejeton de la funeste lignée des Tusculum (surnommé « le stupide » en raison de son manque de connaissances), s'empare de la tiare avec le concours de l'aristocratie romaine, qui espère mettre le clergé réformateur devant le fait accompli. Devenu Benoît X, il règne quelques mois mais à l'arrivée de (saint) Hildebrand et de (saint) Pierre Damien, il est déposé, car les cardinaux n'ont pas voté son élection, fidèles en cela au serment prêté à Étienne IX. Benoît X, excommunié, renonce à la dignité pontificale en 1059 et se retire sur ses terres, après avoir tenté de résister dans le château de Galéria. Arrêté, il est jugé en avril 1060 au concile de Latran, dégradé et condamné à l'internement dans un hospice jusqu'à sa mort ; c'est là qu'il apprendra, en 1073, l'élection d'Hildebrand, son rival.

NICOLAS II (1059–1061)

Né en France vers 980, Gérard de Bourgogne, évêque de Florence, est élu, sur l'intervention d'Hildebrand, par les cardinaux, après l'épisode de l'antipape Benoît X. Intronisé avec le soutien de l'impératrice régente d'Allemagne et de Godefroy de Lorraine, il convoque le synode pascal du Latran en avril 1059, au cours duquel il décrète que le bas clergé et le peuple ne pourront plus qu'approuver, par acclamations, la décision des cardinaux-évêques au moment de l'élection des papes. Nicolas II prend également de vigoureuses mesures contre la simonie : il interdit de recevoir des bénéfices des mains laïques. Il donne enfin l'investiture du duché d'Apulée et de Calabre à Robert Guiscard et de la principauté de Capoue à Richard d'Aversa, deux Normands dont il se fait ainsi des alliés potentiels. Ceci mécontente fortement la cour impériale, qui éconduit les émissaires du pape venus expliquer sa politique. Mais Nicolas II ne le saura jamais car il meurt à Florence avant leur retour.

ALEXANDRE II (1061–1073)

Anselme, né vers 1010 dans une riche famille de Baggio, près de Milan, est évêque de Lucques quand il est élu pape sous le nom d'Alexandre II. Conseillé par Hildebrand, ce pape prolonge l'action de ses prédécesseurs, malgré l'antipape Honorius II. Il accroît l'autorité pontificale en Espagne (il accorde aux combattants chrétiens qui luttent contre l'emprise musulmane la première indulgence) et soutient Guillaume le Conquérant lorsqu'il revendique la couronne d'Angleterre. Cet appui au duc de Normandie s'explique par la présence en Sicile des Normands, dont le pape veut se faire des alliés dans la lutte contre les Sarrasins. En effet, la guerre contre l'islam est devenue une priorité pontificale — l'idée de croisade n'est pas loin. Depuis Léon IX, le pouvoir du pape s'est raffermi : Alexandre II, qui a été élu sans l'aval du roi Henri IV d'Allemagne, peut se permettre de le menacer de ne pas le couronner empereur s'il persévère dans sa volonté de répudier son épouse, et c'est le roi qui cède…

HONORIUS II (ANTIPAPE 1061–1064)

L'élection d'Alexandre II provoque, bien qu'il soit italien, et non plus allemand, la colère de l'aristocratie romaine, à nouveau écartée par ce vote. Elle fait élire, le 28 octobre au concile de Bâle, Honorius II, évêque de Parme, après avoir offert au jeune roi d'Allemagne Henri IV le titre de patrice des Romains, qui lui donne le droit d'intervenir dans le vote. Mais l'antipape Honorius II ne parvient pas à s'emparer de Rome, et il doit se contenter d'occuper le château Saint-Ange. Le puissant Godefroy, duc de Toscane, est intervenu et a demandé aux deux papes d'en rester à ce statu quo jusqu'à ce qu'un concile les départage. L'archevêque de Cologne le réunit ce concile à Mantoue. Honorius II, sûr de sa légitimité, et fort du soutien des Allemands, des Romains et d'une partie des évêques opposés aux réformes du clergé, refuse de s'y rendre pour défendre sa cause, parce que la présidence du concile ne lui a pas été accordée. Alexandre II, lui, s'y rend et s'y défend des accusations de simonie portées contre lui par ses adversaires. Le concile confirme son élection. Honorius II est déposé, mais son vainqueur lui laisse son évêché de Parme, qu'il occupe jusqu'à sa mort, en 1071, espérant en vain, à chaque crise entre le pape et l'empereur, notamment en 1065 et en 1068, que les Allemands le rétabliront dans la dignité papale.

GRÉGOIRE VII LE GRAND (saint) (1073–1085)

Grégoire VI a été son maître quand tous deux séjournaient dans un monastère clunisien. Né vers 1020 dans une modeste famille de Toscane (son père est charpentier), Hildebrand est, dès le pontificat de Léon IX (1049-1054), le conseiller des papes. À la mort d'Alexandre II, le clergé et le peuple sont unanimes pour le désigner comme vicaire du Christ. Il sera un grand réformateur, grâce aux légats qu'il enverra dans tout l'Occident et à qui il remettra des pouvoirs très étendus.

La réforme grégorienne vise à transformer les mœurs ecclésiastiques (concubinage des prêtres) et à libérer l'Église du pouvoir temporel (investitures, simonie). Il en expose les principes dans son *Dictatus papæ* (1074-1075). Ses décrets vont provoquer la fameuse querelle des Investitures. L'empereur ayant tenté de le faire déposer comme faux pape à la diète de Worms (1076), il réplique par une excommunication et délie de leur serment de fidélité les vassaux du monarque, qui entrent alors en conflit avec leur maître ; Grégoire lui-même se met en route pour l'Allemagne afin de faire élire un autre empereur. Henri IV est contraint d'implorer son pardon à Canossa (1077) où il se présente devant le pape, pieds nus dans la neige. Grégoire le laisse attendre trois jours à la porte du château avant de daigner le recevoir. C'est le triomphe le plus éclatant de la papauté sur l'empire.

Henri IV cependant, une fois gracié, renoue avec ses féodaux révoltés, rompt avec Grégoire et nomme un antipape en la personne de Guibert de Ravenne, son chancelier, qui prendra le nom de Clément VII. Grégoire réexcommunie l'empereur et lui substitue Rodolphe de Souabe (1080). L'antipape installé à Rome en est chassé par Robert Guiscard, mais les troubles causés par les troupes du Normand provoquent la colère de la population, et Grégoire VII est obligé de se réfugier à Salerne, où il meurt un an plus tard. Il aurait dit sur son lit de mort : *J'ai aimé la justice et haï l'iniquité, c'est pourquoi je meurs en exil.* Grande figure de la papauté médiévale, il a tenté d'imposer la théocratie aux cours européennes, et ce par des moyens contraires au christianisme qu'il était censé défendre : la guerre et les intrigues.

CLÉMENT III (ANTIPAPE 1080-1100)

Né à Parme en 1023, Clément III, chancelier pour l'Italie à la cour impériale et archevêque de Ravenne, est un collaborateur de Grégoire VII avant de basculer dans le camp adverse.

Le pape l'excommunie en 1076 pour avoir participé à la
diète de Worms qui a tenté de le déposer. En juin 1080,
l'empereur Henri IV, qui a été humilié à Canossa par
Grégoire VII, et n'entend pas tenir ses promesses, le fait élire
pape. S'étant emparé de Rome en 1084, Henri IV y fait
introniser « son » pape qui, à son tour, le re-couronne empereur. Après cet échange de bonne manière, les troupes
normandes de Robert Guiscard, alliées de Grégoire VII, les
chassent de Rome. Clément III, antipape mais toujours
archevêque de Ravenne s'y réfugie, et y organise un centre
de résistance à Grégoire VII et à ses partisans.

Homme éloquent, vertueux, il n'est pas uniquement un
outil entre les mains d'Henri IV. Il est surtout, soutenu
par une dizaine de cardinaux, le chef de file des opposants
à la politique réformatrice de Grégoire VII. À la mort de ce
dernier, il maintient ses prétentions au trône de saint
Pierre face à trois autres papes, Victor III, Urbain II et
Pascal II mais, chaque fois, il lui est impossible de s'imposer militairement face aux troupes normandes. Il meurt en
septembre 1100.

VICTOR III *(bienheureux)* (1086-1087)

À la mort de Grégoire VII, l'antipape Clément III se maintient, mais la majorité des cardinaux lui préfère, après un an
de troubles, et sous la pression des Normands, Victor III,
prieur du Mont-Cassin. C'est un homme malade, âgé de 60
ans et peu disposé à lutter contre son rival, qui l'a chassé de
Rome pour s'y installer. Il poursuit cependant l'œuvre de
Grégoire VII, ordonne une campagne contre les Arabes et
meurt quelques mois plus tard, retiré dans son monastère
au Mont-Cassin, où il s'est réfugié. Son culte commence
aussitôt après sa mort, et Léon XIII le béatifiera en 1887.

URBAIN II *(bienheureux)* (1088-1099)

Né en 1035 à Châtillon-sur-Marne, Eudes (Odon) est disciple de saint Bruno, fondateur de l'ordre des Chartreux,
puis abbé de Cluny. Grégoire VII le nomme cardinal d'Ostie
et en fait son légat pour l'Allemagne. Six mois après la
mort de Victor III, il est élu, malgré les manœuvres de

l'antipape Clément III, qu'il réussira à chasser de Rome cinq ans plus tard. Il renforce toutes les réformes entreprises par Grégoire VII (simonie, mariage des prêtres, investitures laïques...), dont il se proclame le disciple. Il confirme aussi l'alliance avec les Normands contre l'empereur d'Allemagne. Il excommunie le roi de France Philippe Ier qui a enlevé et épousé Bertrade, femme du comte d'Anjou, son vassal, impose la trêve de Dieu lors des combats...

Mais l'acte essentiel de son pontificat est le grand appel lancé aux synodes de Plaisance et de Clermont pour la première croisade, après qu'il eut reçu Pierre l'Ermite à son retour de la Terre sainte. La proclamation en est faite le 27 novembre 1095. Il prêche aussi le refoulement des Maures en Espagne et assiste à la fondation de l'ordre des Cisterciens par Robert de Molesme (1098). Il meurt le 29 juillet 1099, quinze jours après la prise de Jérusalem par Godefroy de Bouillon, sans en avoir reçu la nouvelle. Léon XIII le béatifiera en 1887.

PASCAL II (1099–1118)

Né dans une modeste famille de Romagne, moine clunisien nommé cardinal par Grégoire VII, légat en Espagne pour Urbain II, Rainero, homme timide et chétif, mais inflexible, prend le nom de Pascal II après son élection au trône de saint Pierre. L'antipape Clément III s'y trouve déjà, mais il meurt quelques mois plus tard. L'empereur Henri IV, puis son fils Henri V susciteront contre lui trois autres antipapes, car ils s'opposent de nouveau à la papauté au sujet des investitures (investitures auxquelles renoncent les rois d'Angleterre et de France). Pascal II lance contre Henri V l'anathème, répété lors de plusieurs conciles. En 1112, alors qu'il vient d'être condamné une nouvelle fois, Henri V investit Rome et en chasse le pape, qui meurt quelques années plus tard au château Saint-Ange. C'est sous le pontificat de Pascal II, marqué par un recul de l'autorité papale, que saint Bernard fonde l'abbaye de Clairvaux.

THÉODORIC (ANTIPAPE 1100–1101)

À la mort de l'antipape Clément III, Théodoric, évêque d'Albe, qui a été son légat en Allemagne, est désigné pour lui succéder. Profitant de l'absence de Pascal II, qui s'est rendu dans le sud de l'Italie, il occupe Rome pendant cent cinq jours, mais est, à son retour, arrêté et condamné à être enfermé dans un monastère (gardé par les Normands), où il meurt l'année suivante, en 1102.

ALBERT (ANTIPAPE EN 1101)

Après l'arrestation de l'antipape Théodoric, Albert (ou Adalbert), un cardinal partisan de Clément III, est désigné contre Pascal II, qui l'écarte rapidement. Il le fait publiquement humilier en lui faisant arracher les vêtements insignes de sa fonction, et enfermer jusqu'à sa mort, dont on ignore la date, dans un monastère napolitain, lui aussi sous garde normande.

SYLVESTRE IV (ANTIPAPE 1105–1111)

L'empereur Henri V, qui veut venir à bout de Pascal II, et l'accuse de simonie, hérésie, voire magie, fait désigner le 18 novembre 1105 Maginulf, archiprêtre de Saint-Ange, pour le renverser. Maginulf, devenu Sylvestre IV, s'installe au Latran sous la protection des troupes impériales. S'ensuit une période d'émeutes sanglantes entre les partisans des deux papes, qui dure jusqu'à ce que Sylvestre IV, à court d'argent, soit obligé de quitter Rome. Il se fait oublier jusqu'au printemps 1111. Henri V, qui négocie alors avec Pascal II, fait pression sur lui en brandissant la menace de Sylvestre IV, qu'il veut mettre à sa place. Pascal II ayant cédé, Henri V renvoie son antipape qui, le 12 avril, renonce à revendiquer le trône pontifical et promet obéissance à Pascal II. Il finira ses jours auprès de son protecteur, le comte d'Ancône.

GÉLASE II (1118-1119)

Jean, bénédictin du Mont-Cassin né vers 1060 à Gaète, est nommé cardinal par Urbain II, puis chancelier, poste qu'il occupe aussi sous Pascal II. Déjà âgé lors de son élection, où il prend le nom de Gélase II, il est arrêté aussitôt après par des membres de la famille romaine des Frangipani — qui détestent Pascal II et ses proches — et enchaîné dans une cellule. Libéré le surlendemain par le peuple, il doit s'enfuir lorsqu'il apprend l'arrivée de l'empereur. Henri V lui substitue alors l'antipape Grégoire VIII. Gélase, tout d'abord réfugié à Gaète, gagne la France où il se met sous la protection du roi Louis VI le Gros. Épuisé, il meurt dans l'abbaye de Cluny après avoir désigné, aux deux cardinaux qui l'accompagnent, Guy de Bourgogne comme successeur.

GRÉGOIRE VIII (ANTIPAPE 1118-1121)

Né vers Limoges dans une famille modeste, éduqué par des moines en Espagne, devenu archevêque de Braga, Maurice Bourdin est envoyé par Pascal II auprès d'Henri V pour une mission de paix. À la cour impériale, il prend le parti d'Henri V, lequel le fait proclamer pape le 8 mars 1118, alors que Gélase II s'est enfui de Rome. Grégoire VIII, qui ne cesse de prêcher dans ses sermons l'alliance entre l'Église et l'Empire, se place, lorsque l'empereur s'en retourne en Allemagne l'été suivant, sous la protection des Frangipani. Ce qui n'empêchera pas Gélase II de l'excommunier avec Henri V, et d'envoyer dans toute l'Europe des lettres interdisant de le reconnaître. Il reste à Rome jusqu'en 1120, lorsque Calixte II, avec l'aide des Normands, investit la ville. Arrêté, Grégoire VIII est promené, monté à l'envers sur un chameau, et exposé aux moqueries de la foule. Ainsi humilié, il sera ensuite enfermé jusqu'à sa mort (1137 ?) dans différentes prisons ou monastères.

CALIXTE II (1119-1124)

Guy, fils du comte de Bourgogne, est évêque de Vienne en Dauphiné, puis légat de Pascal II en Angleterre. Choisi par Gélase II sur son lit de mort à Cluny, il est désigné après que les deux cardinaux qui assistaient Gélase II dans son agonie eurent organisé son élection. Aussitôt Guy de Bourgogne, qui prend le nom de Calixte II, se fait introniser dans sa cathédrale de Vienne et part à la conquête de son trône. Il a près de 60 ans, mais c'est un homme énergique, et lié par sa naissance aux familles royales d'Allemagne, de France et d'Angleterre. Il obtient d'Henri V la signature de la paix d'Empire, qui sera de courte durée. Calixte excommunie alors l'empereur, quitte la France et gagne Rome, où, avec l'appui des Normands, il arrête son rival Grégoire VIII.

Le 23 septembre 1122 enfin, le concordat de Worms met fin à la querelle des Investitures. Calixte convoque l'année suivante le Ier concile du Latran (qui est aussi le premier concile général tenu en Occident après Constantinople IV en 869). Le concordat y est confirmé : Henri V d'Allemagne se réserve l'investiture temporelle des évêques et des abbés sous sa suzeraineté par le sceptre, les élections ayant lieu en sa présence, et le pape est le garant de l'investiture spirituelle, par la crosse et l'anneau. En outre, la simonie est condamnée, et les indulgences sont renouvelées pour ceux qui prendront la croix afin d'aller aider à la libération de la Terre sainte. L'Empire et la papauté réconciliés, Calixte (ou Calliste) II peut soutenir activement le royaume de Jérusalem, à peine naissant mais déjà moribond, en finançant des expéditions de secours, et aider le roi d'Espagne dans sa lutte contre les Maures. Il contribue aussi à l'embellissement de Rome.

CÉLESTIN II (ANTIPAPE EN 1124)

À la mort de Calixte II, les cardinaux choisissent à l'unanimité l'un des leurs, Théobald, ami de la puissante famille romaine Pierleoni. À peine le *Te Deum* commence-t-il à retentir qu'un membre de la famille des Frangipani, autre puissant clan romain, fait irruption avec des hommes en armes pour imposer Lambert, cardinal d'Ostie. Célestin II, qui n'a régné qu'un jour, cède, lâché par les Pierleoni, qui ont été « indemnisés ». Déjà âgé, il meurt peu après son éviction, ayant été fortement ébranlé par les événements.

HONORIUS II (1124–1130)

Lambert Scannabecchi, né dans la région de Bologne, évêque d'Ostie, puis cardinal, a été au nombre de ceux qui ont suivi Gélase II en France, puis au nombre des principaux négociateurs du concordat de Worms. Il est finalement imposé par les Frangipani, et prend le nom d'Honorius II. Ses cinq années de pontificat se passent de façon plutôt sereine, comparées aux règnes de ses prédécesseurs. Il est l'ami du roi de France Louis VI le Gros, de Bernard de Clairvaux et de

Lothaire II d'Allemagne, dont il soutient la candidature impériale en excommuniant Conrad et l'évêque de Milan, qui a accepté de poser sur sa tête la couronne de roi des Lombards. Toutefois, il ne peut empêcher la création d'un royaume normand dans le sud de l'Italie, avec Roger II à sa tête. Tombé gravement malade en janvier 1130, il est transporté en cachette dans un monastère par les Frangipani, qui veulent rester les maîtres de Rome. Mort dans la nuit du 13 au 14 février, Honorius est mis en terre dans une tombe provisoire et les Frangipani, ayant rassemblé quelques cardinaux amis, procèdent à l'élection de son successeur.

INNOCENT II (1130–1143)

Descendant d'une famille patricienne de Rome, Grégoire de Papareschi, cardinal-diacre de Saint-Ange, ancien négociateur du concordat de Worms, est élu pape par le clan Frangipani et prend le nom d'Innocent II. Cependant, quelques heures plus tard, soutenu par les Pierleoni, c'est l'antipape Anaclet II qui l'emporte et qui occupera le siège de saint Pierre. Innocent II doit se réfugier en France. Il y est soutenu par saint Bernard de Clairvaux qui lui gagne la confiance des rois de France, d'Angleterre, et celle de l'empereur d'Allemagne Lothaire II, qui l'aide à reconquérir son trône, en 1133, mais ne lui permet pas de s'installer à Rome. Après la disparition d'Anaclet II et l'abdication de son successeur Victor IV, Innocent II fait reconnaître ses droits par le deuxième concile de Latran où est débattue la sempiternelle réforme de l'Église et condamnée l'hérésie d'Arnaud de Brescia qui voudrait restaurer la République romaine. Innocent II condamne aussi Pierre Abélard, déjà victime du fanatisme de ses pairs, sur la seule intervention de l'intransigeant saint Bernard.

En Allemagne, le premier Hohenstaufen, Conrad III, à la mort de Lothaire II, ceint la couronne impériale (1138). C'est le début de la longue lutte, en Italie, entre guelfes (partisans du pape) et gibelins (partisans de l'empereur). Innocent II est forcé de reconnaître roi de Sicile Roger II, qui l'a battu et capturé en juillet 1139, puis l'a obligé à le couronner avant de le libérer. En 1143, il doit quitter Rome dont les habitants, menés par Arnaud de Brescia, se sont soulevés contre son autorité. Il meurt peu après.

ANACLET II (ANTIPAPE 1130–1138)

À la mort d'Honorius II, en réaction à l'élection quasi clandestine d'Innocent II par le clan Papareschi, le clan Pierleoni fait élire l'un des siens, le cardinal Pietro de Sainte-Marie du Trastavere, qui prend le nom d'Anaclet II. Ancien moine de Cluny, il a pris une part importante dans l'élection de Calixte II. Élu, Anaclet II règne sur Rome, tant sa famille, en raison de sa richesse, de ses armes et de son influence, y est puissante. Mais il n'est reconnu ni par les souverains des pays d'Europe, ni par leur clergé. Seul le Normand Roger II prend son parti, à condition qu'Anaclet II le couronne roi de Sicile. Anaclet est excommunié par le concile de Pise en 1134, mais refuse de se démettre. Il est dès lors un pontife sans pouvoirs religieux ni diplomatiques, mais toujours maître de Rome. Sa mort, le 25 janvier 1138, met fin au schisme, même si ses partisans désignent Victor IV, un autre antipape, comme son successeur.

VICTOR IV (ANTIPAPE EN 1138)

Nommé cardinal par Pascal II, Grégoire Conti, électeur de l'antipape Anaclet II, est élu à sa succession sous la protection de Roger II de Sicile. Mais, constatant que sa situation est impossible face à Innocent II qui a derrière lui toute la chrétienté (sauf Rome et l'Italie du Sud), il se soumet, après intervention de Bernard de Clairvaux, à son autorité. Le pape l'absout et lui laisse, ainsi qu'à ses électeurs, leur rang et les honneurs et ressources qui en découlent.

CÉLESTIN II (1143–1144)

Comme Arnaud de Brescia, Gui de Citta di Castello, aristocrate d'Ombrie, a été le disciple du théologien Abélard. Homme de grande culture, cardinal sous Honorius II, légat à Cologne puis en France, il est désigné à l'unanimité successeur d'Innocent II. Déjà âgé, il n'exercera son pontificat que cinq mois, à l'issue desquels il mourra. Il a quand même eu le temps de dénoncer les accords arrachés à Innocent II lorsqu'il

était le prisonnier de Roger II (accords qui le reconnaissaient
roi de Sicile) et d'obtenir de Louis VII, roi de France, sa participation à une deuxième croisade, qui sera prêchée par saint
Bernard, en échange de son pardon (à la suite d'un différend
avec un évêque, Louis VII avait bafoué le droit d'asile et massacré une foule réfugiée dans une église). C'est au cours de
cette croisade (par ailleurs un fiasco pour la défense de la
Terre sainte) que Louis VII prendra conscience de l'infidélité de
son épouse Aliénor d'Aquitaine et qu'il décidera de s'en séparer dès son retour, avec le soutien de Rome.

LUCIUS II (1144–1145)

Originaire de Bologne, cardinal légat en Allemagne, puis
chancelier d'Innocent II, ami de Bernard de Clairvaux et de
Pierre le Vénérable, abbé de Cluny, Gérard Caccianemici
prend le nom de Lucius II après son élection. Sous son pontificat, le Portugal est rattaché au monde chrétien, mais il n'a
aucune aptitude pour la politique intérieure. Roger de Sicile,
qui pourtant l'apprécie, attaque les États pontificaux jusqu'à
ce qu'une trêve de sept ans gèle la situation : le roi de Sicile
gardera les territoires qu'il occupe militairement, et ne tentera pas d'en conquérir d'autres. À Rome même, le conflit
entre le Sénat (qui exige, avec le soutien de la population, de
ne plus être soumis au contrôle ecclésiastique) et la papauté
ne s'apaisant pas, Lucius II décide de mater militairement les
rebelles. Il lève une troupe (le nouveau roi d'Allemagne
Conrad III, pris par ses affaires intérieures, lui a refusé son
soutien) et en prend la tête. Lors d'une attaque — repoussée
— contre le Capitole, il est blessé par un jet de pierre, et
meurt peu après.

EUGÈNE III *(bienheureux)* (1145–1153)

Né à Pise, Bernard Pignatelli a été moine à Clairvaux, et
restera un ami intime de saint Bernard. Premier moine cistercien à être élu pape, il garde sur le trône pontifical un
mode de vie austère, préférant à Rome sa résidence de
Tivoli. D'ailleurs, dans Rome, où il refuse de répondre aux
revendications de ceux qui contestent son pouvoir temporel,
les troubles sont tels que, par deux fois, il doit prendre la

fuite. En France, où il s'est rendu, il charge saint Bernard de prêcher la deuxième croisade (1147), laquelle sera un échec total. Le pape a prévu de n'entraîner dans cette croisade que des Français. Mais l'éloquence de saint Bernard est telle que Conrad d'Allemagne, convaincu, décide de prendre la croix, ce qui contrarie Eugène III, qui pensait en effet demander l'aide de Conrad pour mater la rébellion romaine et mettre un terme à l'indépendance du roi de Sicile. Au concile de Reims, il soutient la doctrine selon laquelle le Christ a donné aux papes, à travers saint Pierre, l'autorité suprême dans les affaires aussi bien temporelles que spirituelles. Eugène III meurt dans l'humilité la plus totale à Tivoli, en attendant l'armée que Frédéric Ier Barberousse, nouveau roi d'Allemagne, lui a promis pour venir à bout des Romains et de son Sénat, dont le chef Arnaud de Brescia, d'abord pardonné puis excommunié, entretient la révolte. Déjà révéré de son vivant, on lui attribue des miracles, peu après sa mort. Béatifié en 1872 par Pie IX, il a lui-même canonisé l'empereur germanique Henri II, qui vers l'an 1000 avait protégé l'Église et encouragé l'expansion monastique...

ANASTASE IV (1153–1154)

Bourgeois romain fait cardinal par Pascal II, ce partisan d'Innocent II, interdit de Rome par l'antipape Anaclet II, reste courageusement son vicaire dans la ville, comme il est celui d'Eugène III lorsque Arnaud de Brescia le chasse de sa capitale. Ses électeurs au trône de saint Pierre espèrent qu'il saura ramener le calme dans la Ville éternelle, mais cet octogénaire n'a pas le temps de mener à bien ce pour quoi il a été désigné. Il meurt après un pontificat sans histoire d'à peine un an et demi, au cours duquel il a protégé l'ordre naissant des Chevaliers de Saint-Jean de Jérusalem. Il est enterré au Latran, qu'il a embelli. Un mois après son élection, saint Bernard (20 août 1153) meurt, après une vie riche en interventions de toutes sortes auprès des rois et des papes, et la fondation de soixante-dix-sept monastères.

ADRIEN IV (1154-1159)

Né en Angleterre vers 1100 (il sera le seul pape anglais de l'histoire), fils d'un clerc devenu moine à la fin de sa vie, Nicolas Breakspear étudie en France. Abbé d'un monastère en Avignon, il est remarqué par Eugène III, le pape cistercien, qui le fait évêque d'Albe, puis l'envoie en Scandinavie pour y organiser l'Église. Sa mission, couronnée de succès, fait son renom, et il est élu pape à l'unanimité à la mort d'Anastase IV. Énergique et clairvoyant, il rétablit l'ordre dans Rome avec l'aide de Frédéric Barberousse qu'il sacre empereur (18 juin 1155). L'agitateur Arnaud de Brescia est arrêté alors qu'il tente d'établir sa république chrétienne, fondée sur le partage et la pauvreté. Barberousse le fait étrangler ; son corps est brûlé, ses cendres dispersées, afin que sa tombe ne devienne pas un lieu de pèlerinage.

Puis Adrien IV s'en prend à Guillaume Ier de Sicile qui menace les provinces pontificales. Mais il se brouille avec son protecteur Barberousse, qui tente d'élargir son pouvoir au détriment de la papauté. Il effectue alors un renversement des alliances, et reconnaît à Guillaume Ier des droits sur la Sicile et le sud de l'Italie, à condition que le roi de Sicile le reconnaisse comme suzerain et lui verse un tribut annuel. Adrien espère ainsi, en liguant Normands de Sicile, cités lombardes et Romains, résister à Frédéric Ier Barberousse qui a décidé de mettre sous son contrôle direct le nord de l'Italie et la Corse. Adrien laisse quarante jours à l'empereur pour revenir sur cette dernière décision, au-delà desquels il sera excommunié. Mais il meurt avant l'expiration du délai, à l'âge de 59 ans.

ALEXANDRE III (1159-1181)

Le cardinal Roland Bandinelli, né à Sienne vers 1100, fils d'un professeur de droit, est un conseiller d'Adrien IV, partisan du roi de Sicile contre l'empereur Frédéric Ier Barberousse. À la mort d'Adrien IV, il refuse, malgré la forte majorité qui se dégage sur son nom, d'accéder au pontificat. Une seconde élection, probablement encouragée par Frédéric Barberousse, désigne alors le cardinal Monticelli, qui prend le nom de Victor IV. Devant ce résultat, la majorité qui soutenait la candidature de Roland Bandinelli se ressaisit et obtient de lui qu'il accepte la charge. Alexandre III — c'est le nom qu'il choisit — doit alors quitter Rome et l'Italie pour Sens. C'est le début d'un nouveau schisme, que l'empereur entretiendra pendant des années.

À la mort de Victor IV (1164), un autre antipape lui succède, Pascal II, qui couronnera Barberousse trois ans plus tard. Puis Pascal meurt à son tour, aussitôt remplacé par un nouvel usurpateur, Calixte III (1168). L'ambition impériale vise à présent à supprimer les franchises urbaines en Italie, ce qui provoque la création de la Ligue lombarde soutenue par Alexandre III. À la suite de sa défaite à Legnano (1176), Barberousse négocie. L'entrevue de Venise (1177) réconcilie le pape et l'empereur. L'année suivante s'ouvre le troisième concile du Latran, où il est décidé que pour une élection pontificale, la majorité sera fixée aux deux tiers ; les combats contre les hérésies vaudoises et cathares seront considérés comme des croisades (d'où des avantages, comme les indulgences, pour ceux qui y participent) ; le droit de canonisation sera désormais exclusivement et définitivement réservé au pape. Les schismatiques, qui avaient soutenu les antipapes, sont pardonnés. Ce pape « légiste », qui préfère la négociation aux armes tant que les intérêts de l'Église ne sont pas gravement menacés, qui encourage la création d'universités à côté des cathédrales doit, en septembre 1179, fuir à nouveau Rome où un quatrième antipape, Innocent III, s'est dressé contre lui, avec des partisans de l'ancien agitateur Arnaud de Brescia. Cette révolte dure un an, mais Alexandre III, jusqu'à sa mort l'année suivante, choisit de résider dans des propriétés papales autour de Rome. Il meurt à Civita Catellana en 1181 ; lorsque sa dépouille est rapportée à Rome, elle est insultée par la foule. Ce grand pape, qui a laissé une empreinte durable dans l'Église, a canonisé deux autres grandes figures de l'Église médiévale : le primat d'Angleterre Thomas Becket, assassiné en sa cathédrale de Canterbury par les tueurs de son ancien ami le roi d'Angleterre Henri II Plantagenêt, et, un an plus tard, Bernard de Clairvaux, l'austère cistercien ami des rois qui a établi la règle de l'ordre du Temple.

VICTOR IV (ANTIPAPE 1159-1164)
Octave de Monticelli, cardinal originaire de Sabine, est élu pape en 1159, par les partisans de Frédéric Ier Barberousse (voir Alexandre III). Furieux d'être finalement éconduit, il intervient, avec des hommes en armes, pendant le couronnement de son rival, et, empoignant sa cape rouge, le jette hors du trône pour se mettre à sa place ! Il occupe Rome sous la protection des troupes allemandes, et avec le soutien de la population. Seule l'Allemagne le reconnaît comme pape, l'Angleterre et la France ayant opté pour Alexandre III. Alors qu'il effectue une tournée d'inspection dans les évêchés de l'Italie du Nord, il tombe brusquement malade, et meurt le 20 avril 1164 à Lucques. Comme il a été excommunié, des funérailles solennelles lui sont refusées, et il est enterré dans un monastère à l'écart de la ville.

PASCAL III (ANTIPAPE 1164-1168)
À la mort de l'antipape Victor IV, le chancelier et vicaire pour l'Italie de Frédéric Ier Barberousse lui désigne Guido de Crema (un aristocrate) pour successeur, avec le concours du préfet de Rome et deux cardinaux schismatiques. Seule l'Italie du Nord le reconnaît, et même en Allemagne, des évêques se sont ralliés à Alexandre III. Mais Pascal III persévère, et, le 30 juillet 1167, il couronne pour la seconde fois Frédéric Ier Barberousse empereur. C'est son dernier triomphe : une épidémie de malaria décime l'armée impériale, et Frédéric, lui aussi malade, décide de retourner en Allemagne, Pascal III dans ses bagages. Il devra attendre l'année suivante pour retrouver Rome, où il est question que le nouveau sénat qui sortira d'élections prévues pour le 1er novembre reconnaisse Alexandre III pour pape. Pascal III, en prévision des troubles, s'enferme dans un bastion près de Saint-Pierre mais n'y sera pas attaqué. Il meurt le 20 septembre 1168, avant les élections.

CALIXTE III (ANTIPAPE 1168-1178)
Jean, abbé d'un monastère de la région d'Arezzo, nommé cardinal par l'antipape Victor IV, est le troisième antipape que le parti de Frédéric Ier Barberousse oppose à Alexandre III

à la mort de Pascal III. L'empereur refuse de le soutenir militairement et ne lui apporte qu'une aide financière ; il se sert de Calixte III pour faire pression sur Alexandre III, avec lequel il a commencé à négocier. Calixte III n'est reconnu que par quelques paroisses des États pontificaux et de Toscane, et vit à Viterbe, car, à Rome, il n'a pas que des partisans.

Quand Frédéric Ier Barberousse, à Anagni (1176) puis à Venise (1177), trouve un accord avec Alexandre III, il abandonne « son » pape, arguant qu'il n'est qu'abbé, puisque c'est un antipape qui l'a nommé cardinal. Calixte III, après avoir tenté de résister six mois, se soumet à Alexandre III en juillet 1178. Le pape, magnanime, l'invite à sa table et le nomme recteur de Bénévent, où il meurt en 1183.

INNOCENT III (ANTIPAPE 1179-1180)

Issu d'une vieille famille lombarde, nommé cardinal par Victor IV, le premier des antipapes opposés par le parti de l'empereur à Alexandre III, Innocent III est proclamé pape par un petit groupe de cardinaux schismatiques. Un chevalier, frère de l'antipape Victor, l'accueille dans son château près de Rome. Ce chevalier, après négociations avec le cardinal Hugo, de la famille Pierleoni, livre, en échange d'une somme substantielle, l'antipape et son maigre entourage à la justice pontificale. Le pape Alexandre III condamnera Innocent III à être enfermé jusqu'à la fin de ses jours dans une abbaye bénédictine, près de Salerne.

LUCIUS III (1181-1185)

Moine cistercien originaire de Lucques, promu cardinal par Adrien IV, négociateur de la paix de Venise avec Frédéric Ier Barberousse, Lucius III, une fois élu, juge plus prudent d'aller vivre à Anagni ou à Velletri. En effet, les Romains, auxquels il a refusé les traditionnelles largesses qui suivent l'élection d'un pape et reproché d'avoir saccagé la ville de Tusculum, le jugent indésirable… Cet homme honnête mais à la santé fragile, déjà âgé, souhaite la paix. Il rencontre Frédéric Ier Barberousse à Vérone (1184), et avec son accord, décrète que le pouvoir religieux pourra exiger l'aide du pouvoir politique dans la lutte contre les hérésies. C'est l'origine de l'Inquisition : le pouvoir religieux juge, le pouvoir politique fait la police, en procédant aux arrestations et à l'exécution des jugements.

Parallèlement, les fiançailles d'Henri VI (fils de Barberousse) et de Constance de Sicile (héritière de Roger II) menacent gravement le Saint-Siège, entre une Lombardie assujettie à l'Empereur et le royaume sicilien. Leur mariage, plus tard, ne facilitera pas les relations entre Rome et l'Empire, jusqu'à la mort de Frédéric II (1250). Lucius III, qui ne pense qu'au maintien de la paix et à un projet de croisade, encourage cette union, mais son entourage, qui en mesure les conséquences, fait traîner les négociations. On s'achemine vers une nouvelle rupture entre l'Empire et la papauté, quand Lucius III meurt, opportunément, à Vérone, le 25 novembre 1185.

URBAIN III (1185-1187)

Dès l'annonce de la mort de Lucius III, l'archevêque de Milan Umberto Crivelli, descendant d'aristocrates milanais, est élu à l'unanimité. Il est choisi parce qu'il n'est pas, comme son prédécesseur, favorable à l'empereur — sa famille a été ruinée lorsque les troupes impériales ont mis Milan à sac. Son intransigeance va aggraver une situation déjà tendue, d'autant que la diplomatie allemande réussira à l'isoler. Lorsque le fils de Barberousse, Henri VI, envahit, après son mariage avec Constance de Sicile (1186), les États pontificaux, Urbain III décide de ne plus y vivre tant que son ennemi s'y maintiendra. Il a tenté de réagir contre le « système des dépouilles », par lequel les rois de France, d'Angleterre et d'Allemagne s'approprient les biens de prélats décédés et prélèvent les revenus des cures et des abbayes lorsqu'il y a vacance de titulaire. Urbain III meurt à Ferrare, peu après la conquête de Jérusalem par Saladin, à l'âge de 67 ans.

GRÉGOIRE VIII (1187)

Albert de Morra, né à Bénévent où il a fondé un monastère, promu cardinal par Adrien IV, légat d'Alexandre III en Angleterre et au Portugal, a déjà 77 ans lorsqu'il est élu. Ses pairs pensent que ses talents de diplomate permettront de renouer le dialogue avec l'empereur. Son retour à Rome est envisagé d'un commun accord. Mais ce pape, intègre et dévoué, dont le souci majeur est la reconquête de Jérusalem, est pris de fièvre maligne et meurt à Pise deux mois après son élection.

CLÉMENT III (1187–1191)

L'État pontifical étant rétabli, Clément III, un cardinal romain à la santé fragile, revient à Rome, d'où il prêche la troisième croisade, au cours de laquelle Frédéric Ier Barberousse se noie en se baignant dans le Selef, rivière de Cilicie, en Asie Mineure (1190). Les rois de France et d'Angleterre, Philippe Auguste et Richard Cœur de Lion, reprennent Saint-Jean d'Acre à Saladin (1191). Mais les États pontificaux sont toujours occupés par Henri VI, fils de Frédéric Ier Barberousse, que Clément III refuse de reconnaître comme roi de Sicile. À la mort de son père, Henri VI prend la route de l'Italie pour se faire couronner empereur. Il est en marche à la tête de son armée quand il apprend la mort du pape.

CÉLESTIN III (1191–1198)

Élu à 85 ans, cet aristocrate a été élève d'Abélard et promu cardinal par son condisciple Célestin II. Il couronne Henri VI empereur quelques jours après son accession au trône pontifical. Après le relatif échec de la troisième croisade (Jérusalem est toujours aux mains de Saladin), il tente d'en organiser une quatrième, et apporte son soutien aux Templiers et aux chevaliers Teutoniques. Mais les seigneurs ne veulent plus quitter leurs terres et s'endetter pour d'hypothétiques conquêtes en Orient. Quant aux rois, Célestin, qui les excommunie à tour de rôle, peine à s'en faire des alliés : il excommunie Philippe Auguste pour avoir répudié sa seconde femme et épousé Agnès de Poméranie, puis Henri VI d'Allemagne et Léopold d'Autriche pour avoir retenu prisonnier Richard Cœur de Lion qui traversait leurs États en rentrant de croisade... Afin de régler la question sicilienne, il couronne le fils de l'empereur Henri VI, Frédéric, qui vient de naître, roi de Sicile, sous réserve qu'il se reconnaisse vassal du Saint-Siège. Bon juriste, il réorganise, en les centralisant, les finances et l'administration de l'Église. Il meurt à 92 ans après avoir demandé, parce que malade, à abdiquer, ce que les cardinaux ont refusé.

INNOCENT III (1198–1216)

Après un pape âgé, les cardinaux choisissent, à l'unanimité, un successeur jeune. Lothaire de Conti, né d'une famille d'aristocrates romains qui compte trois cardinaux, a 37 ans lorsqu'il accède au trône de saint Pierre. Il a étudié la théologie à Paris avant d'être nommé cardinal par son oncle, le pape Clément III, et mis à l'écart par Célestin III, leurs familles respectives étant ennemies. C'est un homme énergique, pragmatique, à l'intelligence vive, dont la carrière sera l'une des plus marquantes de l'histoire des papes. C'est un théocrate. *La dignité royale n'est qu'un reflet de la dignité pontificale*, proclame-t-il. Et cette sentence, il va l'appliquer.

Frédéric II, roi de Sicile et fils d'Henri VI (mort en 1197), est encore trop jeune pour régner. Les électeurs allemands sont divisés dans leur choix entre Philippe de Souabe, frère d'Henri VI, et Othon de Brunswick, neveu de Jean sans Terre. Innocent III se prononce pour Othon, qu'il sacre le 9 octobre 1209. Toutefois, le jugeant indocile, il l'excommunie l'année suivante et le remplace par Frédéric II (1212) dont il est le tuteur et qui a 18 ans. Sa politique le conduit à créer autour du Saint-Siège une fédération de royaumes vassaux. À sa mort, la plupart des États chrétiens — hormis la France et Venise — seront entrés dans la vassalité romaine.

Philippe Auguste n'ayant toujours pas, malgré l'excommunication de Célestin III, mis de l'ordre dans ses affaires matrimoniales, Innocent III met le royaume de France en interdit, ce qui signifie que les sacrements ne sont plus administrés à la population. Preuve de l'autorité pontificale retrouvée : le clergé français obéit aux ordres du pape, Philippe Auguste répudie Agnès de Poméranie, qui lui a donné deux enfants et meurt de chagrin, et reprend Ingeburg de Danemark.

Dès 1203, Innocent III a lancé l'idée d'une nouvelle croisade, qui dégénère et se termine par la prise de Constantinople (1204) et la création d'un Empire latin d'Orient. En Europe, il s'attaque aux excès de la féodalité, combat l'hérésie cathare par la prédication (saint Dominique). Mais, après l'assassinat de son légat Pierre de Castelnau, il ordonne la croisade contre les albigeois (1208), emmenée par Simon de Montfort, dont il ne pourra pas toujours freiner l'action répressive. En reconnaissant les ordres mendiants de saint Dominique et de saint François, il inaugure un style de vie chrétienne fondé sur la pauvreté et la prédication. En 1215 enfin, il convoque le IVe concile du Latran dont les principales décisions sont la condamnation de l'hérésie cathare qui reprend les théories des vieilles doctrines dualistes ; la définition de la transsubstantiation ou présence réelle du Christ dans le pain et le vin de l'Eucharistie, et l'obligation de se confesser au moins une fois l'an. Il meurt à Pérouse l'année suivante, d'une poussée de fièvre (sans doute la malaria). Selon certains auteurs, il est le père de l'Inquisition.

HONORIUS III (1216–1227)

Membre de la famille romaine des Savelli (qui a déjà donné un pape, saint Marcel Ier), Honorius III, qui a fait sa carrière au sein de la Curie, est élu pape à l'âge de 56 ans. Sous son pontificat, les ordres religieux dominicains (1216), franciscains (1223) et carmes (1226) reçoivent leur consécration. En 1217, il prêche la cinquième croisade, que seuls conduiront Jean de Brienne et André II de Hongrie, pour un résultat peu remarquable. Le 9 avril de la même année, il couronne Pierre de Courtenay souverain de l'Empire latin d'Orient et le 22 novembre 1220, c'est Frédéric II et son épouse qu'il coiffe de la couronne impériale (à condition que Frédéric participe à une croisade en Terre sainte, ce qu'il acceptera après de nombreuses tergiversations qui lui vaudront d'être excommunié). Comme son prédécesseur, dont il poursuit la politique, il combat l'hérésie cathare. Il excommunie Jean sans Terre, coupable d'avoir enlevé la fiancée d'un de ses vassaux, mais lui pardonne quand, pour échapper au roi de France, il se place sous sa suzeraineté — ce qui n'empêche pas les barons anglais de le déposer. Enfin, soucieux d'imposer le seul droit de l'Église, il interdit à l'Université de Paris d'enseigner le droit civil. Son recueil de décrétales est considéré comme le premier code des lois canoniques.

GRÉGOIRE IX (1227–1241)

Le pontificat de ce neveu d'Innocent III, aristocrate romain né à Anagni en 1170, et qui a fait toute sa carrière dans l'entourage de différents papes, sera occupé par la longue lutte qu'il mènera contre l'empereur Frédéric II de Hohenstaufen, dont il a pourtant été le tuteur. Tout d'abord, il l'excommunie parce que l'empereur refuse de partir en croisade (29 septembre 1227). Frédéric embarque finalement pour Saint-Jean d'Acre, négocie avec le sultan d'Égypte et, sans combat, se fait proclamer roi de Jérusalem, où il réorganise l'ordre des Teutoniques pour en faire une milice à son service.

Lorsqu'il revient en Italie, Grégoire IX a profité de son absence pour occuper la Sicile. La guerre éclate entre eux, et les troupes du pape sont battues en 1230. S'ensuit la paix de San Germano. Puis, en 1239, Frédéric envahit la Lombardie. Nouvelle excommunication. En réponse, il marche sur Rome qu'il assiège, afin d'empêcher la tenue d'un concile réuni pour le destituer. Mais le pape, à 71 ans, meurt pendant le siège. Frédéric II, qui a toujours affirmé que son adversaire n'était pas l'Église mais Grégoire IX, lève le siège et retourne étudier les auteurs grecs païens interdits dans son palais de Sicile.

Grégoire IX a régné plus de quatorze ans, alors que ceux qui l'avaient élu en raison de son âge avancé, pensaient avoir choisi un pape de transition. Il a été l'organisateur de l'Inquisition, chargeant les Dominicains d'en appliquer les mesures répressives. Il préside à la canonisation de saint François d'Assise (1228), à celles de saint Antoine de Padoue (1234) et saint Dominique (1235).

CÉLESTIN IV (1241)

Les cardinaux élisent le Milanais Godefroy de Castiglione, un ancien cistercien de l'abbaye de Hautecombe (Savoie) fait cardinal par Grégoire IX et envoyé combattre l'hérésie en Toscane et Lombardie. Célestin IV, candidat soutenu par le sénateur Orsini, favorable à l'empereur, qui exerce sur Rome une dictature de fait, obtient la majorité des voix, mais sans atteindre le quorum requis de deux tiers. Orsini menace, et tient enfermé les cardinaux pendant six jours, jusqu'à ce que Célestin IV soit intronisé. Le nouvel élu est âgé et gravement malade. Ceux qui l'ont élu, prévoyant que son pontificat serait court, mettent leur espoir dans une prochaine élection, plus sereine. Célestin IV ne les déçoit pas : il meurt deux semaines après son accession au trône pontifical. On accusera, à tort, un concurrent de l'avoir fait empoisonner.

INNOCENT IV (1243-1254)

Après la mort de Célestin IV, le siège de saint Pierre reste vacant pendant un an et demi : les cardinaux négocient avec Frédéric II la libération de deux d'entre eux, prisonniers de l'empereur excommunié depuis 1241. Enfin Innocent IV est élu. C'est un Gênois né en 1190, spécialiste du droit canonique, qui a fait une carrière brillante sous Grégoire IX, mais auquel on reprochera sa violence, son absence de scrupules, son avidité et son acceptation tacite du népotisme. Comme Innocent III, il se place — puisque vicaire du Christ — au-dessus de tous les rois et empereurs, ce qui envenime l'âpre lutte qui met aux prises la papauté et l'Empire. Saint Louis tente d'intervenir afin de réconcilier les deux adversaires, mais sans succès.

Pour ne pas tomber aux mains de son adversaire, le pape s'installe en France. En 1245, un concile réuni à Lyon condamne l'empereur : Innocent IV le déclare solennellement déchu, et prêche la croisade contre lui en Allemagne. Il aurait même fomenté un complot, afin de l'empoisonner. Le roi de France essaie encore d'intervenir. Frédéric II, déposé de son trône, laisse une situation inextricable que seule sa mort dénouera, cinq ans plus tard. Innocent peut enfin rentrer à Rome, mais les tensions avec les deux fils de Frédéric, Conrad son héritier déclaré et Manfred son bâtard, ne sont pas pour autant levées. Innocent IV profite de la mort de Conrad (juillet 1254) pour annexer le sud de l'Italie mais, en novembre, Manfred met les troupes pontificales en déroute. Innocent IV l'apprend alors qu'il agonise à Naples, où il s'est installé, par défi.

C'est sous son pontificat que la Hongrie est envahie par les Mongols et qu'a lieu la septième croisade menée par Saint Louis, expédition catastrophique au cours de laquelle les forces françaises sont défaites en Égypte et Saint Louis fait prisonnier, puis libéré contre une forte rançon.

ALEXANDRE IV (1254–1261)

À la mort d'Innocent IV, les cardinaux souhaitent retourner à Rome, mais le maire de Naples les oblige à procéder à l'élection du successeur dans sa ville, dont il fait fermer les portes. Ils élisent un neveu de Grégoire IX, Rinaldo, cardinal-évêque d'Ostie depuis 1231. Déjà âgé de 69 ans, c'est un homme indécis, plutôt terne. Il a entretenu, dans le passé, de bonnes relations avec le défunt Frédéric II, mais il n'est pas capable d'imposer une autre politique que celle de son prédécesseur. Il doit faire face aux agressions du bâtard Manfred qui vient d'être couronné à Palerme (1258) et qui s'est emparé de l'Italie du Sud. Il doit même fuir Rome, où les gibelins, partisans de Manfred l'ont élu sénateur au début de 1261. Plus à l'aise dans les affaires ecclésiastiques, il établit l'Inquisition en France à la demande de Saint Louis, et accorde aux ordres mendiants le droit d'enseigner.

C'est sous son pontificat qu'apparaît le mouvement des flagellants, dont les membres se soumettent à des pénitences publiques dans le but de réparer les crimes dont l'Italie s'est rendue coupable. Innocent III meurt à Viterbe après six ans d'un règne sans envergure, à 75 ans, de fatigue diront certains de ses partisans, de chagrin selon d'autres.

URBAIN IV (1261–1264)

Alexandre IV n'ayant pas nommé de cardinaux, ils ne sont que huit à désigner Urbain IV. Après trois mois de délibérations, ils s'accordent sur Jacques Pantaléon, patriarche de Jérusalem, qui était venu demander de l'aide pour la Terre sainte. Fils d'un savetier de Troyes né vers 1200, il a été légat en Pologne et en Poméranie, évêque de Verdun... Diplomate au parler franc, indépendant parce que français, il s'installe à Viterbe pour toute la durée de son pontificat, en raison de la guerre civile entre guelfes et gibelins.

Pour s'opposer à Manfred, il offre à Charles d'Anjou — frère de Saint Louis — le royaume de Naples. En Orient, c'est la perte du royaume latin de Constantinople tombé au pouvoir de l'empereur Michel VIII Paléologue. Michel VIII, qui craint une nouvelle croisade de l'Occident contre Constantinople (Urbain IV a commencé à faire campagne dans ce but), propose de mettre fin au schisme en reconnaissant la primauté de l'Église catholique. Urbain IV meurt à Pérouse, où il a dû se réfugier à la suite de troubles, avant que l'accord ait pu être signé. On lui doit, ainsi qu'à saint Thomas d'Aquin, l'institution de la Fête-Dieu.

CLÉMENT IV (1265–1268)

Guy Foulques, né à Saint-Gilles du Gard vers 1200, est d'abord un soldat, puis un conseiller de Saint Louis, roi de France. Il entre dans les ordres à la mort de sa femme, et devient évêque de Narbonne, pays cathare où sa sévérité l'a rendu célèbre. Élu alors qu'il est en voyage, il doit se rendre à Pérouse déguisé en moine, avant de coiffer la tiare sous le nom de Clément IV. En 1266, Charles d'Anjou peut entrer en possession de la Sicile. Manfred a été tué à la bataille de Bénévent — son neveu, Conradin, est alors à peine âgé de 14 ans, mais Charles d'Anjou le fait exécuter. Clément IV, qui a assisté Charles dans les débuts de son règne, se trouve dans l'obligation de s'opposer à ses ambitions. Aux Grecs de Constantinople, reprenant les travaux entrepris par son prédécesseur, il demande une soumission totale, mais les projets de croisade s'étant estompés, Michel VIII Paléologue ne répond pas…

Un homme marque cette époque de son génie : saint Thomas d'Aquin, dont la *Somme théologique* s'imposera pendant tout le Moyen Âge. Clément passe les deux dernières années de sa vie à Viterbe, en sa compagnie.

GRÉGOIRE X *(bienheureux)* (1271–1276)

À la mort de Clément IV, les six cardinaux qui composent le collège d'électeurs ne peuvent s'entendre sur un nom, et la vacance du Saint-Siège va durer presque trois ans. Trois cardinaux soutiennent Charles d'Anjou, qui s'est révélé encore plus tyrannique que les rois allemands, les trois autres, représentants du clan romain de la famille Orsini, veulent la déchéance du nouveau roi de Sicile. Ils choisissent enfin Tebaldo Visconti, archidiacre de Liège, ancien élève de Thomas d'Aquin, familier des cours des rois de France et d'Angleterre, alors à Saint-Jean d'Acre avec une armée anglaise. Il est à Rome le 14 mars 1272, ordonné prêtre peu après et couronné le 27 mars. En 1273, il rétablit la paix en Allemagne en faisant couronner Rodolphe de Habsbourg, qui renonce à ses droits sur la Sicile — les Habsbourg régneront jusqu'en 1918. Du roi de France Philippe III le Hardi, il obtient le comtat Venaissin, région voisine d'Avignon, avec Carpentras pour ville principale, et lance le procès en canonisation de son père, Louis IX (Saint Louis sera canonisé en 1267 par Boniface VIII).

Le 7 mai 1274 s'ouvre le concile œcuménique de Lyon qui réalise une éphémère réunion des églises d'Occident et d'Orient. On y réglemente l'élection pontificale : l'élection des papes en conclave est institutionnalisée. On évoque aussi le projet d'une nouvelle croisade, mais aucune suite ne sera donnée. C'est en rentrant du concile, tout en visitant les villes d'Italie du Nord pour y résoudre les disputes et panser les plaies dues à la guerre civile, que Grégoire X succombera des suites d'une fièvre, à Arezzo, le 10 janvier 1276. Il sera béatifié en 1713 par Benoît XIV.

INNOCENT V *(bienheureux)* (1276)

Né à Moustiers (Savoie), Pierre de Tarentaise, premier dominicain a être pape, est aussi le premier pontife désigné selon les nouvelles règles du conclave. Évêque de Lyon et cardinal d'Ostie, il a préparé le concile de Lyon. Son bref pontificat (il meurt à 52 ans, cinq mois après son élection), au cours duquel il soutient Charles d'Anjou, roi de Sicile, n'est marqué par aucun événement particulier.

ADRIEN V (1276)

Neveu d'Innocent IV, ce cardinal gênois de 71 ans a été chanoine de la cathédrale Notre-Dame de Paris et légat en Angleterre. En Italie, il soutient Charles d'Anjou. À l'instar de son prédécesseur, son bref pontificat (un mois) ne retiendra pas l'attention. Mort trop tôt, il n'aura pas le temps d'être intronisé et de coiffer la tiare.

JEAN XXI (1276–1277)

Pietro Juliani, médecin et philosophe portugais, soigne des cardinaux, puis il choisit à son tour d'entrer dans les ordres. Né à Lisbonne en 1220, il a étudié à Paris. Continuant d'exercer son art sous l'habit ecclésiastique, il soigne Grégoire X qui le fait évêque de Braga et cardinal de Tusculum. Lorsqu'il monte sur le trône de saint Pierre, il prend le nom de Jean XXI au lieu de Jean XX suite à une confusion. Son pontificat commence sous les meilleurs auspices : il a 56 ans et il est en bonne santé. Il réconcilie Philippe le Hardi, roi de France, avec Alphonse X de Castille. Alors qu'il prépare une croisade en Terre Sainte, il meurt à Viterbe, écrasé par la chute d'un plafond, après seulement neuf mois de règne.

NICOLAS III (1277–1280)

Membre de la grande famille romaine des Orsini (qui comptera trois papes et de nombreux cardinaux), c'est un bénédictin, cardinal en 1244. Il est choisi pour pape après une vacance de six mois, au cours de laquelle partisans et opposants de Charles d'Anjou, roi de Sicile, n'ont pu se départager. Adversaire résolu de Charles d'Anjou, auquel il a pourtant, quelques années auparavant, conféré l'investiture, il parvient à affranchir le Saint-Siège de l'influence abusive de ce roi, qui veut recevoir les titres de vicaire impérial de Toscane et de patrice de Rome. Il obtient aussi de l'empereur Rodolphe de Habsbourg sa renonciation à l'Italie, et la restitution des villes du nord (Bologne, Imola…) — en contrepartie, la papauté n'interviendra pas dans l'élection impériale. S'il ne parvient pas à réunir les Églises latine et grecque, il envoie une mission des Frères mineurs en Mongolie, et protège les Franciscains et les Dominicains auxquels il offre des évêchés et des missions diplomatiques.

Dans Rome, il fait restaurer Saint-Pierre et est le premier pape à faire du palais du Vatican sa résidence. Victime d'une attaque cérébrale, il meurt à Viterbe en août 1280, à 70 ans.

Dante a placé ce pape autoritaire dans son *Enfer*, où il dénonce son népotisme et sa rapacité.

MARTIN IV (1281–1285)

L'élection du pape est, une nouvelle fois, mouvementée. Cette fois, c'est le camp de Charles d'Anjou qui emprisonne deux cardinaux proches des Orsini. L'intimidation réussit, et le choix des cardinaux se porte sur Simon, un franciscain né en 1210 dans la Brie, en France. Chancelier de Saint Louis, il a participé au couronnement, pour le royaume de Sicile, de son frère Charles d'Anjou. Comme les Romains, partisans des Orsini, lui refusent l'accès à la ville, il doit se faire introniser à Orvieto. Ouvertement pro français, il place des hommes favorables à Charles d'Anjou aux postes clefs, acceptant même une garnison sicilienne dans ses États. Mais le 30 mars 1282, une émeute éclate en Sicile, qui se prolongera durant tout un mois, à l'issue de laquelle Charles perd définitive- ment le contrôle du pays. Ce sont les « Vêpres siciliennes », pendant lesquelles les Français sont sauvagement massacrés (quatre mille morts le premier jour ; le signal de la tuerie a été donné par la sonnerie des cloches annonçant les vêpres). On va même jusqu'à éventrer les femmes soupçonnées d'être enceintes de soldats de Charles d'Anjou. Cette révolte, qui a été fomentée par Pierre III d'Aragon, laisse la Sicile sous la domination espagnole. Martin IV excommunie Pierre III, comme il a excommunié l'empereur de Constantinople, et les relations entre la papauté et l'Église d'Orient se distendent à nouveau.

Martin IV exaspère jusqu'à son clergé en autorisant les ordres mendiants à prêcher et à confesser. Il meurt, à 71 ans, à Pérouse, quelques jours avant son ami et protecteur Charles d'Anjou, devenu roi sans couronne.

HONORIUS IV (1285–1287)

Pour éviter les pressions extérieures, les cardinaux tiennent conclave à Pérouse et élisent, à l'unanimité, Giacomo Savelli. Ce descendant d'une lignée d'aristocrates romains, né en 1210, nommé cardinal par Urbain IV, est le petit- neveu d'Honorius III, dont il reprend le prénom pour

monter sur le trône pontifical. Les Romains acceptent avec
enthousiasme sa nomination, ce qui n'était pas arrivé
depuis longtemps. Malgré sa vieillesse, et un corps arthriti-
que douloureux, il fait preuve d'énergie. Charles Ier d'Anjou,
Philippe III de France et Pierre III d'Aragon décèdent l'année
de son élection. Le successeur de Charles étant prisonnier
des Aragonais, Honorius IV s'immisce dans les affaires du
royaume de Sicile pour combattre les prétentions espagno-
les. Il excommunie Jacques II d'Aragon, fils de Pierre III, et
prend sous sa protection les possessions ayant appartenu à
Charles d'Anjou (le futur royaume de Naples). Il cède la
Sicile aux Aragonais, et obtient néanmoins un statut très
favorable au clergé.
Tout en encourageant les ordres mendiants, Honorius IV
condamne la secte des apostoliques, qui, à Parme, prône la
pauvreté évangélique.

NICOLAS IV (1288–1292)
C'est un Italien, né en 1227, patriarche de Byzance, légat du
pape en Orient et général de l'ordre des Franciscains, qui
succède à Honorius IV. Il couronne roi de Naples Charles II
d'Anjou, dit le Boiteux, que les Espagnols viennent de
libérer, et qui ne parviendra pas à reconquérir la Sicile.
L'ancienne possession normande est désormais partagée en
royaume de Naples pour la famille d'Anjou et royaume de
Sicile pour l'Aragon. En 1291, Saint-Jean d'Acre, dernière
cité croisée en Terre sainte, tombe, mais les appels à la
croisade de Nicolas IV sont restés vains. Fondateur de l'université de Montpellier, il envoie des missionnaires en Chine
et dans les Balkans.

CÉLESTIN V *(saint)* (1294)
À la mort de Nicolas IV, le trône pontifical reste vacant
trente-sept mois : les douze cardinaux, partagés entre les
familles Orsini et Colonna, ne réussissent pas à se mettre
d'accord à la majorité des deux tiers. Le temps presse, et ils
finissent par choisir Célestin V, le fondateur des Ermites de
Saint-Damien ou Célestins, né dans une famille de paysans
misérables. Il a plus de 80 ans et ignore tout des subtilités

vaticanes, ce dont les Colonna profitent pour se saisir du pouvoir. Ils orientent en leur faveur le choix des cardinaux, provoquant une vive réaction du Sacré Collège. Ennemi de toute discorde, Célestin V, qui a accepté de s'installer à Naples à l'invitation de Charles II d'Anjou, n'a qu'une envie : rejoindre ses ermites. Le 13 décembre 1294, quatre mois après sa nomination, il convoque les cardinaux, leur annonce sa démission car il s'estime indigne d'être pape, et ordonne la réunion d'un conclave. Celui-ci, après dix jours de délibérations, désigne Benoît Caetani qui prend le nom de Boniface VIII (que l'on soupçonne d'avoir au cours d'entretiens orageux, su convaincre Célestin V de démissionner).

Dès son élection, Boniface VIII, craignant que son prédécesseur, sous la pression des Colonna, ne revienne sur sa décision, le fait enfermer dans une forteresse (sans pour autant le faire maltraiter). Célestin V, qui exige qu'on l'appelle padre Pietro, y meurt le 4 mai 1296 d'une infection due à un abcès. Clément V, qui succédera à Boniface VIII, canonisera en 1313 — sous la pression de Philippe IV le Bel, roi de France ennemi de Boniface VIII — Célestin V sous son nom véritable : Pietro del Murrone.

BONIFACE VIII (1294–1303)

Né à Anagni en 1235 dans la petite noblesse, Benoît Caetani est un habile négociateur comme cardinal-légat, déjà réputé pour accumuler les bénéfices. Il est autoritaire et intelligent, mais aussi impulsif et irascible. Élu successeur de Célestin V, dont il aurait orchestré la démission, il prend le nom de Boniface VIII. Il s'emploie, dès qu'il est sur le trône, à persécuter le clan gibelin, dont il a pourtant été l'allié, notamment la famille Colonna qui, il est vrai, avec sa volonté de tout contrôler dans Rome, ne peut qu'irriter un pape jaloux de son autorité.

Les événements les plus importants de son pontificat (la postérité ne retiendra qu'eux) sont ses démêlés avec Philippe le Bel. En effet, Boniface VIII cherche à rétablir l'autorité de Rome sur l'ensemble des souverains chrétiens, telle que l'avait formulée Innocent III. Quant à Philippe, roi de France, il soutient le principe d'une monarchie de droit divin qui assure l'indépendance des rois. D'où une violente lutte de pouvoir, qui prend prétexte de dîmes saisies par le roi de France (aussi rapace que le pape) et d'immunités ecclésiastiques.

Boniface, dans sa bulle *Unam sanctam* (1301), place le souverain pontife au-dessus de tous les monarques de la terre. Philippe IV réclame alors un concile pour condamner le pape. Ce dernier s'apprête à lancer l'anathème contre le rebelle, mais le conseiller de Philippe le Bel, Guillaume de Nogaret, vient au-devant de Boniface pour lui notifier sa convocation. Il est en compagnie de quelques sbires de la famille Colonna, dont l'un des membres, que Boniface VIII a fait envoyer aux galères et qui s'en est évadé, gifle le pape de son gantelet de fer. Malmené, le pape a cependant assez d'énergie pour s'écrier : *Voici mon cou, voici ma tête, mais je suis pape et je mourrai pape !* La rencontre qui dégénère se termine en émeute dans Anagni. D'abord prisonnier, le pape est libéré par la population et parvient à s'enfuir à Rome. Il s'éteint peu après, de rage et de désespoir, écriront certains, à l'âge de 68 ans, détesté de tous.

BENOÎT XI (*bienheureux*) (1303–1304)

Fils d'un notaire, ancien général des Dominicains, cardinal et évêque d'Ostie, ce pape est un homme de conciliation, n'appartenant à aucune faction. Ce fut d'ailleurs l'un des rares amis de Boniface VIII. Il lève l'excommunication fulminée contre Philippe le Bel et annule les mesures prises à l'encontre de la France. Puis il se montre clément envers le parti Colonna qui a mis à mal son prédécesseur et ses dignitaires (dont il a pourtant lui-même fait partie). Sous son court pontificat, il fait restaurer le Vatican, qui devient la résidence principale des papes, nomme trois dominicains cardinaux et laisse un célèbre *Commentaire* de la Bible. Il meurt le 7 juillet 1304, après un règne de huit mois, d'une indigestion de figues fraîches, que d'aucuns prétendront empoisonnées. Son tombeau, à Pérouse, devient lieu de pèlerinages et de guérisons miraculeuses. Clément XII le béatifie en 1736.

CLÉMENT V (1305–1314)

Les Orsini et le parti français facilitent l'élection de ce Gascon alors archevêque de Bordeaux. Intronisé à Lyon, craignant les troubles incessants qui agitent Rome où la population ne tolère que des papes « locaux », il décide de rester en France et, à partir de 1309, s'installe en Avignon. Il inaugure ainsi, sans s'en douter, une période de soixante-huit ans pendant laquelle ses successeurs feront aussi de cette ville leur domicile et qu'on désigne parfois du nom de « captivité de Babylone ».

Pressé par Philippe le Bel de condamner Boniface VIII, il refuse, mais absout cependant les fauteurs du coup de force d'Anagni, dont Guillaume de Nogaret. Il a surtout la faiblesse — et c'est la grande faute de son pontificat — de prêter la main à la destruction de l'ordre des Templiers qu'a exigée Philippe le Bel afin d'en accaparer les biens (concile de Vienne en Dauphiné en 1312), et d'accepter de couvrir le procès inique qui va livrer un certain nombre de Templiers au bûcher. On lui doit la mise en chantier des universités de Péronne et d'Orléans, et l'augmentation de la pression fiscale que l'Église fait peser sur les royaumes comme sur les paroisses. Les *Constitutions* dont il est l'auteur sont connues sous le nom de *Clémentines*. En 1314, il entreprend un voyage pour retrouver le Bordelais, sa région natale. Mais atteint de lupus (maladie ulcéreuse de la peau), vidé par des diarrhées et des vomissements, clamant ses remords, il meurt à Roquemaure (Gard) après une agonie douloureuse. Ses domestiques gascons volent ses biens et s'enfuient sans lui donner de sépulture. Ses cendres seront jetées au vent par les calvinistes qui pillent son mausolée en 1577. Certains verront, dans la fin pitoyable de ce pape auquel on a aussi reproché luxure et simonie, le signe qu'il a été victime de la malédiction des Templiers. En effet, sur le bûcher, le 18 mars 1314, leur grand maître aurait cité à comparaître rapidement devant le tribunal de Dieu ses deux bourreaux, le roi de France Philippe IV (mort le 29 novembre 1314) et le pape Clément V (mort le 20 avril 1314).

JEAN XXII (1316–1334)

Réunis à Carpentras, dispersés par des émeutes, puis rassemblés de nouveau à Lyon, où ils seront enfermés dans un couvent par le futur roi de France Philippe V le Long, les cardinaux mettront plus de deux ans pour élire Jacques Duèze, 77 ans, né à Cahors en 1245 et évêque d'Avignon. Il a juré de s'établir à Rome, une fois élu, mais reste en Avignon. Il condamne, peu après sa nomination, la secte des fraticelles, mouvement détaché des Franciscains. Opposé à l'élection de Louis de Bavière, il l'excommunie (1322). Les troubles qui suivent cette sanction sont à l'origine de l'intronisation de l'antipape Nicolas V. Une controverse sur la pauvreté l'oppose ensuite au théologien anglais Guillaume d'Ockham, qui, menacé d'arrestation, s'enfuit à Munich où il trouve refuge auprès de Louis de Bavière.

Il réorganise aussi les diocèses, canonise saint Thomas d'Aquin en 1323 et institue la fête de la Sainte-Trinité en 1334. Ce pape aussi habile qu'avare, auquel on a reproché son népotisme (il distribue charges et bénéfices à son clan gascon), est aussi traité d'hérétique pour avoir affirmé que les âmes des bienheureux ne voient pas Dieu immédiatement après leur mort, mais doivent attendre le Jugement dernier — il abjurera sur son lit de mort, devant les cardinaux réunis. Autre reproche, plus fantaisiste, il aurait été alchimiste et aurait transformé le palais d'Avignon afin de pouvoir s'y consacrer au Grand Œuvre... Il meurt en Avignon à l'âge de 90 ans, après dix-huit années de pontificat, au cours desquelles il a amassé une fortune considérable.

NICOLAS V (ANTIPAPE 1328–1330)

En Allemagne, la mort de l'empereur Henri VII de Luxembourg provoque la guerre entre Louis de Bavière, choisi par les grands électeurs, et Frédéric le Beau de Habsbourg, soutenu par le pape Jean XXII (bien que depuis Nicolas III, les papes soient censés ne plus intervenir dans l'élection impériale...). Frédéric est battu, fait prisonnier et, en échange de sa liberté, il renonce à ses droits. Mais le pape Jean XXII refuse cet accord et excommunie Louis de Bavière, qui réunira à Rome des hommes d'Église (mais pas de cardinaux, car ils sont en Avignon) pour leur faire élire un obscur franciscain qui prendra le nom de Nicolas V.

Louis de Bavière se fait couronner par « son » pape puis, craignant un soulèvement de la ville, il quitte Rome pour se réfugier à Pise, suivi par Nicolas V. En 1329, Louis de Bavière, qui n'est venu en Italie que pour s'y faire sacrer empereur, s'en retourne en Allemagne. Isolé, Nicolas V implore le pardon de Jean XXII qui le lui accorde, et s'en va finir ses jours, le 13 octobre 1333, en Avignon, dans l'ombre de la cour pontificale.

BENOÎT XII (1334–1342)

Moine cistercien né en 1285, fils d'un boulanger de l'Ariège, devenu abbé de Fontfroide (où il succède à son oncle), Jacques Fournier est appelé le « cardinal blanc » en raison de son habit (la couleur blanche est caractéristique du froc des cisterciens). Il est évêque de Pamiers, où il se distingue comme inquisiteur dans sa chasse aux hérétiques, lorsqu'il est choisi pour succéder à Jean XXII son protecteur. Les cardinaux sentent la nécessité de mettre en avant un théologien après avoir élu deux papes plus préoccupés de finances que de droit canon. Refusant d'aller s'installer à Rome, où règnent des troubles endémiques aussi anciens que la papauté, il entreprend, après avoir envisagé une installation à Bologne, la construction du célèbre palais des Papes en Avignon. Néanmoins, conscient d'être toujours « l'évêque de Rome », il fait rénover la toiture de la basilique vaticane.

Sous son pontificat s'amorce le conflit entre Édouard III d'Angleterre et Philippe VI de Valois, que l'histoire a nommé la guerre de Cent Ans. Intègre et désintéressé, il s'attaquera aux abus du clergé et à ses bénéfices, au népotisme aussi. Il obligera les évêques à s'installer dans leur diocèse, mais augmentera les pouvoirs répressifs de l'Inquisition.

CLÉMENT VI (1342–1352)

Originaire des environs de Limoges, né en 1291, Pierre Roger de Beaumont, fils d'un chevalier, bénédictin à l'éloquence renommée, est élu à l'unanimité. Après un pape austère, c'est au tour d'un homme de cour de coiffer la tiare. Il entreprend de combattre les abus de la cour pontificale : prodigalité, luxe, népotisme — ce qui ne l'empêche pas d'y succomber à son tour... Couvrant ses proches de richesses et de dignités, cet homme brillant imagine de nouveaux impôts, augmente les charges et les bénéfices (ce qui suscitera des protestations, notamment en Angleterre et en Allemagne) pour couvrir ses frais.

Il achète à la reine Jeanne le territoire d'Avignon, mais il ne la paiera jamais. Mais cet homme, auquel ses contemporains reprocheront son goût du faste et ses débauches, fera preuve d'une grande charité envers les Juifs persécutés en France et en Allemagne (en 1348, on les accuse d'être responsables de l'épidémie de peste noire, apportée par des marins gênois, qui ravage l'Europe) : il leur viendra en aide en les accueillant dans ses États. Il donne de l'éclat à sa cour, charge le poète Pétrarque de rassembler les manuscrits de Cicéron pour la Bibliothèque vaticane. Bien qu'ami des rois de France et d'Angleterre, il ne peut empêcher le conflit entre les deux royaumes. Avec les Arméniens et l'empereur de Byzance, il tente en vain un rapprochement. Le pape n'est plus l'arbitre de l'Europe. Il meurt après une brève maladie et dix ans de pontificat. Ses restes, conservés dans la chartreuse de Villeneuve-lès-Avignon dont il a ordonné la construction, seront vandalisés par les Huguenots en 1562.

INNOCENT VI (1352–1362)

Étienne Aubert, né en 1282 dans le Limousin, éminent juriste, évêque et cardinal, conseiller du roi Philippe VI de Valois, est élu à l'issue d'un conclave agité. C'est un ami du roi de France, dont on craint les pressions (sur vingt-cinq cardinaux, vingt-deux sont français), et un homme de 70 ans qui souffre de la goutte, de surcroît : il fera un excellent pape de transition... qui régnera dix ans ! Cet homme de compromis veut sincèrement réformer l'Église. Il donne lui-même l'exemple en réduisant son train de vie et celui de ses cardinaux, et il oblige, sous menace d'excommunication, les clercs qui encombrent la cour d'Avignon à retourner dans leurs évêchés, paroisses et abbayes.

En France, la guerre fait rage entre routiers anglais et troupes de du Guesclin ; le pape doit quitter Avignon à plusieurs reprises pour échapper aux routiers, et fait même cerner la ville de remparts. En Italie, il fait rétablir l'ordre dans les États pontificaux par l'énergique cardinal espagnol Gil de Albornoz, qui s'est auparavant illustré contre les musulmans. Usé, Innocent VI s'éteint à 80 ans, en regrettant de n'être pas à Rome.

URBAIN V *(bienheureux)* (1362–1370)

Comme ses prédécesseurs, Guillaume de Grimoard, bénédictin languedocien, né à Grisac en 1309, reçoit l'investiture pontificale en Avignon après deux semaines de palabres, et le refus du frère de Clément VI. Cet homme simple, épris de justice, n'est ni cardinal ni membre de la Curie, et il se défie de l'administration pontificale. Il tente, comme son prédécesseur, de réformer son clergé, mais c'est un combat perdu d'avance.

En 1367, poussé par l'empereur Charles IV et conseillé par sainte Brigitte de Suède, il décide de retourner à Rome. Mais les troubles qui règnent dans la ville l'obligent à s'en retirer trois ans plus tard. Il regagne alors les bords du Rhône. Entre-temps, il a reçu l'empereur d'Orient Jean V Paléologue et entrepris des restaurations dans la Ville éternelle. Avec Pierre de Lusignan, roi de Chypre, il envisage d'organiser une croisade... mais la guerre anglo-française mobilise tous les porteurs de glaive d'Europe. Lorsqu'il doit fuir Rome, sainte Brigitte de Suède, qui ne veut pas qu'il retourne en Avignon, lui prédit sa mort prochaine. Arrivé le 27 septembre, il tombe gravement malade et s'éteint, en effet, le 19 décembre 1370.

Enterrés dans la cathédrale d'Avignon, ses restes sont transférés à Marseille, où sa tombe deviendra un lieu de culte. Il sera béatifié en 1870 par le pape Pie IX.

GRÉGOIRE XI (1370–1378)

Neveu de Clément VII et dernier pape français, Pierre Roger II de Beaufort, né en 1331, est cardinal à 17 ans. Il est élu pape à l'unanimité, dès le premier jour du conclave, à l'âge

39 ans ; il est ordonné prêtre le mois suivant et couronné le lendemain. Cette fois, c'est l'opinion de toute la chrétienté qui lui rappelle que sa place est à Rome. Sainte Catherine de Sienne s'en fait l'écho passionné — elle obtient même une audience en 1376. Grégoire cède (il craint qu'en son absence on élise un autre pape) et, le 13 janvier 1377, il rentre dans la capitale italienne. Dès son arrivée, les désordres reprennent, et il jette l'interdit sur la ville de Florence qui complote contre lui. En cette même année se répandent les thèses de John Wiclif qui prêche un retour à la pureté originelle et réclame une interprétation stricte des Écritures. Paralysé par les rivalités acharnées qui règnent entre les villes italiennes, Grégoire XI n'aura jamais l'occasion de mettre à exécution les réformes qu'il souhaite, et que tout le monde attend. Avant de mourir, il nomme huit cardinaux issus, comme lui, du Limousin, parmi lesquels se trouvent cinq de ses parents.

URBAIN VI (1378–1389)

Après la mort de Grégoire XI, le conclave se déroule à Rome (une première depuis 1303) en raison de manifestations populaires très violentes. Barthélemy Prignani, archevêque de Bari, né à Naples en 1318, est élu sous le nom d'Urbain VI, alors que la foule en fureur, qui exige un pape italien, a envahi la salle. L'élection a-t-elle été libre ? Les treize cardinaux français la déclarent nulle. En conséquence, ils élisent Robert de Genève qui prend le nom de Clément VII et retourne en Avignon. Ce simple schisme sera grave car il touche au statut monarchique du monde chrétien, étant donné l'influence croissante que le Sacré Collège a prise dans le gouvernement de l'Église.

Ces deux papes auront leurs successeurs, aucun parti ne voulant céder. Impuissants à débrouiller l'imbroglio, et devant l'impatience générale, les cardinaux réunissent le concile de Pise (1409) mais ne parviennent qu'à imposer un troisième pape qui aura lui-même un successeur. C'est le Grand Schisme d'Occident, qui durera jusqu'à l'avènement de Martin V (1417). Urbain VI, soutenu par sainte Catherine de Sienne, est donc élu le 8 avril 1378. Homme entier, partisan d'une réforme profonde, ennemi de la simonie, il prend des mesures autoritaires contre le Sacré Collège. L'Italie, l'Angleterre, la Germanie, la Bohême, la Hongrie, la Pologne, le Portugal, le Danemark, la Suède et la Prusse lui restent fidèles.

Mystique, exalté, violent (ses adversaires le prétendent fou), il fait torturer pour complot six cardinaux qui avaient mis en doute ses capacités. La population romaine le craint autant qu'elle le déteste. Il meurt, sans doute empoisonné, après un an d'un pontificat calamiteux, au cours duquel il a vidé le trésor, fait fuir tous les cardinaux, y compris ceux qui l'avaient élu, et plongé l'Église dans une période d'anarchie qui durera quarante années.

CLÉMENT VII (ANTIPAPE 1378-1394)

Né en 1342, Robert, comte de Genève, cousin du roi de France par sa mère, est légat de Grégoire XI en Italie, où, à la tête d'une armée de mercenaires, il se rend responsable de massacres. Élu pape par les cardinaux français contre Urbain VI, il reçoit l'hommage de la France, de l'Espagne, de l'Écosse, de Chypre, de la Sicile et de Naples (beaucoup de provinces changeront d'obédience selon les intérêts du moment ; certaines resteront neutres, dans l'attente d'un concile).

Il a la Curie avec lui, et les troupes de Jeanne, reine de Naples, troupes qui sont battues par les mercenaires d'Urbain VI en 1379, ce qui l'oblige à se réfugier en Avignon. Il y établit une cour qui rivalise, par son luxe, avec les cours royales, tout en cherchant à renverser le pape de Rome. Il soutient la famille d'Anjou dans sa reconquête du royaume de Naples, organise le mariage de Louis d'Orléans, frère du roi de France Charles VI, avec une Visconti de Milan... Mais Louis II d'Anjou est chassé de Naples en 1400, et Clément VII, à court d'argent malgré les surtaxes qu'il impose à son clergé, doit renoncer à ses projets de reconquête.

À la mort d'Urbain VI, il croit que sa légitimité sera reconnue. Mais c'est faire peu de cas de la rancune de ce qui reste du clan italien ; on lui suggère même d'abdiquer et de reconnaître Boniface IX, le nouveau pape romain, qui lui promet de le maintenir cardinal et de le nommer légat pour la France

et l'Espagne, ce que Clément VII refuse. Il meurt d'apoplexie
à l'âge de 52 ans.

BONIFACE IX (1389-1404)

La mort d'Urbain VI n'entraîne aucune négociation avec la
cour d'Avignon destinées de régler le schisme. Les partis sont
intraitables. En conséquence, deux semaines plus tard, un
successeur d'Urbain est désigné à Rome : Boniface IX, aristocrate né à Naples en 1350, qu'Urbain VI, napolitain comme
lui, a promu cardinal. Boniface IX négocie habilement
l'alliance du royaume de Naples qui rompt alors avec Avignon et, s'il perd Gênes et la Sicile, il veille à garder dans son
obédience l'Angleterre et l'Allemagne.

Bon diplomate, Boniface IX est aussi un affairiste sans
scrupule, à la cupidité sans limite, qui fait commerce d'indulgences et de bénédictions. Fin septembre 1404, il reçoit une
délégation de l'antipape Benoît XIII, qui lui propose de tenter
de trouver un accord pour mettre fin au schisme. Boniface IX,
qui souffre de la pierre, répond qu'il n'a pas la force de dis-
cuter (en fait, il ne veut pas traiter d'égal à égal avec son
concurrent) et meurt peu après. Les Romains, tenant pour
responsables les envoyés de l'antipape, les mettent en prison
et ne les relâchent que contre une énorme rançon.

BENOÎT XIII (ANTIPAPE 1394-1417)

Né en 1328 dans une famille noble d'Aragon, l'Espagnol Pierre
de Luna, professeur de droit à l'université de Montpellier,
légat en Espagne, puis en France, est un adversaire du schisme.
Le 28 septembre 1394, il est élu à l'unanimité par les cardinaux présents en Avignon. Beaucoup espèrent qu'une fois
désigné, il mettra fin au schisme en démissionnant, ainsi que
son concurrent, comme il l'a suggéré l'année précédente, mais
il n'en fait rien. Toutefois, il essaie de négocier directement
avec Boniface IX, son rival de Rome, aussi intransigeant que
lui, en vain. Benoît VIII continue à nommer des cardinaux et à
excommunier ceux qui refusent de le reconnaître.

Avec Innocent VII, le successeur de Boniface IX à Rome, il ne
se passe rien. Des pourparlers sont entrepris sous le règne de
Grégoire XII et, au traité de Marseille (21 avril 1407), les

deux papes acceptent de se rencontrer près de Gênes, rencontre qui n'aura pas lieu. Le roi de France retire alors son soutien à Benoît VIII, et ordonne son arrestation. Benoît VIII s'enfuit en Italie, puis s'installe à Perpignan. Ses cardinaux l'ont fui pour rejoindre Grégoire XII. Un concile est organisé à Pise en mars 1409, destiné à mettre fin à la mascarade. Invités à s'y défendre, Benoît VIII comme Grégoire XII refusent de s'y rendre. Ils sont déposés tous les deux et un nouvel antipape, Alexandre V, est désigné.

Benoît VIII n'en continue pas moins son combat, surtout en excommuniant ses opposants. Ne le soutiennent plus que l'Espagne, son pays natal, le Portugal et l'Écosse. L'empereur Sigismond fait lui-même le déplacement à Perpignan pour le convaincre d'abdiquer dans des conditions qu'il garantit honorables. Nouveau refus de Benoît VIII, qui doit se réfugier à Valence, où il nomme quatre cardinaux supplémentaires. Au concile de Constance, en juillet 1417, il est à nouveau déposé ; presque nonagénaire, il refuse sa déchéance. Il meurt six ans plus tard, à 95 ans. Ses cendres, transférées dans son église natale, seront dispersées au vent par les troupes napoléoniennes, en 1811.

INNOCENT VII (1404–1406)

C'est le troisième pape romain durant le Grand Schisme. Innocent VII, né en 1336 dans une famille bourgeoise des Abruzzes, ancien légat envoyé par Boniface IX pour réconcilier les Visconti de Milan et les cités de Florence et de Bologne, est élu pape à la mort de son protecteur par huit cardinaux. Il a promis, s'il était élu, comme l'avait fait l'antipape Benoît VIII, d'abdiquer pour mettre fin au schisme. Mais, une fois élu, il s'accroche à son trône, et rejette, lui aussi, l'accord de Marseille de 1404. Pour mater une révolte romaine, il fait appel à Ladislas, roi de Naples, et doit accepter d'accorder des libertés civiles à ses administrés romains. N'ayant pas tenu ses promesses, il doit s'enfuir, abandonnant Rome à Ladislas, qui s'est rallié à l'antipape. Finalement, après avoir excommunié le roi de Naples, il se réconcilie avec lui et le nome protecteur de Rome. Durant les deux années de pontificat de ce pape, aussi faible qu'indulgent, même avec ses adversaires, rien n'est à noter, hormis la création, à l'université de Rome, de chaires de médecine et de philosophie.

GRÉGOIRE XII (1406-1415)

Angelo Correr, né en 1325, de noblesse vénitienne, patriarche (latin) de Constantinople, secrétaire du pape, a, lui aussi, promis d'abdiquer après son élection. À ce moment-là, l'université de Paris prend l'initiative d'une consultation. Trois solutions sont proposées : son abdication en même temps que celle de son « confrère » d'Avignon ; une entente entre eux ; leur déposition simultanée par un concile. C'est la troisième solution qui est retenue. Le concile de Pise (1407) dépose les deux pontifes et en nomme un autre, le Crétois Pierre Philargi, qui prend le nom d'Alexandre V. Mais Grégoire XII et Benoît XIII refusent de se retirer. Trois cours pontificales siègent simultanément ; Grégoire XII a installé la sienne à Gaète. Le désordre est à son comble. C'est alors que Sigismond de Luxembourg, roi des Romains, et l'antipape Jean XXIII prennent la décision de convoquer un concile général qui se déroule à Constance de 1414 à 1418. Benoît VIII s'y oppose mais on passe outre : l'heure est venue de mettre fin au Grand Schisme. Grégoire XII envoie son abdication, et reçoit en récompense le titre de légat perpétuel d'Ancône, où il meurt en 1417, trois semaines avant l'élection de Martin V.

ALEXANDRE V (ANTIPAPE 1409-1410)

Orphelin de modeste origine né en Crète (alors vénitienne), ce franciscain, qui a enseigné la théologie à Pavie et a mené de nombreuses missions diplomatiques dans toute l'Europe, est désigné par le concile de Pise pour être le pape qui doit remplacer Grégoire XII et Benoît VIII, tous deux déposés, mais qui refusent de s'effacer. Alexandre V commence par distribuer des évêchés à ses amis. Puis, pour contrer Grégoire XII, il excommunie Stanislas, roi de Naples, et nomme à sa place Louis II d'Anjou, qui a déjà perdu ce royaume. Il lève des troupes qui s'emparent de Rome en janvier 1410, mais préfère s'installer à Bologne, où il meurt subitement, à l'âge de 69 ans — la rumeur prétendra qu'il a été empoisonné par Balthazar Cossia, son successeur.

JEAN XXIII (ANTIPAPE 1410–1419)

Né à Naples dans une famille noble mais pauvre, ancien corsaire, trésorier de Boniface IX, Balthazar est un aventurier et un libertin sans scrupule (il a été expulsé de son évêché de Bologne en raison de ses excès en tous genres). Il s'illustre aux côtés de Louis II d'Anjou lors de la reconquête du royaume de Naples, après s'être successivement rallié aux papes et antipapes du Grand Schisme. Il est élu à l'unanimité à la mort d'Alexandre V, malgré les libelles qui l'accusent de l'avoir empoisonné, en faisant prévaloir qu'il a à sa disposition l'armée de Louis II d'Anjou, au cas où Stanislas, le roi déchu de Naples, tenterait un retour.

Stanislas passe à l'attaque en 1413, et oblige Jean XXII à quitter Rome. Le pape appelle à son secours l'empereur Sigismond, qui lui impose le concile de Constance en novembre 1414. Stanislas est mort entre temps, et Jean XXII se montre moins pressé d'aller à Constance où doit être réaffirmée la décision du concile de Pise, à savoir que les trois pape et antipapes devront démissionner. Mais même les cardinaux qu'il a nommés insistent, et Jean XXII doit céder le 15 février 1415. Il demande pour rédiger son abdication une semaine, dont il profite pour s'enfuir à Fribourg, déguisé en domestique. Arrêté, il est conduit enchaîné devant le concile pour y être déposé comme simoniaque, impudique, empoisonneur et dissipateur des biens de l'Église.

Retenu prisonnier en Bavière pendant trois ans, il achète sa liberté, et part à Florence se soumettre à Martin V, qui le nomme cardinal de Tusculum, où il meurt peu après, le 22 novembre 1419, peut-être, lui aussi, empoisonné.

MARTIN V (1417–1431)

La chrétienté est lasse du Grand Schisme. Un unique conclave de trente-deux cardinaux et trente représentants de cinq royaumes européens élit en trois jours Odon Colonna. Ce membre de la puissante famille romaine des Colonna, né en 1368, a l'énergie que demande la situation. L'unité de l'Église est retrouvée, mais pas son prestige. Le concile de Constance a ratifié un décret qui place toute décision conciliaire au-dessus du pape. Les désordres que vient de traverser le monde catholique sont donc en principe écartés. Par ailleurs, le concile de Constance a condamné l'hérétique Jean Hus qui est livré aux flammes en 1415. Précurseur de la réforme protestante, ce religieux tchèque a repris et appliqué la doctrine de l'Anglais Wyclif prônant le retour à la pauvreté évangélique et dénonçant l'usage abusif des indulgences. Malgré les statuts du concile, Martin va lutter pour affirmer la suprématie du Saint-Siège.

Il multiplie les ambassades aux cours de France et d'Angleterre afin de mettre un terme à la guerre de Cent Ans, et s'oppose aux baptêmes forcés des enfants juifs. À Rome, il fait reconstruire les bâtiments dévastés.

Comme on lui reproche de ne pas avoir réalisé la réforme intérieure de l'Église, il réunit le concile œcuménique de Bâle, le 14 février 1431 ; mais il meurt d'apoplexie avant l'ouverture des travaux, le 20 du même mois, à l'âge de 63 ans.

CLÉMENT VIII (ANTIPAPE 1423–1429)

À la mort de Benoît XIII, antipape retranché dans un château en Espagne, ses fidèles élisent Gil Sanchez Munoz, archiprêtre de Teruel, où il est né en 1360. Bien qu'encerclé, dans sa forteresse imprenable au nord de Valence, par les troupes du roi d'Espagne, il s'entoure d'une petite cour ecclésiastique, nomme deux cardinaux et lance des excommunications... Personne ne se soucie de ce pape d'opérette jusqu'à ce que Martin V refuse de ratifier l'adoption d'Alphonse d'Aragon par Jeanne, reine de Naples. Mais ce chantage aragonais tourne court : l'Europe tout entière, à peine guérie de quarante années de schisme, n'aspire pas à en supporter un nouveau. Le 26 juillet 1429, Clément VIII fait allégeance, et Martin V, magnanime, le nomme évêque de Majorque, où il meurt le 28 décembre 1446.

BENOÎT XIV (ANTIPAPE 1425 –...)

L'antipape Clément VIII a été élu, en Espagne, par trois cardinaux — il en manquait un quatrième, Jean Carrier, vicaire de Benoît XIII, qui se trouvait en Armagnac. En décembre 1423, il décide que l'élection de Clément VIII est irrégulière, et que Gil Sanchez Munoz est coupable de simonie ; le 12 novembre 1425, il nomme pape le sacristain de Rodez, Bernard Garnier, et le consacre. On ignore dès lors ce qu'il est advenu de Benoît XIV...

EUGÈNE IV (1431–1447)

Né en 1383 dans une famille vénitienne fortunée, neveu de Grégoire XII, Gabriele Condulmaro, fuyant la richesse, fonde une congrégation d'augustins. Mais son oncle le sort de ses méditations pour en faire l'évêque de Sienne, puis un cardinal. Désigné pape, il s'attaque à la famille Colonna, qu'il oblige à rendre les territoires que Martin V a distribué à ses neveux. Les représailles ne se font pas attendre : une insurrection éclate à Rome, au cours de laquelle il échappe de peu à la mort. Il s'enfuit à Florence.

Il tente, en vain, de dissoudre le concile de Bâle qui lui fait ombrage car il voudrait intégrer, dans un prochain concile réuni sous son autorité, des représentants de l'Église grecque. Mais les participants du concile de Bâle, s'appuyant sur la décision du concile de Constance qui les place au-dessus du pape, refusent. Eugène IV couronne Sigismond empereur en mai 1433 pour s'en faire un allié. Le concile de Bâle, assemblé depuis sept ans, fait de la résistance et finit par suspendre Eugène IV en 1438. Il le dépose l'année suivante, le 25 juin. Il est alors remplacé par l'antipape Amédée VIII de Savoie qui prend le nom de Félix V, dernier antipape de l'histoire. En 1440, Eugène l'excommunie, ce qui rétablit l'ordre.

Du côté des hérétiques partisans de Jean Hus, la situation s'aggrave, après leur victoire en Bohême. En France, le roi Charles VII, dans la Pragmatique Sanction de Bourges, conteste l'autorité pontificale. Et Eugène IV, qui veut faire diversion en lançant une croisade contre les Turcs, subit un désastre à la bataille de Varna, en Bulgarie (1444). De retour à Rome, après neuf ans d'absence, il s'applique à restaurer la ville. On retient du pontificat de cet homme pieux, mais dépourvu de sens politique, la tentative de rapprochement avec l'Église d'Orient. Elle échoue, mais les petites communautés arméniennes, coptes, syriaques, chaldéennes et maronites reviennent dans le giron romain. Eugène IV meurt à 64 ans, en regrettant, jusque sur son lit de mort, l'époque où il n'était qu'un humble moine.

FÉLIX V (ANTIPAPE 1439–1449)

Amédée VIII de Savoie, qui a augmenté son duché du Piémont, de Genève et d'Annecy, est né en 1383. Il décide, à la mort de sa femme, de laisser le duché à son fils et de faire retraite. En 1439, les cardinaux du concile de Bâle le choisissent pour être pape à la place d'Eugène IV, qu'ils viennent de déposer à la suite d'un long conflit d'autorité. Une fois couronné, Félix V est ordonné prêtre. Mais, comme Eugène IV, dont il a usurpé le trône, il ne peut s'entendre avec ses électeurs. Il quitte Bâle avec sa cour, et le trésor, mettant fin au concile qui rassemblera les irréductibles à Lausanne. Félix V s'installe pendant dix ans à Annecy, n'ayant d'influence que sur la Savoie. Nicolas V, le successeur d'Eugène IV, met fin au schisme avec l'aide du roi de France Charles VII pour médiateur : les derniers participants du concile de Lausanne prononcent sa dissolution, et Félix V, redevenu Amédée de Savoie, est nommé cardinal de Sabine et vicaire perpétuel du Saint-Siège pour la Savoie. Il meurt à Genève, qu'il a autrefois conquise, le 7 janvier 1451.

NICOLAS V (1447–1455)

Tommaso Parenttucelli, fils de médecin, est né à Pise en 1398. Il est le protégé de l'évêque de Bologne auquel il succède, sans pouvoir se rendre dans la ville, la population s'étant révoltée. Eugène IV le remercie d'avoir pris son parti en le nommant cardinal. À la mort de ce dernier, il est choisi pour lui succéder, préféré à un membre de la famille des Colonna, pour cause de guerre des clans. L'unique souci de ce pape épris d'humanisme, qui a étudié les arts et la théologie, c'est la paix : avec Rome, vidée de ses mercenaires, avec Naples, avec l'Allemagne, et avec l'antipape Félix qui revient dans le giron de l'Église.
Sur son ordre, Jean de Capistran lutte contre les hussites de Bohême, de Pologne, d'Autriche et d'Allemagne orientale. En

France, le cardinal d'Estouville tente de faire abroger définitivement la Pragmatique Sanction édictée par Charles VII, qui lui permet d'intervenir dans l'élection des abbés et des évêques. En avril 1453, c'est la prise de Constantinople par les Turcs. Tout espoir de rapprochement avec l'Orient est ruiné, d'autant que Nicolas V ne parvient pas à mobiliser l'Occident.

Sous son pontificat refleurit la philosophie de Platon et d'Aristote. Il fonde une vaste bibliothèque et protège des artistes comme Fra Angelico, Alberti, Piero della Francesca. Copistes et traducteurs sont légion au Vatican. La Renaissance est née. Nicolas V meurt à 57 ans sans qu'on puisse l'accuser — le fait est rare — de népotisme. La réforme religieuse, toutefois, se fait toujours attendre.

CALIXTE III (1455–1458)

Alfonso de Borgia, fils d'un petit propriétaire terrien, est le second pape espagnol. Né à Valence en 1378, il devient évêque de la ville après s'être rallié à l'Église « officielle », délaissant les antipapes espagnols. Il négocie la paix entre le royaume de Naples et le Saint-Siège. Parvenu sur le trône de saint Pierre, où il a été poussé par les sempiternelles querelles entre les clans Orsini et Colonna, il s'entoure de compatriotes, tant il se méfie des Italiens, et réserve les meilleurs postes à sa famille (dont deux neveux). Le népotisme est de retour au Vatican, où il s'installe pour longtemps.

Tout le long de son pontificat, il reste hanté par la menace turque. S'il prêche inlassablement la paix entre les États d'Europe, c'est pour mieux les unir en vue d'une immense croisade. Mahomet II, en effet, rassemble ses troupes devant Belgrade. Les musulmans sont battus le 22 juillet 1456. En mémoire de cette victoire, Calixte III institue la fête de la Transfiguration. Un an plus tôt, il avait fait canoniser le dominicain Vincent Ferrier (son compatriote) et ordonner la révision du procès de Jeanne d'Arc. Austère, pieux jusqu'à la bigoterie, charitable mais peu porté sur les arts, il préfère consolider les forteresses papales (avec des commandants espagnols) plutôt qu'embellir les palais. Il meurt à l'âge de

80 ans, ayant, grâce à son sens de l'économie, regarni les coffres du Vatican.

PIE II (1458–1464)
Né en 1405 dans une famille Toscane noble mais pauvre, Enea Silvio Piccolomini travaille dans les champs, puis fait ses études à Sienne et à Florence. Secrétaire d'un cardinal au concile de Bâle, il devient secrétaire de l'antipape Félix V avant de se réconcilier avec le pape Eugène IV, pour être nommé secrétaire apostolique. Il écrit plusieurs ouvrages historiques, géographiques, et même des textes licencieux. Ordonné prêtre en 1446, il écrit un nouveau texte dans lequel il regrette ses erreurs passées. Il est nommé par Nicolas V évêque de Trieste, puis de Sienne, et enfin cardinal. En août 1458, il est élu pape. Il n'a alors que 53 ans, mais en paraît beaucoup plus, et on le dit aussi habile que versatile. L'idée de croisade va dominer son action, mais sans effet concret. Il combat le trafic d'esclaves et s'élève contre les oppresseurs des Juifs ; il tente vainement, par le truchement de l'écriture, de convertir Mahomet II au christianisme. Lettré, amateur d'art, amoureux de la nature, il fonde les universités de Bâle, de Nantes et d'Ingolstadt. Catherine de Sienne, sa compatriote, est canonisée sous son pontificat, qui s'achève avec la croisade qu'il a voulu entreprendre. Déjà gravement malade, il s'est rendu à Ancône où il pense trouver une flotte pour reconquérir Constantinople. Mais les princes n'ont pas tenu leurs promesses. Du 19 juillet au 13 août 1464, il attend... Le 14 août, lorsqu'on distingue sur l'horizon les quelques galères vénitiennes qui le rejoignent enfin, il s'éteint. Les galères repartent vers leur port d'attache, et son corps est rapporté à Rome, sauf son cœur, resté à Ancône.

PAUL II (1468–1471)
Né à Venise en 1417, ce neveu d'Eugène IV, qui a favorisé son ascension jusqu'à le nommer évêque à 23 ans, a la surprise de se retrouver pape au premier tour de scrutin. Il révèle aussitôt son caractère autoritaire et son goût pour la fête. Rome devient le cadre de fêtes somptueuses offertes au

peuple. Il récupère, pour ses palais, les marbres du Colisée, « offre » aux cardinaux la couleur pourpre de leurs habits et confère aux souverains français le titre de *Rois Très Chrétiens*.

Il tente aussi de freiner le paganisme que draine avec elle l'éclosion de la Renaissance, et excommunie le roi de Bohême dont le penchant pour la doctrine hussite (retour à la Bible comme source de foi) est trop manifeste ; il lutte contre les fraticelles, secte franciscaine prônant la pauvreté extrême, déjà condamnée par le concile de Vienne et par Jean XXII. Il meurt à l'âge de 54 ans, d'une indigestion de melon, selon une rumeur, mais en fait d'une crise d'apoplexie.

SIXTE IV (1471–1484)

Général de l'ordre des Franciscains, il coiffe la tiare le 9 août 1471. Son pontificat est marqué par le népotisme (il n'oublie aucun de ses nombreux neveux), la dilapidation des ressources du clergé pour réaliser ses palais ; par les luttes contre la famille des Médicis (il aurait participé à l'assassinat de Julien de Médicis avec l'archevêque de Pise, qui sera pendu à la fenêtre de son palais par les Florentins, par la suite excommuniés pour ce crime) ; par de nombreux complots où sont mêlés ses « cardinaux-neveux » ; par les guerres contre Venise et Naples.

Véritable prince de la Renaissance, il fonde l'académie de peinture de Saint-Luc, fait construire et décorer la chapelle Sixtine, enrichit la Bibliothèque vaticane, subvient aux besoins d'artistes, par exemple Ghirlandaio, le Pérugin, Botticelli, Verrocchio… ce qui l'entraîne, pour renflouer les caisses qu'il vide, à faire le commerce des indulgences.

En 1481, Otrante est reprise par les Turcs. Mahomet II meurt après trente-deux ans de règne. En Espagne, où règnent Ferdinand V et Isabelle la Catholique, Sixte IV autorise le rétablissement de l'Inquisition et nomme Thomas de Torquemada à la tête de cette redoutable institution (1483). Avec Sixte IV, l'Église se sécularise, et ses successeurs accentueront encore ce penchant. C'est le premier pape dont l'effigie figure sur les pièces de monnaie.

belle Sixtine, Raphaël exécute les peintures
Signatures au Vatican. S'il n'a pu entre-
s spirituelles, c'est que dans le contexte
rte la grandeur de l'Église. D'ailleurs, il
porté sur le sacré et le mysticisme — car-
a sensualité, il a été le père de trois filles.
omme le « terrible » tant il peut se mon-
ui est le premier pontife à s'être laissé
fin de se donner un aspect vénérable,
ge de 70 ans.

1)
en 1475, fils de Laurent le Magnifique,
âge de 13 ans par Alexandre VI Borgia.
tificale sous Jules II, il réprime, dès sa
njuration fomentée contre lui au sein
ge, et s'empresse de se faire consacrer

son prédécesseur, il se propose de libé-
ine pontifical du joug étranger. Avec
concordat de 1516, qui tolère le galli-
uis, s'alliant tantôt à Venise, tantôt à
au roi de France, il manœuvre pour
autres.

cile du Latran commencé sous Jules II
pour réformer le clergé italien. Il fait
chrétienté la prédication de nouvelles
énéfices vont permettre l'achèvement
rre. Indulgences qui provoquent une
lorsque le moine augustin Luther les
ostensiblement la bulle pontificale
qui condamne ses écrits (la Bible est
aptême rend tous les chrétiens égaux
ue la foi qui sauve...). Léon X pro-
munication (3 janvier 1521). Per-
e des conséquences de cette fracture,
me, mais pas celle qu'attendaient les
errements pontificaux.

INNOCENT VIII (1484-1492)

Fils d'un sénateur romain, né à Gênes en 1432, ce protégé des Borgia a eu, avant d'entrer dans les ordres, une conduite scandaleuse ; on lui attribue sept enfants naturels qu'il placera mieux que des fils de rois (l'un de ses fils épousera la fille de Laurent le Magnifique, dont il nommera le fils de 13 ans cardinal). Comme le dira Gilles de Viterbe, Innocent VIII est le premier des pontifes à étaler ses fils et ses filles : *Le premier il célébra officiellement leurs noces ; le premier il fit de leurs hyménées une cérémonie de famille.* Avec lui, évidemment, pas de réforme religieuse ! Il lutte contre Naples avec l'aide du roi de France, fait publier un décret obligeant tous les Juifs d'Espagne à choisir entre la conversion ou l'exil, vend enfin les charges de la Curie pour se procurer de l'argent.

Comme ces prédécesseurs, il évoque une croisade contre les Turcs mais il est, comme eux, incapable de mobiliser les chefs de la chrétienté. Le 2 janvier 1492, la ville de Grenade est prise : c'est la fin de la domination maure en Espagne. Sur les mers, la même année, Christophe Colomb découvre l'Amérique. Ce pape affable, d'aspect maladif, n'a pas su rétablir l'ordre dans les États pontificaux, livrés à l'anarchie. Il meurt à l'âge de 60 ans.

ALEXANDRE VI (1492-1503)

Rodrigue Borgia, neveu de Calixte III, est celui par qui le scandale arrive. Né en 1431 près de Valence, il est nommé cardinal à 35 ans par son oncle maternel qui veille sur sa carrière. À 61 ans, il est élu pape à l'unanimité (il aurait acheté son élection), en dépit des avertissements répétés que lui ont lancés ses prédécesseurs. Car le cardinal Rodrigue aime les femmes, s'affiche avec elles, et leur fait des enfants illégitimes qu'il ne cache pas, bien au contraire. On murmure même qu'il entretient des rapports incestueux avec sa fille Lucrèce — c'est une calomnie — et l'on affirme qu'il pratique un népotisme effréné, ce qui est incontestable. Ainsi nomme-t-il cardinal (à 16 ans) César, son fils préféré (et son peu scrupuleux principal exécutant), et partage-t-il son pouvoir avec ses enfants, entreprenant de dépouiller à son profit les familles trop puissantes. Le cynisme de cet habile négociateur, qui fera de la papauté l'État le plus puissant d'Italie, provoque l'admiration d'un connaisseur : Nicolas Machiavel.

Quand en 1494 le roi de France Charles VIII occupe Rome, Alexandre VI est menacé de déposition et se réfugie au château Saint-Ange. Il s'associe alors à la Sainte Ligue qui perd peu après la bataille de Fornoue (6 juillet 1495). Plus tard, il s'allie avec Louis XII, successeur de Charles VIII, pour défendre les intérêts de son fils César, et partage le royaume de Naples entre la France et l'Espagne.

César conquiert alors la Romagne. Les assassinats perpétrés par le père et le fils sont innombrables. Pourtant, le meutre et la luxure n'empêchent pas, chez Alexandre VI, une certaine piété superstitieuse (il est sensible aux présages) et parfois même de véritables accès de mysticisme, dont sa dévotion à la Vierge est un exemple. Dans son combat contre l'hérésie, il fait excommunier le prédicateur florentin Savonarole (1497) qui mourra sur le bûcher l'année suivante. Aux Espagnols et aux Portugais, qui, avec leurs caravelles, partent à la conquête du Nouveau Monde, il ordonne d'évangéliser les indigènes, ce qui aboutira aux génocides que l'histoire retiendra.

En août 1503, César, le fils préféré, tombe gravement malade, tout comme son père. Si le fils réussit à survivre, le père meurt peu après, à l'âge de 72 ans. Sans doute a-t-il été victime, comme pour beaucoup de papes morts pendant les étés romains caniculaires et insalubres, d'une épidémie de malaria. La rumeur préfère cependant suggérer que Rodrigue-Alexandre et César Borgia ont été victimes de leur propre perfidie : ils auraient bu, par erreur, le breuvage empoisonné qu'ils destinaient à un cardinal dont ils convoitaient les biens.

PIE III (1503)

Il s'agit encore d'un neveu mais, cette fois-ci, l'oncle qui fait de Francesco Todeschini-Piccolomini l'évêque de Sienne, où il est né en 1439, s'appelle Pie II. Péniblement élu, diminué physiquement par la goutte, il projette de réformer la Curie. Il provoque des désordres dans Rome en chassant les Français, parce que le roi Louis XII soutient César Borgia.

Mais la mort [...]
mort, là enco[...]
cependant eu[...]
peindre, dans[...]
vie de son o[...]

JULES II (1[...]

Encore un [...]
Rovere, né [...]
élevé par le [...]
conseille le [...]
royaume [...]
Borgia av[...]
homme d[...]
sa volont[...]
du Saint-[...]
de toute [...]
buts : éli[...]
et chass[...]
anéantit [...]
occupe, [...]
l'emper[...]
Cambr[...]
d'Agna[...]
Puis il [...]
verse [...]
alliée.[...]
Louis [...]
Jules [...]
cont[...]
l'Esp[...]
de c[...]
pou[...]
mê[...]
ser[...]
Jul[...]
ar[...]
tr[...]
d[...]

---

fresques de la cha[...]
de la chambre des[...]
prendre de réform[...]
d'alors, seule imp[...]
n'est pas non plus [...]
dinal, réputé pour [...]
Celui que l'on surn[...]
trer irascible, et q[...]
pousser la barbe [...]
meurt de fièvre à l'[...]

LÉON X (1513–152[...]

Jean, né à Florence [...]
est fait cardinal à l'[...]
Chef de l'armée pon[...]
nomination, une co[...]
même du Sacré Coll[...]
prêtre.

En politique, comme [...]
rer l'Italie et le dom[...]
François Ier, il signe le [...]
canisme en France. P[...]
Charles Quint, tantôt [...]
contenir les uns et les [...]
En 1517, il clôt le con[...]
et prend des mesures [...]
publier dans toute la [...]
indulgences dont les b[...]
de la basilique Saint-Pi[...]
tempête en Allemagne [...]
dénonce, puis brûle [...]
Exsurge Domine (1520) [...]
au-dessus du pape ; le b[...]
devant Dieu ; il n'y a d[...]
nonce alors son excom[...]
sonne ne se doute encor[...]
qui entraînera une réfor[...]
chrétiens conscients des [...]

Prince de la Renaissance, admirateur de l'Antiquité, homme de faste, protecteur passionné des arts et des lettres, comme son prédécesseur, Léon X ne recule devant aucune libéralité pour encourager savants, humanistes et artistes. Les embellissements de Florence et de Rome, qui ruinent le trésor pontifical, en sont un témoignage éclatant. Il meurt de malaria en décembre 1521, âgé de 46 ans seulement, mais pas, comme on l'a prétendu, de joie en apprenant que les troupes de Charles Quint ont chassé les Français de Lombardie.

ADRIEN VI (1522-1523)

Fils d'un charpentier d'Utrecht, né en 1459, ancien précepteur de Charles Quint, maître d'Érasme, évêque de Tortosa et inquisiteur, cet homme érudit, charitable mais austère, commence son pontificat en réduisant le train de sa cour et en renvoyant les parasites qui y pullulent. Puis il s'en prend à la corruption qui a gagné la Curie tout entière, s'attirant du même coup la haine de tous les parasites.

Avec lui, c'est le début de la Contre-Réforme. Il tente aussi, mais vainement, de réconcilier Charles Quint et François Ier, espérant les unir contre les Turcs qui viennent de prendre l'île de Rhodes et d'en chasser les Hospitaliers de l'ordre de Saint-Jean-de-Jérusalem. Son passage trop bref (un an) ne lui permet pas de réaliser pleinement les transformations qu'il juge nécessaires. Fatigué, désabusé, il meurt à 64 ans. Ce sera, jusqu'à Jean-Paul II, quatre siècles et demi plus tard, le dernier pape non italien.

CLÉMENT VII (1523-1534)

Fils bâtard de Giuliano de Médicis, né en 1479 peu après l'assassinat de son père, Giulio est élevé par Laurent le Magnifique, son oncle. Son cousin Léon X le nomme archevêque puis cardinal. Son élection est bien accueillie, mais il s'avère rapidement que si Clément VII est certes travailleur et cultivé, il est également indécis, velléitaire et influençable. Il conçoit le projet d'unir les forces des pays catholiques autour de Charles Quint de manière à circonscrire, puis à arrêter l'expansion du luthéranisme, mais les événements en décideront autrement. En octobre 1524, François Ier occupe

Milan. Clément conclut alors une alliance avec lui. En février 1525, c'est la défaite de Pavie ; le roi de France est fait prisonnier. Le pape se tourne alors vers Charles Quint. Mais, après la libération de François Ier (1526), on assiste à un troisième renversement des alliances : Clément adhère à la Sainte Ligue de Cognac...

En 1527, c'est le sac de Rome par les lansquenets de Charles Quint. Le pape est capturé et enfermé pendant sept mois : nouveau rapprochement avec l'empereur, scellé par la paix de Barcelone (1529) et suivi, l'année suivante, du couronnement impérial (en contrepartie duquel Charles Quint rend Florence aux Médicis). Peu avant s'est tenue la diète d'Augsbourg, au terme de laquelle la « confession » des protestants est condamnée. Le roi d'Angleterre Henri VIII, qui a épousé illégitimement Anne Boleyn, s'est attiré l'anathème de Rome ; il réagit en prenant personnellement la tête de son Église, où il remplace le pape. Ce schisme anglican est une nouvelle scission au sein de la chrétienté.

Grand-oncle de Catherine de Médicis, il négocie le mariage de sa petite-nièce avec Henri II, fils de François Ier. À Rome, il protège Machiavel, Cellini, Raphaël et Michel-Ange. Ses efforts pour enrayer le protestantisme en Europe du Nord ont été vains. Seule la création d'évêchés en Amérique du Sud est à porter à son crédit.

PAUL III (1534-1549)

Alexandre Farnèse, descendant d'une famille de condottiere, né en 1468, a une jeunesse tumultueuse et frivole (plusieurs de ses enfants seront légitimés par Jules II et Léon X ; il fera de l'un de ses fils un duc de Parme, et l'un de ses petits-fils épousera la fille naturelle de Charles Quint). Cardinal à 25 ans, diplomate puis doyen du Sacré-Collège, il devient pape en 1534, à 67 ans. Il s'attelle alors sérieusement à sa tâche de réformateur. Il est l'instigateur du grand concile de Trente qui s'ouvrira en 1545, après bien des difficultés, dont les séances se prolongeront pendant dix-huit ans. Sous son pontificat naît la Compagnie de Jésus (Jésuites), nouvel ordre fondé par saint Ignace de Loyola, qui deviendra bientôt l'organe le plus puissant et le mieux adapté de la Contre-

Réforme. Ce pape, poète et fervent astrologue, qui n'entreprend rien sans avoir consulté le ciel, meurt de fièvre à l'âge de 82 ans.

JULES III (1550-1555)

Il faut un conclave long de deux mois pour élire ce pape du compromis. En effet, les partisans de Charles Quint et ceux de François Ier n'ont pas réussi à se mettre d'accord. Né à Rome en 1487, fils d'un juriste, il succède à son oncle comme archevêque de Pavie, puis poursuit son ascension au sein de la Curie, successivement gouverneur de Rome, vice-légat de Bologne, coprésident du concile de Trente…

Contrairement à son prédécesseur, il inaugure son pontificat dans le travail et l'achève dans les plaisirs et le scandale : courses de taureaux, carnavals, festins, jeu et chasse occupent peu à peu toute son existence. Il donne le titre de cardinal à l'un de ses domestiques qui n'a pour seule fonction que de s'occuper de son singe favori ! Sa débauche n'empêche pas son pragmatisme : ayant excommunié le roi de France Henri II, il lève la sanction lorsqu'il apprend que le roi a interdit à ses sujets d'envoyer de l'argent à Rome.

En Angleterre s'esquisse un retour (momentané) au catholicisme, avec l'avènement de Marie Tudor (1553). Jules III favorise l'extension des Jésuites et leur confie le collège germanique de Rome, où seront formés les clercs destinés à travailler en milieu protestant. Souffrant de la goutte, cet homme tantôt indolent, tantôt sujet à des crises d'autorité, meurt à 68 ans. Il aura déçu et ceux qui l'avaient élu et le peuple romain.

MARCEL II (1555)

Né près de Sienne en 1501, ce pape au savoir universel, intègre et pieux, refuse toute solennité pour son couronnement. Élu à l'unanimité, il revient de Gubbio, où Jules III l'a exilé pour avoir osé critiquer son népotisme et sa luxure. Mais son passage trop éphémère l'empêche d'entamer les réformes dont tous le sentent capable. Il meurt à 54 ans d'une attaque, vingt et un jours après son élection. Là encore, la rumeur va bon train : il aurait été empoisonné par ses cardinaux qui se sentaient menacés, car il avait promis de s'attaquer au luxe et au népotisme... Palestrina lui dédie sa composition *Missa Papæ Marcelli*.

PAUL IV (1555–1559)

Nonce apostolique en Espagne, ami d'Érasme, fondateur de l'ordre des Théatins (1524), Gian Pietro Carafa, né dans la noblesse sicilienne en 1476, est élu pape grâce au parti réformateur. Cet ancien inquisiteur publie l'*Index*, catalogue des livres prohibés par l'Église romaine. Il devient l'âme de la réorganisation du clergé dans son expression la plus rigoureuse, s'attaquant, sévère jusqu'à la cruauté, aux Juifs et aux protestants. Sans expérience politique, il se fie à ses neveux Carafa (nommés cardinaux) qui se révèlent être des voyous de haut vol. Ils seront expulsés de Rome pour leur conduite scandaleuse. Son austérité bornée et son intolérance ont rendu Paul IV si impopulaire qu'à sa mort, à 83 ans, des émeutiers jettent sa statue dans le Tibre et mettent le feu à la prison des inquisiteurs, qui manquent d'y périr du même châtiment que ceux qu'ils réservent aux hérétiques.

PIE IV (1559–1565)

Giovanni Angelo de Médicis, né à Milan en 1499 et fils d'un notaire (sans lien avec les Médicis de Florence) est le père de trois enfants naturels. L'un de ses frères ayant épousé une femme de la famille du pape, il est nommé cardinal par Paul III. Il faut près de quatre mois au conclave avant d'élire ce pape. Dès sa nomination, il fait arrêter et juger les frères Carafa, neveux de son prédécesseur, qui se sont rendus coupables de vols et d'assassinats ; deux d'entre eux sont exécutés. Avec son neveu Charles Borromée qu'il a nommé cardinal, il s'engagera hardiment dans la Contre-Réforme. Il s'indigne, notamment, quand la reine de France Catherine de Médicis promet l'amnistie aux calvinistes.

Le concile de Trente, suspendu depuis 1532, est rouvert en 1561. Les travaux reprennent jusqu'en 1563, date à laquelle sa clôture est prononcée. Les points essentiels du dogme y ont été examinés, les pratiques du culte réaffirmées et de nombreux décrets disciplinaires ratifiés, dont le célibat des prêtres, l'interdiction du cumul des évêchés, etc. La *Confession de foi tridentine* relative à l'affirmation de la foi catholique est publiée, ainsi qu'un *bréviaire* et un *missel romain*. Peu avant sa mort, à l'âge de 66 ans, un complot contre sa personne est découvert : il fait mettre à mort les conjurés. Il a, fidèle aux habitudes des papes de la Renaissance, encouragé les arts et protégé les universités, mais en levant de nouvelles taxes. Ces mesures ne l'ont pas rendu, lui déjà réputé sévère, plus populaire.

PIE V *(saint)* (1566–1572)

Né en 1504 dans une famille pauvre à Bosco Marengo, Michel Ghislieri, entré chez les Dominicains à l'âge de 14 ans, inquisiteur général en 1558, doit son élection au cardinal Charles Borromée. Cet ascète exècre le luxe et s'attaque sans ménagement aux mœurs dépravées des Romains : il chasse les courtisanes de la ville, force les cardinaux à la continence et assigne les évêques à résidence dans leurs diocèses. Ses associés — Borromée, les Jésuites, Philippe de Neri (fondateur de l'Oratoire) — le secondent parfaitement. Il met scrupuleusement en application les décisions du concile de Trente. En 1566, il achève le *Catéchisme* commencé sous Pie IV et destiné à aider le clergé dans la formation des laïcs. Ce texte restera longtemps le manuel de référence de l'Église. Il décrète un autre dominicain, saint Thomas d'Aquin, Père de l'Église. Politiquement, Pie V s'affronte à Philippe II d'Espagne qui voudrait assujettir l'Église à l'État. Il excommunie Élisabeth Iʳᵉ d'Angleterre, ce qui provoque la persécution des catholiques. En France, il encourage la lutte contre les huguenots, malgré le traité de Saint-Germain qui leur accorde la liberté du culte. En mai 1571, il suscite la formation de la Sainte Ligue contre les Turcs. La bataille de Lépante (7 octobre 1571) met fin à la légendaire invincibilité ottomane. Les peintres Vasari, Titien, Véronèse ont célébré cet exploit. En souvenir de l'événement, Pie V institue la fête de Notre-Dame-des-Victoires, que Grégoire XIII transformera en fête du Rosaire. Obsédé par la lutte contre l'hérésie, aussi pieux qu'intolérant, il meurt à l'âge de 68 ans. Clément X le béatifie en 1672, Clément XI le canonise en 1712.

GRÉGOIRE XIII (1572–1585)

Fils d'un marchand de Bologne, Grégoire XIII naît en 1502. À l'instar de son prédécesseur, il poursuit la réforme de l'Église catholique. Il fonde à Rome des collèges destinés à former des prêtres afin de lutter contre l'expansion du protestantisme. Il favorise l'essor des Jésuites et encourage les Oratoriens. En Espagne, Thérèse d'Avila réorganise les carmels féminins, dont Grégoire approuvera la règle en 1580. Jean de la Croix, de son côté, réforme ceux des hommes. Probablement trompé par des faux rapports de Catherine de Médicis, Grégoire XIII approuve la Saint-Barthélemy (24 août 1572) et organise des réjouissances publiques pour fêter le massacre. Puis il excite Philippe II contre l'Angleterre, ce qui provoque une nouvelle vague de répression anticatholique. Mais l'Angleterre (où il encourage des complots contre la reine Élisabeth Ire) restera anglicane, comme la Suède restera luthérienne. En revanche, en Inde, en Chine, au Japon, au Brésil…, les missions connaissent sous son impulsion un développement extraordinaire.

Les embellissements de Rome (où, parce qu'il exige trop d'impôts, la noblesse se soulève contre lui) continuent : achèvement de la basilique Saint-Pierre, édification de la chapelle grégorienne du Vatican, érection de nombreuses fontaines, décoration du Capitole par Michel-Ange et construction du palais Quirinal. On doit aussi à Grégoire XIII le remplacement du calendrier julien par le calendrier grégorien.

SIXTE V ou QUINT (1585–1590)

Porcher durant une enfance misérable, Felice Peretti, né en 1520 dans les environs d'Ancône, entre chez les Franciscains où, de prédicateur, il devient inquisiteur à Venise, où il se fait remarquer par sa sévérité. Nommé cardinal en 1570, il se retire des affaires et mime la sénilité pendant treize ans, afin d'être élu pape de transition par un conclave toujours politiquement divisé. Puis, élu à l'unanimité au trône pontifical, il jette le masque. Cet ancien franciscain inflexible et énergique commence par une violente campagne contre l'inceste, l'avortement, le proxénétisme, la sodomie et l'adultère. Il s'attaque aux brigands soutenus par la noblesse locale et tente de combler le vide des caisses pontificales. Contre les pirates des côtes d'Italie, il constitue une flotte de guerre. Il réorganise la Curie et fixe le nombre des cardinaux à soixante-dix, mesure toujours en vigueur. Sur le plan politique, il participe, contre l'Angleterre, au financement de l'Invincible Armada de Philippe II (qui la perdra au large des côtes d'Écosse). Après le meurtre d'Henri III roi de France, il félicite en public son meurtrier, le moine Jacques Clément, mais cherche ensuite à se rapprocher de la France, car il ne veut pas laisser à l'Espagne la totale domination de l'Europe. Protecteur des arts, il concourt à l'édification de nombreux monuments : fontaines, colonnes, l'aqueduc de l'Aqua Felice, l'obélisque de Caligula venu d'Héliopolis et la coupole de Saint-Pierre sur les plans de Michel-Ange. Surnommé le « pape de fer » en raison de son caractère entier, il meurt épuisé par les crises de malaria et les violents entretiens qu'il a eu avec l'ambassadeur d'Espagne au sujet de sa position nuancée à l'égard de la France, dont Henri IV, pourtant protestant, vient de prendre le trône. À l'annonce de sa mort, les Romains, qui l'exècrent, manifestent leur joie en abattant sa statue. Son pontificat a été qualifié de « soleil couchant de la papauté » : en effet, ses successeurs vont se livrer à l'Espagne et abandonner les rêves de grandeur et de suprématie des grands papes du Moyen Âge.

URBAIN VII (1590)

Élu avec le soutien espagnol, ce Romain né en 1521 a siégé pendant toute sa durée au concile de Trente. Il promet de ne pas favoriser sa famille et de soulager la misère du peuple romain, mais il n'a pas le temps d'exécuter ses projets. De constitution pourtant robuste, il est frappé par une crise de malaria la nuit qui suit son élection et meurt douze jours après, sans avoir pu être couronné.

GRÉGOIRE XIV (1590–1591)

Né près de Milan en 1535, il a suggéré, au concile de Trente, que les évêques résident dans leurs diocèses. Grégoire XIII le nomme cardinal. D'apparence maladive et chétive, sa piété ne compense pas son manque d'expérience politique. Il n'en est pas moins élu après un conclave long de deux mois, et à la suite de l'intervention menaçante du gouvernement espagnol. Aux ordres de l'Espagne, il excommunie Henri IV, toujours protestant mais roi (non encore couronné) de France — le clergé français fait brûler son arrêt par le bourreau. Travaillant alité, en raison de sa faiblesse, il tente d'améliorer le ravitaillement en vivres de Rome et de lutter contre le brigandage, tâche qu'il confie à son neveu, dont l'inefficacité ne fait qu'accroître le mal qu'il est censé combattre.

INNOCENT IX (1591)
De nouveau un pape qui ne fait que passer. Le cardinal italien, né à Bologne en 1519, est élu sous la pression espagnole, mais avec l'accord du clan opposé, qui, en raison de son âge (72 ans) et de sa santé fragile, ne voit en lui qu'un pape de transition. Une transition qui ne durera, en effet, que deux mois : Innocent IX prend froid après avoir voulu, bien que déjà malade, faire le pèlerinage des sept églises de Rome. Il en meurt quelques jours plus tard, sans avoir rien pu entreprendre, si ce n'est la division de son secrétariat en trois sections chargées de couvrir l'une la France et la Pologne, l'autre l'Italie et l'Espagne, la troisième l'Allemagne.

CLÉMENT VIII (1592–1605)
Né en 1536 d'un père avocat qui a dû fuir Florence en raison de son opposition aux Médicis, Ippolito Aldobrandini connaît une ascension rapide dans l'entourage pontifical, où il sait faire apprécier ses compétences de légiste. Son nom a été évoqué lors des trois conclaves précédant celui de son élection, où le clan espagnol, bien qu'il n'en soit pas, vote pour lui. C'est un savant, pieux, à la conduite jusqu'ici irréprochable, et, à 56 ans, en bonne santé apparente.
Élu, Clément VIII lève les condamnations prononcées contre le roi de France Henri IV, lequel, en effet, est passé au catholicisme (1595). Cet événement porte atteinte à l'hégémonie espagnole et Clément VIII a enfin les mains libres pour inter-

venir dans les affaires spirituelles françaises, si troublées par les guerres de Religion. François de Salles le seconde dans ses efforts pour la Contre-Réforme. Il reste toutefois prudent dans l'application, en France, des décisions du concile de Trente, surtout depuis la publication de l'édit de Nantes (1598) qui donne aux protestants la liberté du culte dans certaines villes.

Sous son pontificat est condamné et brûlé le dominicain Giordano Bruno, accusé d'avoir répandu une doctrine panthéiste. Clément VIII est un personnage ambigu, dont l'honnêteté ne peut être mise en doute, mais qui cède au népotisme, qui participe à des réunions de l'Inquisition, tout en restant très ouvert aux arts et à la littérature. Il compte parmi les papes mécènes de Rome, protège Le Tasse dont la *Jérusalem délivrée* est l'apogée de la Contre-Réforme. De nombreuses constructions et restaurations sont exécutées sur son ordre. Roland de Lassus lui dédie sa dernière création musicale : *Les Larmes de saint Pierre*. Le jubilé de Rome, qui a lieu sous son pontificat, provoque la venue de millions de pèlerins : l'ouverture de la Sainte Porte, le 31 décembre 1599, à Saint-Pierre, est suivie par quatre-vingt mille personnes !

LÉON XI (1605)

Alexandre de Médicis est né à Florence en 1535. Parent de Léon X et disciple de Philippe de Neri, légat en France auprès d'Henri IV, il est élu grâce au soutien de la France. Mais il a déjà 70 ans, et sa santé est fragile. Il s'enrhume en prenant possession de ses appartements et y meurt un mois après, ne laissant aucune trace dans l'histoire des papes. Il aura néanmoins accordé aux Romains la levée de quelques-unes des nombreuses taxes qui les accablent.

PAUL V (1605 –1621)

Né à Rome en 1552, il est, après avoir tenu des postes importants à la Curie, le premier des Borghèse à être élu au trône de saint Pierre. Ce diplomate a su, sur son nom, réconcilier les factions. Il est partisan de la neutralité entre l'Espagne et la France, à laquelle il contribue. Mais c'est d'Allemagne que vient la guerre, dite de Trente Ans. Ce conflit politico-religieux entre catholiques et protestants va déchirer l'Allemagne et mettre aux prises les grandes puissances européennes.

Paul V canonise Charles Borromée, qui s'est illustré dans le combat contre la Réforme, et interdit la peine de mort dans les procès de sorcellerie, mais c'est aussi sous son pontificat que la doctrine de Copernic est condamnée et que Galilée est interdit d'enseignement. Venise, jalouse de son indépendance, exclut les Jésuites de son territoire sans que Paul V puisse prendre contre elle des sanctions efficaces. C'est au cours d'une procession qui célèbre la défaite de l'électeur Frédéric V, roi de Bohême, à la tête de troupes calvinistes, que Paul V est victime d'une attaque. Comme ses prédécesseurs flamboyants de la Renaissance, il aura embelli Rome et favorisé outrageusement sa famille, en réservant les meilleurs postes à ses neveux. À sa mort, la famille Borghèse a, dans Rome, une puissance égale à celle des Orsini ou des Colonna.

GRÉGOIRE XV (1621–1623)

Né à Bologne en 1554, élevé par les Jésuites, Alexandre Ludovisi est un juriste ecclésiastique apprécié à Rome. Soutenu par le neveu du défunt Paul V, il est élu par acclamations (une fois pape, il instituera le vote au conclave à bulletin secret). Il a déjà 67 ans, et une santé fragile, mais il est unanimement apprécié pour sa réelle bonté.

En 1622, un an après son élection, il crée la congrégation de la Propagande, organe destiné à la propagation de la foi catholique en pays païens. À la même époque, il procède à la canonisation d'Ignace de Loyola (fondateur des Jésuites), de Thérèse d'Avila (fondatrice d'un couvent de carmélites), de Philippe Neri (fondateur de l'institut de l'Oratoire) et de François Xavier (jésuite espagnol missionnaire en Chine).

Il établit, pour le conclave, des règles qui resteront en vigueur jusque sous le pontificat de Pie X, au début du XXᵉ siècle. Son règne ne dure que deux ans, mais il marque le renouveau du catholicisme. À lui aussi, son népotisme a été reproché : il prit pour principal collaborateur son neveu, nommé cardinal à 25 ans, véritable maire du palais, qui, il est vrai, utilisa les richesses dont le couvrait son oncle pour embellir Rome et financer des œuvres de charité.

URBAIN VIII (1623–1644)

Né en 1568 dans une riche famille de marchands florentins, il fut élève des Jésuites. Aidé par un oncle membre de la Curie, le futur Urbain VIII se voit confier des missions diplomatiques, notamment auprès du roi de France Henri IV. Il est élu à l'âge de 55 ans par cinquante voix sur cinquante-cinq, et il règnera pendant vingt et un ans. Autoritaire, pénétré de ses fonctions, Urbain VIII, contrairement à son prédécesseur, ne délègue rien de son pouvoir, pas même à ses cardinaux.

Trois affaires marqueront son pontificat : la guerre de Trente Ans, le procès de Galilée et la condamnation de l'*Augustinus* de Jansénius. À propos de la guerre de Trente Ans, le pape, qui a tant bien que mal tenté d'observer la neutralité, est tour à tour considéré comme un traître par tous les belligérants, qui négocieront sans lui les traités de Westphalie. En ce qui concerne Galilée, pourtant son ami, il lance ses foudres contre le *Dialogue sur les deux principaux systèmes du monde* qui vient de paraître. L'ouvrage et son auteur — qui sera menacé de tortures par le tribunal de l'Inquisition — ne seront réhabilités qu'en 1822 ! L'*Augustinus* du théologien Jansénius, rédigé en 1628 et publié en 1640 après sa mort, où il pose le problème de la grâce (est-ce la grâce qui sauve l'homme, ou ses actions ?), est condamné l'année suivante.

Il accepte deux nouveaux ordres charitables, celui de la Visitation et celui des Lazaristes de saint Vincent de Paul, mais met fin à l'expérience d'un ordre féminin des Jésuites.

Urbain VIII est connu pour avoir révisé des livres liturgiques (martyrologe, rituel, bréviaire pontifical) et pour des hymnes et poèmes religieux de sa composition. Il a protégé durant son pontificat le compositeur Allegri. À la fin de sa vie, il succombera, comme beaucoup de ses prédécesseurs, à l'avidité de ses neveux : l'un d'entre eux l'impliquera dans une guerre contre Venise, Modène et la Toscane. Urbain VIII est battu, et les finances pontificales mises à mal. La population romaine, qu'il a beaucoup pressurée, se livre à des manifestations de liesse à l'annonce de sa mort.

INNOCENT X (1644–1655)

Ce pape est né dans la noblesse romaine en 1574. Son élection, après plus d'un mois de conclave, marque une rupture avec les options, jugées trop profrançaises, d'Urbain VIII. Innocent X est d'ailleurs un ennemi de Mazarin, mais il ménage le puissant cardinal qui a pris sous sa protection les neveux du précédent pape, poursuivis pour leur enrichissement aussi rapide que considérable.

Innocent X est un vieil homme (70 ans) taciturne et méfiant, lent à se décider et à agir, lui aussi sous la coupe de sa famille — Olympe Maidalchini, sa belle-sœur, est aussi ambitieuse que rapace, et rien ne se fait sans son accord. Cependant, il ne donnera pas à son fils un secrétariat d'État. Après des siècles de népotisme, Innocent X est le dernier pape à travailler en famille. Ses successeurs se passeront des services d'un cardinal-neveu pour diriger les affaires de la papauté, affaires qu'ils confieront à des ecclésiastiques, en théorie plus qualifiés.

En 1648, les traités de Westphalie consacrent, avec l'effondrement du pouvoir impérial, les gains acquis par les protestants et le droit, pour les souverains, d'imposer une confession religieuse à leurs sujets. Innocent X proteste et déclare nuls ces articles contraires aux principes du catholicisme, mais en vain : c'est la fin du catholicisme triomphant. L'Europe sera désormais coupée en deux, catholiques d'un côté, protestants de l'autre, et ce fossé religieux, puis culturel et économique, ira en s'accentuant, jusqu'aux bouleversements provoqués par la Révolution française, par la révolution industrielle ensuite, deux siècles plus tard.

Le jansénisme, malgré la condamnation d'Urbain VIII, est toujours solidement implanté. Par la bulle *Cum occasione* (1653), le pape anathématise les thèses de Jansénius. Mais cet acte reste sans effet et les disciples de Port-Royal redoublent d'activité. Innocent X meurt à l'âge de 81 ans, après un pontificat sans gloire. L'intrigante Olympia Maidalchini, avant d'être obligée de quitter le palais pontifical, fera main basse sur les objets de valeur, tandis que le corps du défunt restera à l'abandon pendant trois jours dans une resserre à outils...

ALEXANDRE VII (1655–1667)

Né à Sienne en 1599, inquisiteur à Malte, nonce à Cologne, représentant du pape aux traités de Westphalie, contre les conclusions desquels il proteste aussi énergiquement qu'en vain, il est choisi, après quatre-vingts jours de conclave, pour succéder à Innocent X, en dépit de l'opposition de Mazarin. Son premier acte après sa nomination à la tête de l'Église est de faire bannir Olympia Maidalchini, la belle-sœur abusive de son prédécesseur. En décembre, il reçoit en grande pompe la reine Christine de Suède qui vient d'abdiquer en faveur de son cousin et qui s'est convertie au catholicisme. Elle restera désormais à Rome, où elle mourra trente-quatre ans plus tard.

En 1656, comme son prédécesseur, il condamne pour la troisième fois les ouvrages de Jansénius, dont Pascal a pris la défense dans ses *Provinciales*. Puis survient l'affaire de la garde corse qui montre combien, depuis les traités de Westphalie, l'autorité du Saint-Siège s'est dégradée : à la suite d'une échauffourée, après boire, entre les Corses de la garde pontificale et les pages du duc de Créquy, ambassadeur de France, l'un des pages est tué et des coups de feu sont tirés contre les fenêtres de l'ambassade. En France, Louis XIV prend ce geste pour une insulte, chasse le nonce de sa cour, confisque à Alexandre III la ville d'Avignon et le comtat Venaissin. En outre, il exige la dissolution de la garde. Il faudra attendre le traité de Pise (1664) pour une réconciliation. Avec Venise, Alexandre VII est plus heureux : la ville autorise le retour des Jésuites ; en contrepartie, il finance des opérations militaires menées par le doge contre les Turcs. À Rome, il fait entreprendre par Bernin la colonnade de la place Saint-Pierre.

CLÉMENT IX (1667–1669)

Descendant d'une famille noble que la misère a contrainte à garder les moutons, Giulo Rospigliosi est né en 1600. Élevé par les Jésuites, il étudie la théologie à Pise et doit son ascension à Urbain VIII qui le nomme nonce en Espagne. Secrétaire d'État d'Alexandre VII, sa diplomatie est appréciée par Mazarin et Louis XIV. Lors du conclave, il réussit le tour de force de voir sa candidature appuyée par le clan français et par les représentants de l'Espagne, où il a laissé un bon souvenir, et par les cardinaux qui veulent une réconciliation entre Rome et Paris. Élu, Clément IX rompt résolument avec la tradition et cantonne sa famille dans des emplois modestes et peu rémunérateurs.

Avec les jansénistes, il passe un compromis, la « paix clémentine » (1669) qui apaise pour quelque temps la polémique. Cette paix est considérée toutefois comme un signe de faiblesse du pape car il se soumet aux pressions de Louis XIV, qui considère que le jansénisme menace l'unité religieuse de son royaume (où, d'autre part, il prépare, pour 1685, la révocation de l'édit de Nantes). La guerre de Venise contre les Turcs continue. Ils ont assiégé et pris Candie (Crète), au grand désespoir du pape qui s'est beaucoup dépensé pour libérer le monde chrétien du danger ottoman. Clément IX, 69 ans, meurt d'une attaque, peu après avoir reçu ces mauvaises nouvelles (selon une rumeur, ce serait plutôt d'intempérance alimentaire qu'il se serait éteint).

CLÉMENT X (1670–1676)

Il y a peu à dire de ce pontife né à Rome et élu à l'âge de 80 ans qui, du reste, délègue une partie de ses pouvoirs au cardinal Antonio Paluzzi, son neveu. Il renoue avec une fâcheuse tradition, d'autant que le neveu s'empresse de faire main basse, pour lui et sa famille, sur les charges et offices. Dans le même temps, Louis XIV tente d'étendre les droits régaliens à l'ensemble de la France. Cette réglementation (qui autorise le roi à toucher les revenus d'un évêché en vacance de siège et d'y contrôler certains postes) prendra son plein effet en 1693, après un long conflit avec la papauté. Clément X canonise Gaétan de Thiène, fondateur de l'ordre des Théatins, la Péruvienne Rose de Lima, première sainte d'Amérique du Sud, et François Borgia, général des Jésuites et petit-fils d'Alexandre VI.

INNOCENT XI *(bienheureux)* **(1676–1689)**

Après deux mois de conclave, Innocent XI est choisi à l'unanimité. Né à Côme en 1611, dans une riche famille de négociants, élève des Jésuites puis docteur en droit, il entre au service du pape Urbain VIII qui le nomme contrôleur financier. Innocent X le fait cardinal, légat à Ferrare et évêque à Novare ; dans ces deux villes, il déploie beaucoup d'énergie à soulager la famine qui frappe ses administrés. Charitable et pieux, il est le premier étonné d'avoir été choisi et n'accepte son élection que lorsque les cardinaux ont approuvé un programme de réforme qu'il a rédigé pendant le conclave.

En 1678, l'affaire des droits régaliens née sous Clément X est à son apogée. Innocent XI s'oppose aux prétentions du roi de France qui réunit alors une assemblée extraordinaire (1682) au terme de laquelle est publiée la déclaration des Quatre Articles. Dans cette déclaration sont définis les droits de l'Église gallicane face au Saint-Siège. Le pape la déclare nulle, et refuse de ratifier la nomination d'évêques effectuée par Louis XIV — en 1688, trente-cinq évêchés seront vacants pour cette raison. En 1685 est promulguée la révocation de l'édit de Nantes, qui enlève aux protestants tous les avantages accordés par Henri IV ; Louis XIV espère ainsi, par son zèle, amadouer le pape. C'est l'inverse qui se produit : Innocent XI dénonce la brutalité avec laquelle sont traités les protestants français. L'année suivante, il refuse de recevoir l'ambassadeur de France et, en 1688, il informe secrètement Louis XIV et ses ministres qu'il les a excommuniés. Les troupes de Louis XIV investissent les propriétés du pape en Avignon…

L'intervention de Fénelon, évêque de Cambrai, et l'avènement, sur le trône d'Angleterre, de Guillaume d'Orange, ennemi de Louis XIV, évitent le schisme. Lorsque Jacques II d'Angleterre demande au pape de l'aide pour récupérer le trône que lui a ravi le protestant Guillaume d'Orange, Innocent XI répond qu'il ne peut rien faire, toute son énergie ayant été mobilisée par sa querelle avec Louis XIV.

En 1687 éclate l'affaire des franchises (droit d'asile). Les ambassades, à Rome, sont devenues des lieux où peuvent s'établir sans encombre toutes sortes de hors-la-loi. Là encore Louis XIV et le pape s'affrontent, car la police pontificale a poursuivi des malfaiteurs qui se sont réfugiés dans le quartier français. Mais Innocent XI temporise, afin d'éviter le schisme. En Autriche, le 12 septembre 1683, le roi de Pologne Jean Sobieski et le duc Charles de Lorraine écrasent les Turcs sous les murs de Vienne. Puis les victoires d'Ofen et de Belgrade, en 1686, sonnent le déclin de l'Empire ottoman. Innocent XI, qui voit dans cet événement la résurrection de la puissance chrétienne, institue la fête du nom de Marie pour en marquer le souvenir.

Innocent XI meurt à 78 ans. Son austérité aura pesé, de son vivant, aux Romains, mais ceux-ci, une fois qu'il est mort, entreprennent de lui vouer un culte qui aboutira à sa béatification par Pie XII en 1956.

ALEXANDRE VIII (1689–1691)

Descendant d'une famille vénitienne récemment ennoblie, né en 1610, Pietro Ottoboni, après des études brillantes, devient juge au tribunal du Saint Siège (*Rota*) puis, après avoir été évêque de Brescia, il sera grand inquisiteur de Rome. Élu pour dénouer l'imbroglio franco-romain, il doit, après des conciliations mutuelles (le droit d'asile est revu à Rome, le comtat Venaissin évacué par Louis XIV...), condamner le gallicanisme. Pour lutter contre les Turcs, il transfère à Venise les galères, troupes et subsides que son prédécesseur avait offerts à l'empereur Léopold I. Mais sa mort, à 81 ans, après un an de règne seulement, l'empêche de mener sa politique à terme. Grand mécène, auteur d'un opéra, il a été l'ami de Haendel. Populaire dans ses États pour y avoir réduit les impôts, il a, dans la grande tradition pontificale, nommé l'un de ses neveux cardinal à 20 ans, et l'autre secrétaire d'État, nominations accompagnées de bénéfices lucratifs.

INNOCENT XII (1691–1700)

Aristocrate napolitain né en 1615, élève des jésuites de Rome, Antonio Pignatelli a été nonce en Toscane, en Pologne et à Vienne, puis archevêque de Naples. Il est élu après un conclave de cinq mois au cours duquel clans français et impériaux se sont affrontés. Innocent XII est un homme discret, réputé dévoué et charitable. Il est décidé à réformer l'administration des États pontificaux, et à y faire exercer une justice moins partiale. Un certain nombre de mesures sont prises aussi pour relever la discipline dans les ordres religieux. En 1692, par la bulle *Romanum decet pontificem*, Innocent XII interdit, comme beaucoup de papes l'ont fait avant, la pratique du népotisme. Puis il réconcilie la papauté avec Louis XIV, et condamne les *Maximes des saints* de Fénelon pour ses tendances quiétistes (attitude proche du mysticisme, prônant la recherche de la familiarité de l'âme avec Dieu dans l'abandon du « pur amour »).

En 1797, le prince Eugène remporte sur les Turcs la victoire de Zenta et, deux ans plus tard, est signé le traité de Karlowitz par lequel les vaincus abandonnent la Podolie, une partie de l'Ukraine, la Dalmatie, la Transylvanie et la presque totalité de la Hongrie. C'est, pour l'Empire ottoman, le début de la fin, et pour le pape, qui n'aura plus à aider financièrement et militairement les croisades antiturques, une économie importante. Innocent XII, à 85 ans, meurt en 1700. La même année meurt le roi d'Espagne Charles II, sans descendance, ce qui va provoquer, entre Français et Impériaux, une nouvelle guerre, dite de Succession d'Espagne.

CLÉMENT XI (1700–1721)

Issu d'une famille aristocratique d'Ombrie, né à Urbino en 1649, Giovanni Francesco Albani fait pratiquement toute sa carrière au sein de la curie romaine. Ordonné prêtre au lendemain de son élection, il est choisi après quarante-six jours de conclave par les cardinaux qui, las des oppositions entre Français et Impériaux, veulent un pape apolitique, uniquement préoccupé des intérêts de l'Église.

Louis XIV, qui doit faire face aux difficultés de la guerre de Succession d'Espagne, accorde à Clément XI d'importantes concessions concernant le gallicanisme. En retour, Clément XI se prononce pour la succession française sur le trône de Charles II. Philippe V va inaugurer le règne des Bourbons en Espagne, tandis que les Impériaux, qui ont tenté de reconstituer l'empire hispano-allemand de Charles Quint, mobilisent contre la France les puissances européennes. Clément XI, pendant toute la durée du conflit (1701-1714), se révélera, sous prétexte de neutralité, incapable de trancher, affaiblissant ainsi son autorité : le royaume de Prusse sera proclamé malgré sa protestation (1713), et le duc Victor II de Savoie fera main basse sur la Sicile (1713-1718), théoriquement sous protectorat pontifical.

Pendant cette période, conséquence de la révocation de l'édit de Nantes, éclate la révolte des camisards menée par Jean Cavalier, jusqu'en 1710. Par ailleurs, la lutte se prolonge à Paris contre les jansénistes. En 1713, la bulle papale *Unigenitus* qui les condamne une nouvelle fois, divise la France catholique, et plusieurs évêques demandant la réunion d'un concile qui ne sera jamais tenu. Les adversaires des jansénistes, les Jésuites, sont eux aussi condamnés pour avoir, en Chine, contrairement aux missionnaires dominicains, toléré des « pratiques idolâtres », comme le culte des ancêtres. Cela provoquera des persécutions de chrétiens et la fermeture des missions... Clément XI meurt à l'âge de 71 ans, après un règne de vingt ans, au cours duquel le rôle politique du pape s'est définitivement estompé.

INNOCENT XIII (1721–1724)

Fils d'un duc dont la famille descend d'Innocent III, né à Palestrina en 1655, élève des Jésuites à Rome, nonce en Suisse et au Portugal, Innocent XIII est élu pape à l'unanimité moins une voix, la sienne. Il poursuit le travail de son prédécesseur contre les jansénistes et les Jésuites. Bon diplomate, il tente de maintenir l'équilibre entre les différentes puissances d'Europe, nommant cardinal, pour être agréable au régent de France Philippe d'Orléans, son conseiller Guillaume Dubois, pourtant réputé corrompu. Déjà malade lors de son élection, il meurt à 69 ans. En deux ans de règne, il aura eu le temps de faire de son frère un cardinal, mais craignant l'accusation de népotisme, il limita ses revenus, conformément au décret d'Innocent XII.

BENOÎT XIII (1724–1730)

Fils du duc de Gravina (dans les Pouilles), né en 1649, Pietro Francesco Orsini compte, dans sa famille, les papes Célestin III et Nicolas III. Malgré les réticences de sa famille, il renonce à son héritage et entre chez les Dominicains. Il est nommé, contre son gré, cardinal par Clément X, dont la nièce a épousé son frère. Évêque de Bénévent, il vit comme un simple moine, entièrement occupé à ses devoirs sacerdotaux. Après deux mois de conclave, les clans français et impériaux, de guerre lasse, choisissent à l'unanimité cet ascète dont l'humilité n'a d'égale que la piété — qui ne quittera jamais sa robe de bure.

Pour lutter contre les mauvaises mœurs, il fait fermer tous les lieux de débauche dans Rome, et interdit les loteries, pourtant source de revenus non négligeables dans les États pontificaux. Incapable d'assumer sa charge, il confie le pouvoir pontifical au cardinal Niccolo Coscia, un aventurier qui se livre à toutes sortes d'exactions, que, à la mort de Benoît XIII, les Romains obligeront à s'enfuir après avoir échappé de peu à un lynchage. En 1732, il sera arrêté, dépouillé de toutes ses dignités, accusé d'être un faussaire et un maître chanteur et emprisonné pendant dix ans au château Saint-Ange.

Durant les cinq ans de règne de Benoît XIII, il ne se passe rien, ou presque : le duc de Savoie accentue son emprise sur la Sicile, la bulle *Unigenitus* est une nouvelle fois confirmée, ce qui relance la controverse entre l'Église et les jansénistes. Jean de la Croix (mystique espagnol qui a réformé les carmes, contemporain de sainte Thérèse d'Avila) est canonisé sous son pontificat. Mort à 81 ans, Benoît XIII, une fois oubliés les abus de son protégé Coscia, laissera le souvenir d'un pape modeste et bon.

CLÉMENT XII (1730–1740)

Né en 1652 dans une noble famille florentine qui s'est enrichie dans le négoce, Lorenzo Corsini, à la mort de son père, renonce à son héritage et entre à la Curie, où il fait carrière comme nonce, trésorier… Son nom, lors de précédents conclaves, est à plusieurs reprises évoqué. Il est enfin élu après un conclave de quatre mois particulièrement tendu, à l'âge de 78 ans. C'est le premier pape qui s'installe au palais du Quirinal. Il sera imité par ses successeurs pendant un siècle. Dans les séminaires, il recommande aux futurs prêtres l'étude de la philosophie pour faire face à l'expansion du déisme qu'enfante le « siècle des Lumières ». Il condamne les convulsionnaires jansénistes (1734), canonise Vincent de Paul, adversaire des jansénistes, condamne la franc-maçonnerie, dont les loges commencent à se multiplier, (1738) et interdit à ses administrés des États pontificaux d'y adhérer.

Il a — c'est une tradition — nommé cardinal son neveu Neri Corsini, bien qu'il n'ait pas les compétences requises pour diriger les États pontificaux. Il réautorise les loteries, fait d'Ancône un port franc pour stimuler le commerce et l'industrie. Le déclin de l'influence temporelle de l'Église se confirme, même si Clément XII entretient le dessein d'évangéliser le monde, et envoie pour cela des capucins au Tibet. Avec la fortune familiale, et l'argent des loteries, il embellit Rome (fontaine de Trévise, façade de Saint-Jean-de-Latran...). Malade, constamment alité, il meurt à l'âge de 88 ans.

BENOÎT XIV (1740–1758)

Né à Bologne en 1675 dans une famille noble, mais pauvre, Prospero Lambertini connaît une ascension rapide au sein de la Curie. Après un conclave de six mois (le plus long des Temps modernes), cet homme conciliant, cultivé, doué d'un sens politique aigu, est élu. Un choix heureux, car le nouveau pape est adapté à son époque. Ainsi se lie-t-il avec Frédéric de Prusse, bien qu'il soit le chef d'un État protestant. On lui doit la reconnaissance des mariages entre catholiques et protestants. Comme Innocent XIII, il condamne l'action des Jésuites en Extrême-Orient et rejette toute adaptation de la liturgie romaine aux traditions locales. Il calme le sombre zèle de l'Inquisition, fait réviser l'*Index* (liste des ouvrages interdits), limite les taux d'usure, diminue les fêtes ostentatoires du haut clergé romain et encourage les sciences.

S'il signe encore des concordats avec la Sicile (1741), la Sardaigne (1742) et l'Espagne (1753), son autorité temporelle n'en est pas moins fortement ébranlée. Il laisse à sa mort de nombreux écrits dont un *Traité de canonisation*. Il crée une chaire de mathématiques et une chaire de chimie à l'université pontificale. Après un brillant pontificat de dix-sept ans, celui que Catherine de Russie a surnommé « l'homme sage » s'éteint à 83 ans. Le romancier anglais Horace Walpole le décrira comme « un prêtre ni insolent ni vide, un prince sans favorites, un pape sans neveux ».

CLÉMENT XIII (1758–1769)
Né à Venise en 1693 dans une famille de riches négociants, le pontificat de Clément XIII sera dominé par la question jésuite. Faut-il interdire la Compagnie de Jésus, à laquelle son organisation et son efficacité ont suscité de nombreux ennemis, y compris au sein des États, qui voient en elle une milice papale d'autant plus dangereuse qu'elle a pris en charge l'éducation des futures élites, et qu'elle s'immisce dans la haute politique. Homme doux mais indécis, peu ouvert, contrairement à son prédécesseur, aux idées modernes (il met à l'*Index* des ouvrages de Montesquieu et de Voltaire), Clément XIII délègue une partie de ses pouvoirs à son secrétaire d'État, pro-jésuite. Cependant, l'ordre est expulsé du Portugal (1759). En France, gallicans et jansénistes exigent les mêmes mesures et le mouvement tend à s'étendre en Europe.
Devant cette réaction, le pape prend leur défense dans la bulle *Apostolicum pascendi* (1765). Mais l'affaire ne fait que débuter, et connaîtra son dénouement durant le pontificat suivant. Clément XIII continue, à Rome, la politique des grands travaux, tout en demandant, par excès de pudibonderie, que les nudités des fresques de la chapelle Sixtine soient recouvertes d'un voile, et que les artistes, sculpteurs ou peintres, s'abstiennent désormais de déshabiller leurs sujets, même mythologiques…
Il meurt à l'âge de 76 ans, après un pontificat de dix ans, au moment où la France et l'Espagne exigent la totale dissolution de la Compagnie de Jésus.

CLÉMENT XIV (1769–1774)
Né près de Rimini en 1705, fils d'un médecin, entré chez les Franciscains à 17 ans, frère Lorenzo refuse d'être le général de l'ordre, sans doute pour mieux poursuivre sa carrière au

sein de la Curie. Il est élu, mais ne promet pas de dissoudre les Jésuites, tout en reconnaissant que cette dissolution est, selon le droit canonique, possible, et non sans avantages : bel exercice jésuistique, de la part d'un adversaire franciscain ! Contrairement à son prédécesseur, cet homme réservé, qui apprécie la musique, la poésie et la littérature, délègue peu, préférant travailler seul, et tenant peu compte des suggestions de ses cardinaux, quand il les leur demande. Le 21 juillet 1773, il se résigne à signer, sous la pression des cours d'Europe, le fameux bref *Dominus ac redemptor* qui prononce la dissolution de la Compagnie de Jésus. Le général de l'ordre et incarcéré au château Saint-Ange ainsi que ses proches collaborateurs. Les autres sont chassés. Paradoxalement, seules la Prusse luthérienne et la Russie orthodoxe s'en abstiennent !

Clément XIV, âgé alors de 69 ans, a une triste fin de règne : dépressif, il meurt enfermé dans ses appartements, persuadé qu'on veut l'assassiner. La rapide décomposition de son corps entretiendra, malgré les dénégations de ses médecins, la rumeur selon laquelle il a été empoisonné — par les Jésuites, bien sûr ! N'a-t-il pas confié à son entourage, peu avant de signer le bref fatal à la Compagnie de Jésus : *Cette suppression me donnera la mort* ?

PIE VI (1775–1799)

Né en Émilie, en 1717, dans une famille d'aristocrates désargentés, Giannangeli Braschi fait sa carrière à la Curie, où ses talents de diplomate sont appréciés. Élu après un conclave de cent trente-quatre jours, les antijésuites pensent qu'il va continuer la politique de son prédécesseur ; les projésuites croient qu'il va la modifier. Pie VI, fier de sa prestance (les Romains l'ont surnommé *Il Papa bello*), rétablit les fastes du protocole et renoue avec le népotisme, faisant bâtir le palais Braschi pour son neveu et accordant des charges substantielles aux membres de sa famille.

Dans les débuts de son pontificat, Pie VI s'attache à condamner les idées nouvelles. Pour lutter contre l'*Encyclopédie*, il fait appel aux Frères des écoles chrétiennes. Ses rapports avec l'empereur Joseph II d'Autriche, qui cherche à affaiblir

le Saint-Siège, sont courtois mais tendus. L'évidence est là :
le pape n'a plus aucun pouvoir, alors que, au Moyen Âge, le
pape pouvait laisser pendant trois jours un empereur debout
dans la neige de Canossa.

Quand éclate la Révolution française, Avignon et le comtat
Venaissin sont occupés et les biens ecclésiastiques déclarés
biens nationaux. Sans rompre avec la France, Pie VI accueille
les prêtres réfractaires après la proclamation de la Constitution civile du clergé (1790). Après l'échec de la chouan-
nerie vendéenne, qu'il a soutenue, il doit reconnaître la
République française. Pendant la campagne d'Italie, le Direc-
toire fait envahir le territoire pontifical ; le pape doit signer
le désastreux traité de Tolentino (1797) qui réduit considérablement ses domaines. L'ambassadeur de France à Rome,
le général Duphot, ayant été assassiné (1797), le général
Berthier envahit la ville et y proclame la République. Pie VI
se réfugie à Florence puis, bien que malade, il est emmené
prisonnier en France. Il meurt à Valence (Drôme) en 1799,
âgé de 81 ans, après un pontificat de vingt-quatre ans et six
mois, l'un des plus longs de l'histoire. Bonaparte fera plus
tard transporter ses restes à Saint-Pierre.

PIE VII (1800-1823)

Né en Émilie en 1742, dans la noblesse locale, entré chez les
Bénédictins à 14 ans, frère Grégoire, professeur de théologie
à Parme, puis à Rome, est nommé évêque de Tivoli, puis fait
cardinal par Pie VI. Ouvert aux idées modernes, il déclare,
dans son sermon de Noël 1797 que le christianisme n'est pas
incompatible avec la démocratie. Élu car à l'écart de tous les
clans, et en un moment périlleux pour la papauté, qui a
besoin d'un homme de talent pour la relever, Pie VII — qui a
pris pour secrétaire d'État le cardinal Consalvi, qui saura tenir
fermement l'administration de l'Église dans des moments
périlleux pour elle — signe avec Paris le concordat du 15
juillet 1801 : rétablissement du culte aboli pendant la
Terreur ; accord sur la nomination des évêques, ce qui l'oblige
à déposer un certain nombre de prélats « anticoncordaires ».
Bonaparte fait alors voter les lois organiques qui mettent le
clergé dans la pure lignée du gallicisme. Pie VII proteste

mais se rend quand même, malgré les réticences du cardinal Consalvi, à la cérémonie du sacre, le 2 décembre 1804, à Notre-Dame de Paris, où le Premier consul se montre plein d'égards pour lui, mais se couronne lui-même — aucun empereur n'avait osé le faire jusque-là !

Plus tard, Pie VII refuse de s'associer au Blocus continental. Napoléon s'empare de Rome et des États pontificaux (1809). Pie VII excommunie les spoliateurs. En réponse, il est conduit de force à Fontainebleau, où l'empereur obtient la signature d'un nouveau concordat, dans lequel Pie VII renonce à sa souveraineté temporelle et accepte de résider en France. Le pape se rétracte peu après, et seuls les événements de 1814 le sauvent de la colère impériale. Rentré à Rome avant les Cent-Jours, il obtient du congrès de Vienne la restitution des domaines du Saint-Siège, hormis Avignon. Réinstallé dans la capitale italienne, il rétablit l'ordre des Jésuites (1816).

Après la chute de Napoléon, il intercède auprès des nations victorieuses en faveur du captif de Sainte-Hélène et accueille sa famille à Rome, se refusant à toutes représailles politiques ou vengeances personnelles. L'un de ses derniers actes est la condamnation du carbonarisme, société secrète républicaine qui s'agite dans la péninsule. Il meurt à 81 ans des suites d'une chute dans laquelle il s'est fracturé le col du fémur. Sa ténacité face à un Napoléon arrogant, puis sa générosité lorsqu'il a été vaincu, sa bonté et sa piété ont marqué ses contemporains, et rendu un peu de son éclat à la papauté.

LÉON XII (1823–1829)

Né près de Spolète en 1760, secrétaire privé de Pie VI, nonce à Cologne puis chargé de plusieurs missions diplomatiques — notamment à Paris auprès de Napoléon —, il est élu après un mois de conclave par les conservateurs qui veulent rompre avec la politique de Pie VII, qui a surtout été celle de son secrétaire d'État, le cardinal Consalvi.

Léon XII est un homme rigoureux, d'une grande hauteur morale, mais peu enclin au commandement et à l'initiative. Son pontificat est marqué par une vive réaction contre les idées progressistes : il condamne la tolérance, la franc-maçonnerie, les carbonari, qui travaillent à l'édification d'une

Italie laïque contre la Sainte-Alliance entre Rome et l'Autriche, augmente les mises à l'*Index*, renforce le Saint-Office (Inquisition) et proclame 1825 année sainte, pour expier les péchés de la Révolution. La réaction se fait sentir aussi dans l'administration des États redevenus pontificaux, où tous les progrès que Consalvi avait apportés sont abolis, avec un retour à une aristocratie aussi suffisante que dépensière, à des impôts aussi injustes que lourds pour la bourgeoisie ; le clergé, comme la police, surveillent les faits et gestes, et, à la moindre incartade ou dénonciation, distribuent amendes et peines d'emprisonnement. Les États pontificaux sont devenus les plus arriérés dans une Europe pourtant en pleine fièvre rétrograde.

Toutefois, Léon XII finit par calmer le zèle conservateur de son entourage, et rappelle Consalvi. Il signe des concordats avec plusieurs pays et entreprend de diminuer les impôts. Il n'en meurt pas moins, à l'âge de 69 ans, profondément impopulaire.

PIE VIII (1829-1830)

Né près d'Ancône en 1761, Francesco Saviero Castiglione, qui, évêque, a connu la détention pour avoir refusé d'obéir au régime napoléonien est élu par les modérés après cinq semaines de conclave, en dépit de son mauvais état de santé. Léon XII ayant souhaité l'avoir pour successeur, sa volonté est donc respectée. Il pratique la même politique que son prédécesseur, condamnant une nouvelle fois les sociétés secrètes, et le libéralisme. Homme d'une grande probité, il est si scrupuleux qu'il fait interrompre le procès en cours, qui vise à élever saint Bernard à la dignité de docteur de l'Église, lorsqu'il apprend qu'il appartient à la même famille que le fondateur de Clairvaux. Aucun événement particulier ne marque son pontificat de vingt mois. Il meurt à 69 ans.

GRÉGOIRE XVI (1831-1846)

Né en Vénitie en 1765, membre de l'ordre érémitique des Camaldules, professeur de philosophie, élu vice-général de son ordre en 1826, il est désigné pape, après un conclave de cinquante jours, par les conservateurs et avec le soutien de

Metternich, chancelier d'Autriche, partisan de l'absolutisme. Ainsi fait-il, dès qu'il occupe la chaire de saint Pierre, appel à l'Autriche pour réprimer les désordres qui, de France, ont gagné les États pontificaux (1831). L'esprit révolutionnaire a éclaté à Modène et a gagné les autres villes.

La révolution écrasée, Grégoire reprend la tâche de Léon XII en s'engageant dans le courant réactionnaire hostile aux idées nouvelles et aux libertés populaires. En France, il sanctionne la doctrine de Lamennais et son journal *L'Avenir* auquel collaborent Lacordaire et Montalembert : il leur reproche un christianisme libéral favorable à une séparation de l'Église et de l'État. Malgré cette condamnation, le libéralisme chrétien, qui tente de répondre aux problèmes posés par la révolution industrielle, continuera à se répandre.

Sous le pontificat de Grégoire XVI, de grands efforts missionnaires sont réalisés aux colonies, où la traite des Noirs est sévèrement condamnée : l'Église cherche à conquérir dans le monde le terrain qu'elle a perdu en Europe. Ses contemporains reprochent d'ailleurs au pape le peu de soutien accordé aux patriotes catholiques massacrés par les troupes russes qui ont annexé la Pologne. À Rome, Grégoire XVI encourage les arts (mais pas la science) et crée un jardin botanique et un musée étrusque. Homme enjoué, fidèle à la simplicité monacale de ses débuts, mais d'esprit étroit et incapable de comprendre le monde qui l'environne, il meurt à 81 ans, d'un cancer du poumon — il n'a jamais caché son goût pour les tabacs forts.

PIE IX (1846–1878)

Fils d'un comte de la ville d'Ancône, né en 1792, Giovanni Maria Mastali Ferretti, que des crises d'épilepsie ont empêché d'être soldat, est élu, après un conclave de deux jours, sur sa réputation de libéral. Il aura le plus long règne dans l'histoire des papes : trente et un ans et huit mois ! Dès qu'il est parvenu au trône de saint Pierre, il fait publier un décret d'amnistie rendant la liberté aux prisonniers politiques.

En Italie, les sociétés secrètes sont légion. Lorsque la révolution de 1848 éclate à Paris, les Romains, entraînés par Mazzini, suivent son exemple ; mais le pape ayant refusé de les soutenir contre l'occupant autrichien, la République romaine est proclamée (6 février 1849), tandis qu'il doit s'enfuir de Rome, et se réfugier à Gaète. Les Français interviennent et Napoléon III, nouvel empereur, chasse Garibaldi et ses insurgés. Puis il établit une armée d'occupation à Rome. En 1859, les défaites autrichiennes sont suivies de l'occupation d'États de l'Église (Romagne, Marches, Ombrie) par les Italiens du roi de Piémont-Sardaigne.

Le dogme de l'Immaculée Conception, renforcé quelques années plus tard par les apparitions de Lourdes, est proclamé en 1854. Le 18 juillet 1870, le concile œcuménique de Vatican I définit le dogme de l'infaillibilité du pape. Le lendemain, la guerre franco-allemande provoque le départ des troupes françaises de Rome, aussitôt envahie par les soldats italiens. En décembre, la ville est déclarée capitale du royaume d'Italie. L'indépendance est accordée au pape. Mais il ne lui reste plus que le Vatican, Sainte-Marie-Majeure et le palais de Castel Gandolfo. Une rente lui est proposée, qu'il refuse, se considérant comme « prisonnier » au Vatican.

Strictement antimoderne, comme en témoignent son encyclique *Quaranta cura* et son complément *Syllabus* (1864), il pourfend, lui l'ancien libéral, ce qu'il appelle les « erreurs du siècle » : libéralisme, nationalisme, socialisme, laïcisme…, et ne lâche plus ce combat, jusqu'à sa mort. *Je suis la pierre*, aime-t-il à répéter, *je reste où je tombe*.

Franz Listz est son ami. Rossini et Gounod ont composé des hymnes en son honneur. Lui-même excelle au violon. Il a institué la fête du Sacré-Cœur et fondé l'*Osservatore romano*. Il meurt à 86 ans, dernier pape d'une Église temporelle, désormais divisée entre conservateurs et libéraux.

LÉON XIII (1878-1903)

Né à Rome en 1810 dans une famille de petite noblesse, maintenu trente ans dans son évêché de Pérouse par Pie IX, il est élu au troisième tour à sa succession. Conscient que c'est à la papauté de s'adapter au temps présent et non l'inverse, il tente d'établir un dialogue avec toutes les nations, tous les régimes, même s'il maintient sa conviction profonde, à savoir que le pouvoir ne vient pas des hommes, mais de Dieu, et que, par conséquent, les démocraties sont bâties sur de mauvaises bases.

Les mesures prises par Bismarck contre le parti catholique, plus connues sous le nom de *Kulturkampf* (1885), cessent sous son pontificat. Aucun pape n'a publié autant d'encycliques. Il y traite de questions aussi variées que celles des dangers du socialisme, des problèmes que pose le pouvoir civil, de la politique chrétienne dans l'État chrétien (*Rerum novarum*). Tout y est étudié sous l'angle de la dignité humaine face au matérialisme. Y sont passés en revue la liberté, les devoirs du citoyen chrétien et même la question ouvrière, pour laquelle il revendique des salaires décents et de meilleures conditions de travail. Il se considère, du reste, comme le pape des ouvriers.

Ennemi du militarisme, il préconise l'idée d'un tribunal d'arbitrage. Il a été surnommé le « pape de la paix ». Ami des lettres et des sciences, il ouvre aux savants les archives du Vatican, fait rééditer les œuvres de saint Thomas d'Aquin et fonde une académie pour répandre sa doctrine. Homme d'une grande piété, il a rehaussé, en vingt-cinq ans de règne, le prestige de la papauté. Il meurt, à 93 ans, sans avoir réussi à endiguer l'anticléricalisme naissant en Europe.

PIE X *(saint)* (1903–1914)

Ce fils d'une couturière et d'un facteur, né à Trévise en 1835, est le deuxième d'une famille de dix enfants. Évêque de Mantoue et patriarche de Venise, il n'a pas la culture de ses prédécesseurs mais, élu au septième tour malgré le veto de l'empereur d'Autriche, qui a indisposé jusqu'à ses adversaires, il s'annonce immédiatement comme un réformateur : formation poussée des séminaristes, remaniement de la Curie, du bréviaire, de la musique religieuse. Il fonde le Conservatoire de musique sacrée à Rome et encourage le retour au chant grégorien.

En 1907, il publie contre le modernisme l'encyclique *Pascendi dominici* où il condamne l'agnosticisme et ses risques de dérive dans l'athéisme et le panthéisme. Il s'attaque plus précisément à l'exégèse, cette « science de la religion » mise en avant par le protestantisme. Il fait aussi établir un code

INNOCENT VIII (1484–1492)

Fils d'un sénateur romain, né à Gênes en 1432, ce protégé des Borgia a eu, avant d'entrer dans les ordres, une conduite scandaleuse ; on lui attribue sept enfants naturels qu'il placera mieux que des fils de rois (l'un de ses fils épousera la fille de Laurent le Magnifique, dont il nommera le fils de 13 ans cardinal). Comme le dira Gilles de Viterbe, Innocent VIII est le premier des pontifes à étaler ses fils et ses filles : *Le premier il célébra officiellement leurs noces ; le premier il fit de leurs hyménées une cérémonie de famille*. Avec lui, évidemment, pas de réforme religieuse ! Il lutte contre Naples avec l'aide du roi de France, fait publier un décret obligeant tous les Juifs d'Espagne à choisir entre la conversion ou l'exil, vend enfin les charges de la Curie pour se procurer de l'argent.

Comme ces prédécesseurs, il évoque une croisade contre les Turcs mais il est, comme eux, incapable de mobiliser les chefs de la chrétienté. Le 2 janvier 1492, la ville de Grenade est prise : c'est la fin de la domination maure en Espagne. Sur les mers, la même année, Christophe Colomb découvre l'Amérique. Ce pape affable, d'aspect maladif, n'a pas su rétablir l'ordre dans les États pontificaux, livrés à l'anarchie. Il meurt à l'âge de 60 ans.

ALEXANDRE VI (1492–1503)

Rodrigue Borgia, neveu de Calixte III, est celui par qui le scandale arrive. Né en 1431 près de Valence, il est nommé cardinal à 35 ans par son oncle maternel qui veille sur sa carrière. À 61 ans, il est élu pape à l'unanimité (il aurait acheté son élection), en dépit des avertissements répétés que lui ont lancés ses prédécesseurs. Car le cardinal Rodrigue aime les femmes, s'affiche avec elles, et leur fait des enfants illégitimes qu'il ne cache pas, bien au contraire. On murmure même qu'il entretient des rapports incestueux avec sa fille Lucrèce — c'est une calomnie — et l'on affirme qu'il pratique un népotisme effréné, ce qui est incontestable. Ainsi nomme-t-il cardinal (à 16 ans) César, son fils préféré (et son peu scrupuleux principal exécutant), et partage-t-il son pouvoir avec ses enfants, entreprenant de dépouiller à son profit les familles trop puissantes. Le cynisme de cet habile négociateur, qui fera de la papauté l'État le plus puissant d'Italie, provoque l'admiration d'un connaisseur : Nicolas Machiavel.

Quand en 1494 le roi de France Charles VIII occupe Rome, Alexandre VI est menacé de déposition et se réfugie au château Saint-Ange. Il s'associe alors à la Sainte Ligue qui perd peu après la bataille de Fornoue (6 juillet 1495). Plus tard, il s'allie avec Louis XII, successeur de Charles VIII, pour défendre les intérêts de son fils César, et partage le royaume de Naples entre la France et l'Espagne.

César conquiert alors la Romagne. Les assassinats perpétrés par le père et le fils sont innombrables. Pourtant, le meutre et la luxure n'empêchent pas, chez Alexandre VI, une certaine piété superstitieuse (il est sensible aux présages) et parfois même de véritables accès de mysticisme, dont sa dévotion à la Vierge est un exemple. Dans son combat contre l'hérésie, il fait excommunier le prédicateur florentin Savonarole (1497) qui mourra sur le bûcher l'année suivante. Aux Espagnols et aux Portugais, qui, avec leurs caravelles, partent à la conquête du Nouveau Monde, il ordonne d'évangéliser les indigènes, ce qui aboutira aux génocides que l'histoire retiendra.

En août 1503, César, le fils préféré, tombe gravement malade, tout comme son père. Si le fils réussit à survivre, le père meurt peu après, à l'âge de 72 ans. Sans doute a-t-il été victime, comme pour beaucoup de papes morts pendant les étés romains caniculaires et insalubres, d'une épidémie de malaria. La rumeur préfère cependant suggérer que Rodrigue-Alexandre et César Borgia ont été victimes de leur propre perfidie : ils auraient bu, par erreur, le breuvage empoisonné qu'ils destinaient à un cardinal dont ils convoitaient les biens.

PIE III (1503)

Il s'agit encore d'un neveu mais, cette fois-ci, l'oncle qui fait de Francesco Todeschini-Piccolomini l'évêque de Sienne, où il est né en 1439, s'appelle Pie II. Péniblement élu, diminué physiquement par la goutte, il projette de réformer la Curie. Il provoque des désordres dans Rome en chassant les Français, parce que le roi Louis XII soutient César Borgia.

Mais la mort l'emporte moins d'un mois après son élection,
mort, là encore, attribuée — sans preuves — au poison. Il a
cependant eu le temps de commander à Pinturicchio de
peindre, dans la bibliothèque de la cathédrale de Sienne, la
vie de son oncle Pie II, qui reste un chef-d'œuvre.

JULES II (1503–1513)

Encore un neveu ! Le pape Sixte IV nomme Guiliano Della
Rovere, né en 1443 dans une famille pauvre de Savone et
élevé par les Franciscains, évêque de Carpentras. C'est lui qui
conseille le roi de France Charles VIII dans sa conquête du
royaume de Naples, et qui organise le mariage de César
Borgia avec une princesse française. Dès son élection, cet
homme de grand caractère, énergique et ambitieux, affirme
sa volonté de restaurer la puissance politique (et militaire)
du Saint-Siège en Italie. Il y travaillera de tout son génie et
de toute l'ardeur de sa nature belliqueuse. Il se fixe trois
buts : éliminer César Borgia, abattre la puissance de Venise
et chasser les Français d'Italie. En moins de trois ans, il
anéantit César Borgia, qu'il dépouille des places fortes qu'il
occupe, et récupère la Romagne. En 1508, avec Louis XII et
l'empereur d'Allemagne Maximilien, il suscite la ligue de
Cambrai contre les Vénitiens, qu'il écrase lors de la bataille
d'Agnadella (1509).
Puis il rompt avec le roi de France, dont il se méfie, et ren-
verse son système d'alliance. Venise est maintenant son
alliée. Le conflit qui en résulte est d'une rare violence et
Louis XII convoque un concile à Pise afin de le faire déposer.
Jules II réplique en constituant la Sainte Ligue qui réunit,
contre la France, la Suisse (en 1506, il fonde la garde suisse),
l'Espagne, l'Angleterre et l'empereur Maximilien. Puis, assuré
de cette alliance, il assemble le Ve concile du Latran (1512)
pour faire pièce à celui de Pise. Plusieurs fois, il prend lui-
même la tête de ses armées. Au bout du compte, son objectif
sera atteint : les Français quitteront l'Italie.
Jules II apparaît également comme un grand protecteur des
arts. Sous son pontificat, la basilique Saint-Pierre est recons-
truite selon les plans de Bramante (le coût des travaux sera
dénoncé par les protestants), Michel-Ange réalise les célèbres

fresques de la chapelle Sixtine, Raphaël exécute les peintures de la chambre des Signatures au Vatican. S'il n'a pu entreprendre de réformes spirituelles, c'est que dans le contexte d'alors, seule importe la grandeur de l'Église. D'ailleurs, il n'est pas non plus porté sur le sacré et le mysticisme — cardinal, réputé pour sa sensualité, il a été le père de trois filles. Celui que l'on surnomme le « terrible » tant il peut se montrer irascible, et qui est le premier pontife à s'être laissé pousser la barbe afin de se donner un aspect vénérable, meurt de fièvre à l'âge de 70 ans.

LÉON X (1513–1521)

Jean, né à Florence en 1475, fils de Laurent le Magnifique, est fait cardinal à l'âge de 13 ans par Alexandre VI Borgia. Chef de l'armée pontificale sous Jules II, il réprime, dès sa nomination, une conjuration fomentée contre lui au sein même du Sacré Collège, et s'empresse de se faire consacrer prêtre.

En politique, comme son prédécesseur, il se propose de libérer l'Italie et le domaine pontifical du joug étranger. Avec François Iᵉʳ, il signe le concordat de 1516, qui tolère le gallicanisme en France. Puis, s'alliant tantôt à Venise, tantôt à Charles Quint, tantôt au roi de France, il manœuvre pour contenir les uns et les autres.

En 1517, il clôt le concile du Latran commencé sous Jules II et prend des mesures pour réformer le clergé italien. Il fait publier dans toute la chrétienté la prédication de nouvelles indulgences dont les bénéfices vont permettre l'achèvement de la basilique Saint-Pierre. Indulgences qui provoquent une tempête en Allemagne lorsque le moine augustin Luther les dénonce, puis brûle ostensiblement la bulle pontificale *Exsurge Domine* (1520) qui condamne ses écrits (la Bible est au-dessus du pape ; le baptême rend tous les chrétiens égaux devant Dieu ; il n'y a que la foi qui sauve...). Léon X prononce alors son excommunication (3 janvier 1521). Personne ne se doute encore des conséquences de cette fracture, qui entraînera une réforme, mais pas celle qu'attendaient les chrétiens conscients des errements pontificaux.

du droit canonique et fonde la gazette vaticane *Acta aposto-licæ sedis* (1909) ainsi que l'Institut biblique. Au moment du ministère Combes (1905), il s'élève contre le principe de séparation entre l'Église et l'État, et condamne la France, ainsi que le Portugal (en 1911). Il lance aussi l'anathème sur les membres de l'Action française pour leurs outrances, bien que leur mouvement soutienne l'Église (cette sentence sera levée par Pie XII en 1939).

Il soutient les catholiques d'Irlande contre l'Angleterre, mais choque les Américains en refusant de recevoir leur président Theodore Roosevelt parce qu'il est de confession méthodiste. Il meurt, âgé de 79 ans, à la veille de la Première Guerre mondiale qu'il a pressentie, laissant le souvenir d'un homme de prière. Il sera canonisé en 1954 par Pie XII.

BENOÎT XV (1914–1922)

Né en 1854 dans l'aristocratie gênoise, Giacomo Della Chiesa n'est cardinal que depuis trois mois lorsqu'il est élu pape. Mais il a déjà, comme nonce en Espagne, fait preuve de son savoir-faire en matière de diplomatie. Cependant, toutes ses tentatives de médiation pendant la Grande Guerre échoue-ront. Benoît XV va alors consacrer une grande partie de son temps au soutien des prisonniers, aux blessés et, plus parti-culièrement, aux enfants des puissances centrales. Certaines de ses initiatives sont malheureuses — en 1917, il indigne les Alliés en suggérant de maintenir l'empire d'Autriche-Hongrie — et il est tenu à l'écart lors des traités de paix. Le Vatican n'est d'ailleurs pas invité à participer à la Société des Nations.

La révolution communiste russe empêche le rapprochement qu'il avait entrepris avec l'Église orthodoxe. Soucieux de former un clergé indigène en Afrique et en Asie, il gagne le surnom de « pape des missions ».

En 1919, dans son encyclique sur les missions *Maximum illud*, il pose le principe d'une action apostolique radicale-ment étrangère à toute idée à caractère national. En 1920 se déroule la canonisation de Jeanne d'Arc, afin de rapprocher l'Église et la France, où, depuis la séparation de l'Église et de l'État (1905), la situation restait tendue. Il meurt de pleurésie

à 68 ans, après un règne de sept ans, unanimement salué
pour ses efforts pour la paix.

PIE XI (1922–1939)

Né près de Monza en 1857, fils d'un soyeux, Achille Ratti est
à la fois un érudit et un alpiniste — il fait, le premier, l'ascension de la pointe Dufour et du pic Zumstein du mont Rose
dans les Alpes. Doté de qualités intellectuelles exceptionnelles,
il gère, avant son élection, les Bibliothèques ambrosienne et
vaticane. Ses nombreux ouvrages critiques lui ont fait un
nom dans l'art, la littérature, la paléographie et l'histoire de
l'Église. Il a aussi été nonce dans les pays de l'Est, alors boule-
versés par la révolution bolchevique. Élu au quatorzième
tour, son premier geste de pape est un signe d'apaisement : il
donne sa bénédiction *Urbi et orbi* du balcon de Saint-Pierre, ce
que ses prédécesseurs avaient toujours refusé de faire, depuis
1870, car ils se considéraient prisonniers dans Rome.
Autoritaire, déléguant peu, ayant limité les pouvoirs du Sacré
Collège, il négocie, avec Mussolini, le traité du Latran (1939)
qui définit les domaines pontificaux et reconnaît la souveraineté du pape. Parallèlement, des concordats sont conclus
avec les gouvernements fascistes italien et allemand, qui ne
tardent pas à être violés. Peu après commencent les persécutions contre les catholiques. Pie XI refuse de recevoir Hitler
en visite à Rome (1938) et quitte ostensiblement le Vatican.
Il accepte, pour la France, la séparation de l'Église et de
l'État. Premier pape à « parler » à la radio (il installe Radio-
Vatican), il fonde l'Académie pontificale des sciences en
1936. De son pontificat, on retient l'essor prodigieux pris
par les missions dans les contrées lointaines, mais aussi aux
portes même de la chrétienté : c'est le début de l'Action
catholique et des mouvements de jeunesses catholiques dans
le monde du travail : les JOC (Jeunesses Ouvrières Chrétiennes). On retient aussi sa condamnation de l'Action française
(1926) et des slogans racistes et totalitaires de l'Allemagne
hitlérienne (encyclique *Mit brennender Sorge*, 1937). Enfin, la
même année, il proscrit le communisme athée.
Il procède à de nombreuses canonisations, dont celles de
Thérèse de Lisieux, Bernadette Soubirous, Jean Bosco et du

curé d'Ars. Albert le Grand et Bellarmin sont déclarés docteurs de l'Église, et la fête du Christ-Roi est instituée. Pie X
s'était éteint tandis qu'éclatait la Première Guerre mondiale ;
Pie XI meurt, à l'âge de 82 ans, lorsque la Seconde Guerre
mondiale commence.

PIE XII (1939–1958)

Eugenio Pacelli, né à Rome en 1876 dans une famille de
juristes, est nonce apostolique à Munich en 1917, un peu
plus tard à Berlin, où il s'imprègne de la langue et de la culture allemande. Pendant quarante ans au service du Vatican,
il est élu pape au troisième tour, lors d'un conclave d'une
journée, par quarante-huit voix sur cinquante-trois votes.
Dès son élection, il tente d'enrayer le processus de la guerre.
Estimant le communisme plus dangereux que le fascisme, il
ne condamne pas Hitler quand il envahit l'URSS, et déplore
que les Alliés exigent une capitulation inconditionnelle du
Reich. La complaisance (et parfois la complicité) d'une partie
du clergé envers les forces nazies et fascistes lui a été
reprochée ; sa position d'apparente neutralité pendant cette
période a été critiquée. Mais l'histoire de ce pape, comme
celle de bien des événements de cette époque, est loin d'être
connue, de nombreuses archives étant encore secrètes.

S'il se préoccupe du sort des prisonniers de guerre et ouvre
les portes du Vatican aux réfugiés lorsque les Allemands
investissent Rome, il ne condamnera jamais fermement les
atrocités nazies, notamment le génocide juif. Il excommunie
(sanction purement symbolique depuis trois siècles) les
membres du Parti communiste et conclut des accords avantageux pour l'Église avec le général Franco (Espagne) et le
général Salazar (Portugal), chefs de régimes totalitaires.

Sous le pontificat de Pie XII, face au communisme triomphant apparaissent les prêtres ouvriers dont le rôle est
d'évangéliser sur les lieux de travail. Mais le résultat s'avère
rapidement désastreux : beaucoup d'entre eux passent au
marxisme. En Chine, l'Église est abolie. En URSS et dans les
pays dits « satellites », les lieux du culte sont fermés et la
persécution, disparue depuis l'époque romaine, reparaît.

Nul pape plus que Pie XII n'a accordé autant d'audiences à des groupes professionnels. Bien qu'immensément cultivé, il sait écarter les barrières du cérémonial pour ne considérer que l'homme dans son interlocuteur. Toutes les questions contemporaines ont retenu son attention. Mais cet homme seul (il a supprimé jusqu'au poste de secrétaire pour mieux gouverner) marque de son empreinte conservatrice une Église en pleine interrogation sur son devenir : vainqueurs et vaincus se sont réconciliés sans elle, et son autorité morale, la seule qui lui restait, a souffert de ses compromissions pendant la guerre. On se souvient du « mot » ironique de Staline (ancien séminariste), devant lequel on évoquait l'influence pontificale : *Le Vatican, combien de divisions ?* Pie XII, pontife incompris et solitaire, meurt à 82 ans, après dix-neuf ans de règne sans partage.

JEAN XXIII (1958–1963)

Troisième d'une famille de treize enfants, fils d'un paysan, Angelo Roncalli est né près de Bergame en 1881. Aumônier militaire pendant la Première Guerre mondiale, délégué apostolique en Bulgarie et en Turquie, nonce en France en 1944, où il a à régler le problème des évêques accusés de collaboration, observateur à l'UNESCO, Jean XXIII est élu au douzième tour, à l'âge de 77 ans.

La grande affaire de Jean XXIII est le concile de Vatican II convoqué le 25 janvier 1959, dont l'ouverture a lieu le 11 octobre 1962. Il se déroulera en quatre sessions. Plus de deux milles cinq cents pères conciliaires y assistent, ainsi que des observateurs non catholiques. Tous vont travailler à la « mise à jour » de l'Église (*aggiornamento*) rendue nécessaire par des réalités nouvelles. On assiste à une rénovation de la liturgie. Les anathèmes réciproques lancés entre grecs et latins sont levés. La relation de l'Église avec les autres religions est abordée. Cependant, un homme de tendance traditionaliste refusera d'obtempérer à certaines décisions prises pendant Vatican II : monseigneur Lefebvre. Cet évêque ouvrira un séminaire à Écône, en Suisse, dénonçant le modernisme et le néoprotestantisme de Rome. Excommunié, il laissera après sa mort (1991) une communauté de rite traditionnel (messe de saint Pie V) d'environ deux cents cinquantes prêtres, six séminaires et une centaine de milliers de fidèles.

Chaleureux et jovial, ouvert sur le monde (le jour de Noël 1958, il visite une prison et un hôpital, Jean XXIII est le premier pape à recevoir l'évêque anglican de Canterbury. Une autre fois, il reçoit un visiteur juif par ces mots : *Je suis Joseph, votre frère*. Cet érudit qui a sans doute été le pape le plus médiatique du xxe siècle, notamment auprès des non-catholiques, qui apprécient son charisme et son ouverture d'esprit, laisse deux grandes encycliques : *Mater et magistra* (1961) et *Pacem in terris* (1963), dont les thèmes portent sur la paix universelle, l'union sociale dans la justice et le développement des peuples. Il meurt à 82 ans, d'une longue et douloureuse maladie, après un règne de quatre ans.

PAUL VI (1963–1978)

Giovanni Batista Montini, né à Brescia en 1897, fils d'un parlementaire, est pieusement élevé par sa mère. Assistant du cardinal Pacelli (futur Pie XII), il refuse le chapeau de cardinal en 1953 et est nommé évêque de Milan (sa nomination est interprétée comme une disgrâce), un diocèse sinistré par la guerre. Sa bonté et son sens de l'écoute le rendront populaire. Lorsque Jean XXIII, une nouvelle fois, lui propose le chapeau de cardinal, ce sont les Milanais qui protestent contre cette promotion qui leur enlève leur évêque. Montini toutefois accepte, pour être chargé de la préparation de Vatican II.

Dès son élection, Paul VI proclame sa volonté de poursuivre le travail de son prédécesseur. Il souligne sa position œcuménique par ses nombreux déplacements dans divers pays du monde, depuis sa rencontre avec le patriarche Athénagoras en 1964 jusqu'à son voyage en Australie en 1970. Il s'applique à mettre en pratique les décisions de Vatican II. La liturgie peut désormais être célébrée en langues vernaculaires. Mais il réaffirme la nécessité absolue du célibat des prêtres de rite romain et s'élève, malgré de violentes réactions, contre la contraception (encyclique *Humanæ vitæ*), admettant seulement un contrôle naturel des naissances. À la fin de son règne de quinze ans, ce sont les débuts du terrorisme international ; l'exécution de son ami Aldo Moro, leader des démocrates-chrétiens, par les Brigades rouges l'affecte beaucoup. Souffrant depuis longtemps d'arthrite, il meurt à 81 ans d'une crise cardiaque.

JEAN-PAUL Ier (1978)

Albino Luciani, né en 1912 dans les Dolomites au sein d'une famille modeste, qui compte des militants socialistes, est élu pape au troisième tour, le premier jour du conclave. Cet ancien patriarche de Venise, à la simplicité souriante, totalement inconnu hors d'Italie, voudrait que les églises riches aident celles du Tiers-Monde. Il promet de remettre de l'ordre dans les finances du Vatican (des rumeurs courent sur des indélicatesses et les compromissions, notamment avec la mafia, dont se seraient rendus coupables les *Monsignori* chargés du trésor), tout en diminuant les pompes pontificales et en renvoyant dans les diocèses quelques évêques et cardinaux « apparatchiks ». Il n'a pas le temps de mettre ses projets en œuvre. Il meurt, trente-trois jours après son élection, officiellement d'une crise cardiaque (ou d'une hémorragie cérébrale), à l'âge de 66 ans, après une violente discussion avec son secrétaire d'État au sujet des scandales financiers qui éclaboussent le Vatican et sa banque. L'empressement mis à embaumer son corps, sans autopsie préalable, laisse le champ libre à toutes les suppositions. On prétendra, qu'il a été, comme sous la Renaissance, empoisonné par ceux qu'il allait châtier.

JEAN-PAUL II (16-10-1978 –...)

Karol Wojtyla, né en Pologne en 1920, dans une famille modeste (son père était pensionné militaire) est le premier pape slave. Après une jeunesse aussi sportive que studieuse, il entre dans les ordres. Archevêque de Cracovie, il tient tête au pouvoir communiste et réussit à lui imposer l'Église comme interlocutrice. Nommé cardinal par Paul VI en 1967, élu à 58 ans à une très large majorité, il est le pape qui, tout en n'acceptant ni marxisme ni capitalisme, a été le témoin, après en avoir été l'un des principaux artisans, de la chute du communisme.

Doté d'une forte personnalité, avant tout conservateur, il ne cesse d'affirmer, malgré la pression des mouvements d'opinion, les positions de l'Église sur l'avortement, la contraception, le célibat des prêtres ou l'homosexualité... Les progressistes, qui voudraient voir l'Église évoluer, lui reprochent cette obstination à maintenir des principes qu'ils jugent rétrogrades. Mais la plupart des catholiques reconnaissent que, par son intransigeance même, il a su redonner, à défaut d'une autre espérance, une nouvelle autorité à une Église à la dérive dans un environnement international confus, en proie à la montée des fanatismes religieux, des révoltes tribales et de l'enrichissement indécent de quelques nations privilégiées sur les peuples du reste de la planète — de plus en plus nombreux et de plus en plus misérables.

L'attentat dont il est victime le 13 mai 1981 ne l'empêche pas de multiplier les déplacements à l'étranger, malgré une fatigue de plus en plus apparente. En 2001, rencontrant, pour la première fois depuis le schisme de 1504, des dignitaires orthodoxes, il demande pardon à l'Église grecque pour les torts du catholicisme romain. Il accomplit, peu après, un autre geste symbolique en étant, à Damas, le premier pape à pénétrer dans une mosquée.

Lexique
du vocabulaire
chrétien

ABBAYE

L'abbaye est un monastère chrétien que dirige un père abbé. En France et dans la plupart des pays d'Europe, depuis le Moyen Âge jusqu'au XVIᵉ siècle, les moines ont joué un rôle primordial dans l'enseignement des populations, la formation de clercs et de lettrés, mise en valeur de territoires en friche. Les réseaux d'abbayes sont aussi à l'origine des grandes voies européennes de communication, tant terrestres que fluviales.

ABBÉ

L'abbé, ou père abbé, est le directeur et le chef spirituel d'un groupe de moines réunis dans une abbaye ou un monastère. Le mot *abbé*, donné pour la première fois en Europe par saint Benoît, provient de l'araméen *abba*, c'est-à-dire *père*.

ABJURATION

Renonciation officielle et publique à une religion avant d'en embrasser une nouvelle ou de réintégrer celle que l'on avait abandonnée. Pour l'Église catholique, l'abjuration marque le retour d'un hérétique dans le sein de la communauté. Cet acte fait l'objet d'une cérémonie célébrée par un évêque qui absout alors celui qui revient. Henri IV, pour être roi de France, dut abjurer le protestantisme (*Paris vaut bien une messe*).

ABSOLUTION

Pardon accordé à celui qui confesse ses fautes avec sincérité. Dans la religion catholique, le sacerdoce du prêtre l'autorise à absoudre, au nom de Dieu, les fautes que lui révèlent les fidèles. Pendant certaines cérémonies, et en quelques occasions décrétées par les autorités ecclésiastiques, l'absolution peut être donnée collectivement à un groupe de fidèles.

ABSTINENCE
Privation volontaire que les chrétiens observent en jeûnant, notamment en refusant de consommer de la viande le vendredi en général, et le Vendredi saint en particulier. Pour d'autres religions, telles que le judaïsme et l'islam, les aliments dits *impurs* sont interdits à la consommation. L'abstinence concerne aussi certaines boissons (alcoolisées), certains lieux, certaines activités, et la sexualité.

ADOPTIANISME
Doctrine soutenue par des évêques espagnols, sous le pape Adrien Ier, et condamnée par lui, selon laquelle Jésus serait le fils adoptif de Dieu.

ANGLICANISME
Religion d'État de l'Angleterre, établie au XVIe siècle lors de la séparation d'avec Rome sous Henri VIII, puis sous Élisabeth Ire. L'anglicanisme est constitué du méthodisme, de la *Low Church* et de la *High Church*. Les anglicans refusent l'autorité du pape et le monachisme. L'anglicanisme, compromis entre le protestantisme et le catholicisme, admet le mariage des prêtres et l'ordination des femmes. Aux États-Unis, l'anglicanisme est pratiqué sous le nom d'*Église épiscopalienne*.

ANTIPAPE
Pape élu irrégulièrement et non reconnu — *a posteriori* — par l'Église. Certains antipapes n'en ont pas moins eu un rôle important.

APOSTASIE
Renoncement à une religion.

ARIANISME
Doctrine hérétique d'Arius (280-336), prêtre d'Alexandrie, répandue par ses disciples. Cette doctrine niait la divinité du

Verbe et celle du Christ *(consubstantialité)*, et remettait en cause la Sainte Trinité. L'arianisme fut condamné par le concile de Nicée en 325 et celui de Constantinople en 381, mais subsista cependant en France jusqu'au VIᵉ siècle, où saint Césaire d'Arles l'éradiqua.

ARMÉNIENS

Premier peuple d'Asie Mineure à s'être converti au christianisme, à la suite de la mission de saint Grégoire au IIIᵉ siècle, et à avoir constitué une communauté religieuse fondée sur les enseignements évangéliques. Les Arméniens ont dû résister aux persécutions venues de l'Empire perse, de l'Église de Byzance, puis de l'islam, qui imposèrent de sanglantes conversions, jusqu'au génocide perpétré par les Turcs en 1915-1916. Le chef de l'Église apostolique grégorienne est appelé *catholicos*.

ARCHIDIACRE

Chef du collège des diacres, puis adjoint d'un évêque.

ATHÉISME

Doctrine ou philosophie niant l'existence de Dieu ou de toute autre divinité. De nos jours, le terme recouvre aussi bien la philosophie des agnostiques que celle des libres penseurs, ou encore le simple scepticisme à l'égard des religions.

AUGSBOURG (CONFESSION D')

C'est devant la diète (Assemblée) d'Augsbourg (Bavière) que fut exposée en 1530 la profession de foi des luthériens. Le formulaire fut présenté à l'empereur Charles Quint et aussitôt rejeté par les théologiens catholiques. Cette profession de foi fut dès lors appelée la *Confession d'Augsbourg*, premier acte détermina la Réforme et la naissance du protestantisme.

AUGUSTIN (SAINT)

Appelé le *Docteur de la grâce*, Aurelius Augustinus est l'un des plus célèbres Pères de l'Église chrétienne. Né à Thagaste (aujourd'hui Souq Ahras) en 354 et mort à Hippone en 430, il est le fils d'un magistrat romain et d'une chrétienne, devenue sainte Monique. Augustin fit de longues études à Carthage et mena une vie d'étudiant joyeuse et dissipée. Après avoir enseigné les lettres à Carthage, Augustin se convertit au manichéisme, puis il s'installa à Milan (386) où il rencontra saint Ambroise avec qui il affina ses certitudes religieuses et philosophiques, jusqu'à ce que, finalement, il se convertisse au christianisme. Revenu à Carthage, Augustin fonda des communautés chrétiennes, devint prêtre lui-même, puis évêque d'Hippone en 395. Imprégné de la pensée de Platon, fondateur du néoplatonisme, il entreprit une étude approfondie des Écritures saintes dont il rédigea des commentaires. Parmi ses ouvrages les plus importants, les *Commentaires de saint Jean*, *Les Confessions*, *La Doctrine chrétienne* et *La Cité de Dieu*. Dernier des grands docteurs de l'Antiquité, saint Augustin a été surnommé le *Père de l'Occident* car son influence fut immense pendant tout le Moyen Âge. La Contre-Réforme s'appuya sur saint Augustin, qu'elle appelait l'*Aigle des docteurs*. La règle de saint Augustin est une règle monastique qui inspira saint Benoît, lui-même auteur d'une Règle qu'observèrent pratiquement tous les ordres monastiques, notamment ceux de saint François et de saint Dominique.

AUTODAFÉ

Du portugais, *auto da fe*, signifiant acte de foi. Cérémonie au cours de laquelle ceux que les juges ecclésiastiques considéraient comme hérétiques étaient incités à faire un *acte de foi* afin d'être pardonnés une fois arrivés dans l'autre monde. L'autodafé intervenait avant la mort par les flammes du bûcher à l'époque de l'Inquisition. Ce terme s'est depuis étendu aux bûchers destinés à détruire les livres jugés dangereux par les pouvoirs autoritaires.

B

BASILE (SAINT)
Saint Basile, dit *le Grand*, est l'un des plus remarquables
Pères de l'Église (né et mort à Césarée de Cappadoce, 329-
379). Après avoir étudié la philosophie à Constantinople et à
Athènes, Basile revient à Césarée comme enseignant et
homme de loi, prêtre, puis évêque de la ville. Il combat
l'arianisme et fonde une communauté de reclus : ce fut le
début du monachisme. Saint Basile est célèbre par les règles
monastiques qu'il édicta. Ses nombreux ouvrages, deux
règles monastiques, des homélies et les lettres eurent, particulièrement en Orient, une influence qui s'exerce encore sur
la liturgie et la vie monastique.

BASILIENS
Moines qui ont adopté l'obéissance à la règle de saint Basile,
leur fondateur. Les basiliens sont encore très nombreux dans
les Églises d'Orient ; leurs monastères édifiés sur le mont
Athos sont mondialement connus.

BASILIQUE
Initialement, une basilique était un édifice religieux du Moyen
Âge, construit à la manière des basiliques romaines, c'est-
à-dire d'architecture rectangulaire, comportant plusieurs nefs
dans lesquelles le christianisme mit l'autel à la place de la tribune, au-dessus d'une crypte (*martyrium*). Puis on installa le
siège de l'évêque (*cathedra*) et les bancs pour le clergé (*presby-
terium*), là où les Romains plaçaient une tribune destinée à
recevoir les juges ou les personnalités. Le titre de basilique,
majeure ou mineure, est donné par le pape à une église

importante, qui est généralement le siège d'un pèlerinage reconnu, telle la basilique Sainte-Marie-Madeleine à Vézelay.

BÉATIFICATION
Acte solennel du pape, qui accorde le titre de *bienheureux*, premier stade vers la canonisation, à une personnalité morte en odeur de sainteté ; sa cause est présentée à Rome, où un tribunal religieux instruit son procès.

BÉNÉDICTINS (ORDRE DES)
L'un des plus importants et des plus anciens ordres monastiques d'Occident, à la fois laborieux et contemplatif, fondé sur les Règles de saint Benoît de Nursie et de saint Benoît d'Aniane (*voir ces noms*). Le premier grand monastère bénédictin fut édifié en Italie sur le mont Cassin. Par la suite, le monastère bénédictin de Cluny joua un rôle prépondérant dans la chrétienté des Xe et XIe siècles, période pendant laquelle les abbayes bénédictines se répandirent dans tout l'Occident. Les terres en friche étaient mises en culture par les moines, les routes tracées et les ouvrages d'art construits sur les rivières et les fleuves. Des marais furent asséchés par les bénédictins qui, par ailleurs, enrichissaient les bibliothèques de manuscrits enluminés dans des ateliers nommés *scripturaria*. La Règle de Saint-Benoît, d'une grande rigueur, dut être réformée par saint Maur, tandis que Robert Harding et saint Bernard de Clairvaux, avec l'ordre cistercien, ramenaient les moines bénédictins à la stricte observance. L'*ordre des Bénédictines* observe également la Règle de saint Benoît adaptée par sainte Scholastique, sœur jumelle de saint Benoît, elle-même fondatrice d'un monastère.

BÉNÉDICTION
Transmission d'une énergie, d'une force spirituelle particulière, d'un maître à un disciple. Dans les religions issues de la Bible, c'est une faveur particulière que reçoit un fidèle ou que demande un prêtre afin de recevoir un bienfait, exaucer un souhait individuel ou collectif. Ces faveurs sont généralement données par les prêtres et les évêques. Dans la religion catholique, certaines bénédictions sont nommées *apostoliques*

ou *papales*, car elles sont données par le pape en des circons-
tances particulières. Lors de la bénédiction du Saint-Sacre-
ment, le prêtre bénit les fidèles avec un ostensoir.

BÉNÉFICES
Charge ou dignité ecclésiastiques dotées d'un revenu.

BENOÎT DE NURSIE (SAINT)
Benoît de Nursie (480-547), est le patriarche des moines
d'Occident et un grand mystique. Il fonda la première grande
abbaye bénédictine sur le mont Cassin en 528. Il insistait
autant sur le travail manuel que sur la prière et incitait ses
moines à l'étude et à l'écriture. Ils copièrent et enluminèrent
des milliers de manuscrits qu'ils conservèrent dans leurs
monastères, ainsi que les ouvrages hérités des cultures
grecque et romaine. Après sa mort au Mont-Cassin, on
empata ses ossements et ceux de sainte Scholastique, sa
sœur jumelle, jusqu'à Saint-Benoît-sur-Loire (anciennement
Fleury-sur-Loire) où leurs reliques se trouvent encore.
La statuaire médiévale représente saint Benoît intercédant
auprès de Dieu pour arracher l'enfant d'un paysan à la mort.
Cet épisode de la *Légende* de saint Benoît illustre son rôle dans
la rénovation des ordres monastiques, qu'il désirait rapprocher de la foi et des pratiques religieuses des origines du
christianisme. Il fut à l'origine de la première règle bénédictine, rédigée en 540. Parmi les moines de saint Benoît se trouvait saint Maur, le *patriarche de tous les moines d'Occident*. La
Règle de saint Benoît n'était pas réellement une innovation
puisqu'elle était fondée sur les règles monastiques rédigées
par saint Basile et saint Pacôme (vers 350) et par saint
Augustin (397). Elle fut cependant l'ossature de toutes les
règles des communautés monastiques occidentales ; elle asso-
ciait et équilibrait dans le travail manuel et le travail intellectuel la vie de prière.

BENOÎT D'ANIANE (SAINT)
Benoît d'Aniane (750-821), de son vrai prénom Witiza, fils
du comte wisigoth de Maguelone, est élevé dans le palais de
Pépin le Bref, puis le protégé de Louis le Pieux. Il se convertit

en 774 et entra à l'abbaye de Saint-Seine en Bourgogne où il reçut le nom de Benoît. Il s'établit ensuite à Aniane, près de Montpellier (vers 782), où il créa une abbaye. Il fut à l'origine de l'ordre des Bénédictins et le réformateur officiel des monastères de l'Empire carolingien. Sa règle est celle que l'on mentionne comme *Règle de Saint-Benoît*.

BERNARD DE CLAIRVAUX (SAINT)
Né près de Dijon en 1090 et mort à Clairvaux en 1153, fils du chevalier Tescelin, seigneur de Fontaines, et de dame Aleth de Montbard, Bernard de Fontaines, après ses études à Châtillon et Paris, devient abbé en 1115 et fonde l'abbaye de Clairvaux (près de Bar-sur-Aube), où il restera jusqu'à sa mort. Réformateur de l'ordre Bénédictin, saint Bernard de Clairvaux écrivit de nombreux ouvrages, prêcha la seconde croisade sur la colline de Vézelay le 31 mars 1146, combattit les hérétiques, donna leur charte aux Templiers et participa aux grands débats religieux de son temps. On le considère comme le dernier Père de l'Église. Son enthousiasme et sa foi, son éloquence suscitèrent des vocations et provoquèrent un grand élan religieux dans toute l'Europe.

BIENHEUREUX
Celui qui jouit de beaucoup de bonheur. Les religions ajoutent à cette définition la béatitude éternelle, raison pour laquelle on donne ce nom aux défunts particulièrement distingués et en voie d'être canonisés, dont la cause a été introduite à Rome.

BLASPHÈME
Parole ou discours qui outrage Dieu ou la religion ainsi que ceux qui l'exercent ou la professent. Dans la plupart des religions, ce crime était jadis puni par la mort et parfois par des tortures atroces. La notion de blasphème pouvait autrefois s'étendre de la simple indifférence, au refus d'appartenir à une religion dominante. En Europe, les blasphémateurs ont vu leur peine s'alléger de siècle en siècle, jusqu'à ne plus être condamnés, grâce à la loi de 1791. L'outrage à autrui peut cependant punir les injures faites à des personnes pour leurs croyances religieuses.

CALVIN (JEAN)

Grand théologien de la Réforme, né à Noyon (Picardie) en 1509 et mort à Genève en 1564. Calvin étudia d'abord à Noyon puis à Paris, Orléans et Bourges, avant de se réfugier à Nérac pour se protéger des représailles que lui valaient ses opinions protestantes et réformatrices. Il dut quitter finalement la France pour s'exiler en Suisse (Bâle), où il publia en latin (1536) *Institution de la religion chrétienne* que l'on considère comme la *Somme théologique* du protestantisme français. Pasteur à Genève, Calvin fut banni à cause de sa sévérité et exerça alors son ministère à Strasbourg, jusqu'à ce que la ville de Genève le rappelle en 1541. Il reprit alors son œuvre mais, vivant lui-même dans l'austérité, il fit preuve d'une grande rigueur envers les autres, notamment à l'égard des libertins et de ceux qu'il considérait comme des hérétiques, n'hésitant pas à les condamner à l'exil ou à la mort (Jacques Gruet et Michel Servet, 1553). Reconnu comme un grand réformateur, Calvin fonda l'Académie de Genève et écrivit nombre de lettres et de sermons dans lesquels il précisait ses principes religieux. Malgré la sévérité qu'il appliquait, Calvin était un esprit en avance sur son temps, ce que montrent ses préoccupations sociales et son aspiration à plus de justice. Il est, de plus, considéré comme l'un des grands écrivains de langue française.

CALVINISME

Doctrine chrétienne formulée par Calvin, qui créa le culte réformé en France et en Suisse. Ses principes, exposés dans *Institution de la religion chrétienne*, se différencient des conceptions de Luther, notamment en ce qui concerne la prédestination de la grâce. Cependant, l'Église calviniste — ou réformée, ou presbytérienne — s'accorde avec l'Église luthérienne pour n'admettre le salut que par la grâce seule, par le moyen de la foi, et ne reconnaît que deux sacrements, le baptême et la Cène. Le culte n'est rendu qu'au Dieu trinitaire, Père, Fils et Saint-Esprit, la Vierge et les saints en étant exclus.

CANON
Du grec *kanôn*, tige de roseau servant de mesure. Dans le christianisme, le canon est l'ensemble des règles concernant la foi et la discipline au sein de l'Église. À l'origine, le canon était composé de lois civiles et religieuses mais aujourd'hui, il ne concerne que les lois ecclésiastiques, nommées lois canoniques : vérités de la foi, morale et mœurs, liturgie et gouvernement de l'Église.
Le code de *droit canon*, ou *droit canonique*, est l'ensemble des canons qui régissent l'Église, depuis les écrits apostoliques et les prescriptions des premiers évêques jusqu'aux décisions des derniers conciles et synodes.

CANONISATION
Acte officiel de l'Église catholique pour admettre une personne défunte parmi les saints et recevoir un culte des fidèles. La canonisation est l'aboutissement d'un procès ayant permis d'examiner le cas de la personne à Rome, devant la congrégation des Rites. Au terme de la procédure de canonisation, au cours de laquelle un *avocat de Dieu* s'oppose à un *avocat du Diable*, les cardinaux donnent leur avis au pape, qui prend la décision finale. La cérémonie solennelle est célébrée à Saint-Pierre de Rome, puis le bienheureux, devenu saint, reçoit une place dans le calendrier afin qu'il puisse être fêté à date fixe.

CANTERBURY
Ville du Kent, archevêché où s'élève une cathédrale médiévale (1070-1503), siège du primat de l'Église anglicane. L'archevêque du Kent est le conseiller spirituel du souverain d'Angleterre, l'un des premiers personnages du pays, qui a le privilège de couronner les rois et reines dans sa cathédrale.

C'est saint Augustin de Canterbury qui fonda en 597 cet épiscopat dont la direction fut notamment assurée par saint Dunstan, saint Thomas Becket et saint Anselme.

CAPUCINS, CAPUCINES
De l'italien *capucino*, capuchon. Ordre monastique fondé par Matteo Baschi en 1526, afin de réformer la règle austère de saint François d'Assise. Les Capucins s'installèrent en France au XVIᵉ siècle, et ouvrirent de nombreux couvents. Leur popularité fut immédiate parce qu'ils recrutaient dans les classes laborieuses et vivaient dans la pauvreté. L'ordre religieux féminin des Capucines fut créé en Italie en 1538 et installé sur la rive droite de Paris en 1608, où elles fondèrent un couvent dont un quartier porte toujours le nom.

CARDINAL
Du latin *cardinis*, charnière. Titre donné par l'Église catholique à ses membres les plus éminents qui constituent le *Sacré Collège*. Il existe des cardinaux-prêtres, des cardinaux-supérieurs des ordres monastiques, des cardinaux-diacres et des cardinaux-évêques. Depuis le concile du Latran, en 1179, les cardinaux réunis en conclave élisent les nouveaux papes et gouvernent l'Église lorsque le trône pontifical n'est pas occupé. Les cardinaux sont les conseillers ordinaires du pape, et plusieurs résident dans le voisinage du Vatican. Ils sont appelés « éminences », revêtent un habit rouge et portent un saphir au doigt.

CARMÉLITES
Religieuses de l'ordre du Carmel, dont la règle fut donnée en 1451 par Jean Soreth, général des Carmes. En 1562, Thérèse d'Avila réforma l'ordre et réinstaura sa sévérité primitive. Les religieuses, contemplatives et cloîtrées, sont déchaussées et vêtues de bure. Madame Acarie, *Marie de l'Incarnation*, introduisit en France les Carmélites réformées.

CARMES
Religieux d'un ordre mendiant fondé en Palestine sur le mont Carmel, au lieu où s'était retiré le prophète Élie. Saint

Berthold s'y installa et fonda l'ordre des Carmes dont la règle définitive ne fut rédigée que par Simon Stock (supérieur général) en 1245. La règle jugée trop sévère fut adoucie en 1431, ce qui provoqua une scission entre les *observantins* et les *mitigés*. Introduit en France par Saint Louis, l'ordre se développa rapidement et devint très populaire en Occident où il compta de nombreux couvents, notamment à Paris et à Nantes. Après la réforme de Jean de la Croix naquit l'ordre des Carmes *déchaux*, ou *déchaussés*, parce que les religieux étaient pieds nus dans des sandales.

CATÉCHÈSE, CATHÉCHISME

Enseignement religieux chrétien donné aux catéchumènes suivant le mode des questions-réponses. Ce terme désigne également l'instruction que l'Église dispense aux fidèles après leur baptême. Le catéchisme, plus généralement destiné aux enfants, a été fixé par le concile de Trente, et remanié par le concile Vatican II. Le catéchisme protestant fut rédigé à l'origine par Luther et Calvin.

CATÉCHUMÈNE

Dans le christianisme, un catéchumène est un étudiant recevant l'enseignement religieux et se préparant au baptême. À l'origine du christianisme, seuls les adultes qui se convertissaient pouvaient recevoir le baptême après un temps d'attente, assez long, destiné à leur permettre d'être enseignés et d'éprouver leur foi. Durant cette période, ils ne pouvaient assister qu'à une partie de la messe, la messe des catéchumènes, et devaient rester dans le narthex jusqu'à leur baptême, qu'ils recevaient le jour de Pâques. Les Églises chrétiennes, catholique, orthodoxe et protestante, ont modifié ces pratiques et institué le baptême des enfants, et permis que tous assistent aux offices.

CATHARES

Du grec *Catharas*, signifiant pur. Communauté chrétienne d'origine manichéenne qui se répandit du XIᵉ au XIIIᵉ siècle, d'abord en Italie centrale, puis en Lombardie, en Rhénanie, en Catalogne, dans l'est de la France (Champagne et Bourgogne) et surtout dans le midi (Carcassonne, Toulouse et Albi). La doctrine des cathares tenait à la fois du manichéisme et du christianisme, mettant en valeur la dualité du couple Dieu et diable, c'est-à-dire, sur la terre, le bien et le mal, la pureté et la corruption. La principale conséquence de cette dualité était l'antagonisme irréductible entre le monde de l'esprit, sublimé par le Christ, et le monde matériel, immonde et méprisable, ne convenant qu'aux âmes déchues. Ce que l'on nommait en France *l'hérésie des albigeois* et en Italie *l'hérésie des patarins* observait comme rite principal le *consolament*, sorte de baptême de l'esprit, que les parfaits administraient par l'imposition des mains. Ce rite d'une grande rigueur correspondait à l'ensemble des sacrements, notamment à l'entrée dans l'Église et à l'extrême-onction au moment de la mort. L'austérité morale des cathares contrastait avec l'opulence et le relâchement du clergé chrétien de sorte que le catharisme, toutes tendances confondues, obtint rapidement un grand succès dans de nombreuses régions d'Europe. L'Église réagit tout d'abord en envoyant prêcher ses meilleurs prédicateurs, par exemple saint Bernard, Pierre le Vénérable et saint Dominique, mais devant leur échec, le Saint-Siège décida une répression féroce et fit prêcher la croisade, malgré les réticences de certains souverains, dont Philippe Auguste, roi de France.

La répression fut sanglante et aux massacres s'ajoutèrent le pillage des richesses du Languedoc que les seigneurs du Nord s'appropriaient sauvagement. Le catharisme n'y résista pas. Les ruines de Montségur (1244) et des autres citadelles anéanties devinrent des sanctuaires qui suscitent encore de nos jours des pèlerinages. D'autre part, les profondes blessures qui ne pouvaient se refermer favorisèrent au XVIe siècle dans le Languedoc l'implantation du protestantisme, qui à son tour fut victime des mêmes persécutions religieuses.

CATHÉDRALE

Du latin *cathedra*. L'église épiscopale du diocèse était jadis le centre religieux de la cité et généralement la plus imposante construction sacrée de la région. Le XIIe siècle vit éclore la plupart de ces édifices romans puis gothiques qui étaient aussi, au Moyen Âge, des lieux d'asile. Siège de l'évêque, la cathédrale, par son symbolisme, ses sculptures et ses vitraux, était un *speculum mundi*, un véritable miroir du monde, manifestant aussi bien les mystères de l'esprit que les connaissances techniques de l'époque médiévale.

CATHERINE DE SIENNE (SAINTE)

Née à Sienne en 1347 et morte à Rome en 1380. Cette mystique italienne appartint au tiers ordre de saint Dominique et sut convaincre le pape Grégoire XI, alors en Avignon, de se réinstaller à Rome (1377). Docteur de l'Église, elle est l'auteur de lettres, de nombreux poèmes mystiques et d'un *Dialogue de la Divine Providence* qui sont parmi les chefs-d'œuvre de la littérature italienne.

CATHOLICISME

Du grec *katholikos*, signifiant universel. Religion chrétienne la plus répandue en France, le catholicisme est dit romain car fidèle au souverain pontife résidant à Rome. L'Église catholique, apostolique et romaine a conservé sa doctrine, en dépit des attaques et des transformations, tout au long de ses deux mille ans d'histoire. Le dogme du catholicisme se trouve dans le *Credo*, qui exprime la foi en la Sainte Trinité et dans les mystères du Christ, Incarnation et Résurrection. Comme le protestantisme et l'orthodoxie, la doctrine catholique est fondée sur les paroles du Christ telles qu'on les trouve dans les Évangiles et sur celles de ses apôtres (Nouveau Testament). L'institution des sacrements, l'organisation du clergé, la liturgie, le dogme et la discipline ecclésiastique ont été fixés par les conciles et les bulles pontificales (décrets).

La hiérarchie de l'Église catholique a le pape à son sommet, en tant que représentant du Christ sur la terre et évêque de Rome. Le pape est l'autorité suprême pour le dogme et la foi. Il est assisté par le Sacré Collège (cardinaux) ainsi que par de nombreuses congrégations. Suivent les patriarches des Églises orientales, les archevêques et les évêques, puis les prêtres séculiers et les vicaires.

CATHOLICOS
Titre donné au chef des Églises nestorienne et arménienne. L'Église apostolique arménienne, vieille de 1 700 ans, est actuellement dirigée par son 32e catholicos, que reconnaissent plus de trois millions de fidèles répartis sur les cinq continents, dont 350 000 en France.

CHANOINE
Du grec *kanôn*, signifiant règle. Dignitaire catholique, parfois laïc, responsable d'un *canonicat*, qui participe au clergé d'une cathédrale ou d'une basilique. Il existe aussi des chanoinesses séculières et des chanoinesses régulières. Le chapitre des chanoines conseille l'évêque.

CHANT
Dans toutes les civilisations et depuis l'Antiquité, le chant a été l'un des éléments essentiels des rites religieux. Le christianisme, depuis son origine, exprime sa foi par des chants allant de la monodie à la polyphonie, propices aussi bien à la méditation qu'à l'allégresse. Au VIIe siècle, le chant grégorien remplaça le chant ambrosien pour devenir le chant traditionnel de l'Église. Le protestantisme, comme le christianisme d'Orient, privilégie le chant choral pour exprimer, avec une grande intensité, et sans instrument, la ferveur religieuse.

CHAPELLE
Du latin *capa*, signifiant chape ou cape. Petite église n'ayant pas le titre de paroisse. Enceinte contenant un autel secondaire, située dans l'abside, le transept ou le chœur d'une église. La chapelle pouvait être située dans un palais (chapelle *palatine*), dans l'enceinte d'un château, dans une abbaye (chapelle *abbatiale*), mais aussi dans un hôpital, un collège ou même une prison. Certaines chapelles sont dédiées à la Vierge, à un martyr ou à un saint particulier. Le prêtre d'une chapelle privée est appelé *chapelain*.

CHAPITRE
Assemblée des chanoines attachés au service d'une cathédrale ou d'une collégiale. On donne aussi ce nom à des réunions

importantes dans les monastères, dans les ordres de chevalerie, chez les rose-croix et les francs-maçons.

CHARTREUX
Ordre monastique fondé par saint Bruno, qui s'établit dans
le massif de la Grande-Chartreuse, au-dessus de Grenoble, en
1084. Obéissant à la Règle de saint Benoît, les moines chartreux sont vêtus de blanc et vivent dans de petites cellules
individuelles. Ils se retrouvent pour les offices, la promenade
ou certains travaux.

CHRÉTIENS
Ce nom, désigne les adeptes de Jésus-Christ, d'abord appelés
nazaréens ou *galiléens*. Il apparaît dans la région d'Antioche,
vers l'an 43. À l'origine, c'était une insulte forgée par les
adversaires de la nouvelle communauté, puis le terme passa
dans l'usage courant et fut revendiqué par les membres de la
communauté eux-mêmes, comme le montrent les citations
du Nouveau Testament, aux chapitres 11 et 26 Actes des
apôtres.

CHRISTIANISME
Religion fondée sur l'enseignement, la vie et les œuvres du
Christ, sur la Bible et plus spécialement le Nouveau Testament. Le christianisme fut tout d'abord répandu dans le
monde grec et romain par les apôtres et disciples dès l'Ascension du Christ et la Pentecôte. Persécuté pendant deux ou
trois siècles selon les provinces de l'Empire romain, le christianisme ne fut reconnu par l'empereur Constantin qu'en
l'an 313, puis il devint religion d'État.

CÎTEAUX (ORDRE DE), CISTERCIENS
Fondé par Robert de Molesme (saint Robert) en 1098,
réformé par Étienne Harding en 1119, l'ordre de Cîteaux,
qui obéit à la règle bénédictine, donna naissance à quatre
filles (abbayes) : La Ferté, Morimond, Pontigny et, la plus
célèbre d'entre toutes, Clairvaux, fondée par saint Bernard,
qui donna son essor à l'ordre. Toute de rigueur, à l'instar de
la règle modifiée de l'ordre, l'architecture cistercienne se

retrouve dans un grand nombre de constructions médié-
vales, notamment dans celles qui jalonnent les routes qui
traverse l'Europe jusqu'à Saint-Jacques-de-Compostelle.

CLÉS DE SAINT PIERRE

Saint Pierre est la plupart du temps représenté tenant dans
ses mains les clés du Royaume. Dans l'ancienne Rome, Janus,
le « Maître des Mystères », portait aussi des clés. La clé d'or
est relative au pouvoir sacerdotal, à l'autorité spirituelle ; la
clé d'argent est relative au pouvoir temporel. Dans l'initiation, elles symbolisent les grands mystères et les petits
mystères. La clé des grands mystères est d'or (le soleil des
alchimistes), elle ouvre la porte de la connaissance métaphy-
sique ; celle des petits mystères est d'argent (la lune) et livre
les secrets des sciences de la nature. Dans une autre interprétation, les clés donnent accès au Paradis céleste ou au Paradis
terrestre. C'est à saint Pierre que s'applique cette sentence :
« Il ouvre, et nul ne fermera plus ; il ferme, et personne ne
pourra ouvrir. »

CLERGÉ

Du latin *clericatus*, corps de clercs. Groupe d'ecclésiastiques
d'une religion. Dans le christianisme, on distingue le clergé
séculier (celui de l'Église) et le clergé *régulier* (celui des moines).
Au Moyen Âge, le clergé créa les universités et organisa en
partie la société civile. Dans l'Église catholique romaine, le
pape est le chef suprême de tous les membres du clergé. À sa
suite arrivent, pour le clergé séculier, les cardinaux, les
évêques, les chanoines, les curés, les vicaires et les diacres ;
pour le clergé régulier, la hiérarchie est constituée par les
abbés, les moines profès et les frères lais (convers). L'organisation est presque identique dans les Églises anglicane et
orthodoxe. Seules les Églises protestantes ont une hiérarchie
démocratique (éligible) et réduite à sa plus simple expression.

CLOCHES

Pendant les premiers siècles, les fidèles étaient convoqués à
l'église par des diacres appelés *cursores*, qui allaient les
avertir isolément dans chaque maison. Et tel dut être le

mode de convocation durant la période des persécutions. En Occident, les données certaines sur l'existence des cloches datent du VIe siècle. À partir du VIIIe siècle, l'usage se généralise. En Orient, il faut attendre le IXe siècle. La coutume de bénir les cloches apparaît dès le VIIIe siècle. Il arrive aussi qu'on donne à une cloche le nom d'un saint ou d'une sainte en présence d'un parrain et d'une marraine. Le lavement des cloches à l'eau bénite et les onctions pratiquées avec les saintes huiles sont de simples cérémonies que l'Église accomplit comme elle le fait des temples, des autels ou des vases avant leur emploi dans les fonctions sacrées. Il n'y a pas véritablement de « baptême », comme on le laisse entendre communément.

CLUNY

L'une des plus célèbres abbayes françaises, fondée par Guillaume le Pieux, duc d'Aquitaine, en 910. Sa prospérité fut telle que ses filles (filiales) se multiplièrent et furent à l'origine de l'expansion de l'art roman, tel qu'on peut l'admirer en France, notamment à la Charité-sur-Loire, à Saint-Benoît-sur-Loire ou à Paray-le-Monial. Cluny compta de célèbres abbés dont Odon, Aymard, Mayeul, Odilon, Hugues et Pierre le Vénérable. L'ordre clunisien couvrit toute l'Europe, de l'Espagne à la Pologne. Après la réforme de saint Robert et saint Bernard, l'austérité de Cîteaux, plus proche de la Règle de saint Benoît, s'opposa au luxe clunisien, qui marqua pourtant durablement la vie artistique monastique du Moyen Âge. L'abbaye de Cluny, qui avait la plus grande église d'Europe, a été détruite sous la Révolution.

COMMUNION

Selon le sens premier, il s'agit d'une participation des fidèles au sacrement de l'eucharistie. Pour les catholiques, la communion se pratique sous la forme du pain non levé (l'hostie) ; pour les orientaux et les protestants, sous les deux espèces du pain et du vin, comme ce fut le cas lors le dernier repas (Cène) du Christ avec ses apôtres.

CONCILE

Depuis l'origine de la religion chrétienne, un concile est une assemblée de théologiens et d'évêques destinée à fixer les règles de la doctrine spirituelle et de l'organisation de la communauté. Actuellement, dans le catholicisme, il existe plusieurs types de conciles. Les conciles généraux (dits aussi *œcuméniques*) dont les décisions, irrévocables, concernent tous les fidèles, et les conciles particuliers (nationaux ou provinciaux), qui ne concernent qu'une région spécifique ; tous sont cependant sous l'autorité du souverain pontife.

Parmi les conciles les plus célèbres, les conciles de Nicée (325) ordonnant la lutte contre l'arianisme, et en 787 contre les iconoclastes, du Latran (1123, 1139, 1179) contre les albigeois, de Vienne (1311) qui confirma la suppression des Templiers, de Trente (1545-1563) qui condamna la Réforme protestante et organisa la Contre-Réforme. L'objectif du concile de Vatican II (1962-1965) était l'intégration de l'Église catholique dans le monde moderne.

CONFESSION

Aveu des fautes, déclaration des péchés à un prêtre, afin d'obtenir l'absolution. Sacrement pour l'Église catholique qui l'appelle désormais *Réconciliation*, la confession est reçue dans le secret du confessionnal de l'église. Les protestants pratiquent uniquement la confession générale. Le terme confession est aussi utilisé dans le sens de *témoignage* et *affirmation de la foi*, telles les *Confessions* de saint Augustin et de Luther. Il est à noter que le lieu de l'église où se trouvaient jadis les reliques d'un martyr ou d'un saint (souvent la crypte) s'appelait *confession*.

CONGRÉGATION

Groupe de personnes se réunissant dans un but religieux, pour prier, ou dans un but caritatif. Pour le catholicisme, une congrégation est une association de fidèles qui ne prononcent que des vœux simples ou temporaires, tandis que pour les protestants, le mot congrégation est attribué à une assemblée chrétienne autonome, s'organisant et se gérant elle-même.

CONSISTOIRE
Assemblée des membres actifs d'une Église, responsables des intérêts matériels et spirituels de la collectivité religieuse. Chez les catholiques, l'assemblée des cardinaux présidée par le pape est appelée consistoire. Pour les protestants, ce sont des conseils presbytériens de caractère local qui ont cette fonction.

CONSTANTIN LE GRAND
Empereur romain (306–337) qui établit la liberté religieuse dans tout l'Empire romain avant de se convertir lui-même au christianisme. Constantin fit cesser les persécutions contre les chrétiens et réunit le premier concile de Nicée, en 325.

CONTRE-RÉFORME
Mouvement chrétien né au concile de Trente (1545), destiné à lutter contre la Réforme protestante, par lequel l'Église catholique tenta de se réformer elle-même. La Contre-Réforme dura plus d'un siècle. D'elle naquirent la Société de Jésus (Jésuites), l'Oratoire (Oratoriens) et la Visitation (Visitandines).

CONVERSION
Changement de religion, abandon d'anciennes conceptions spirituelles pour en adopter de nouvelles, telle la conversion de saint Paul sur le chemin de Damas. La conversion est souvent réaffirmée lors d'une cérémonie, comme le *baptême* dans le christianisme.

COPTE
Du grec *aiguptios*, qui signifie égyptien. Ce terme générique est donné aux chrétiens d'Égypte, dont la langue liturgique est directement issue de la langue des prêtres des anciens pharaons. Cette communauté chrétienne a eu un grand rayonnement grâce à l'œuvre de saint Athanase et saint Cyrille d'Alexandrie, et par le puissant mysticisme des Pères du désert. Le patriarche d'Alexandrie est le chef de l'Église copte. Il doit être célibataire, mais les autres membres du clergé ont la possibilité de se marier.

CURÉ

Du latin *cura*, soin, charge. Selon l'administration ecclésiastique catholique, le curé est un prêtre qui a en charge une église et une *cure* (paroisse). Le curé exerce dans son église la prédication, y célèbre la messe, y administre les sacrements et perçoit les revenus attachés à son titre. Le curé d'une paroisse importante est assisté d'un ou de plusieurs vicaires.

CURIE

Administration et gouvernement de l'État pontifical.

CYRILLE (SAINT)

Évangélisateur des Slaves (828-869) envoyé par l'empereur de Constantinople chez les Khazars en 860. Dans cette région, saint Cyrille et Méthode, son frère, participèrent à la lutte contre les envahisseurs musulmans puis évangélisèrent la Dalmatie, la Hongrie et la Bulgarie. Saint Cyrille traduisit la Bible en slavon et inventa à cet effet l'écriture *glagolitique* utilisée dans l'ancienne liturgie slave.

DÉISME

Courant de pensée qui naquit en Angleterre au XVIIᵉ siècle et influença de nombreux philosophes tels que Voltaire et Montesquieu. Le déisme consiste en une croyance en un être suprême, qui transcenderait l'homme et serait aussi l'énergie de l'univers. Le déisme séduisit les philosophes du XVIIIᵉ siècle car il permettait de rejeter révélation, dogmes et religions.

DIACRE

Du grec *diakonos*, serviteur, *celui qui sert aux repas*. Dans l'Église protestante, le diacre assiste le pasteur dans son ministère. Dans l'Église catholique, où il a la même fonction, le diacre porte l'étole et la dalmatique, car il a reçu l'ordre immédiatement inférieur à la prêtrise, selon les termes des Actes des Apôtres (ch. 6, v. 3-6) : les apôtres choisirent sept hommes de bonne réputation, remplis d'esprit et de sagesse, pour les aider dans leurs œuvres ; ils leur imposèrent les mains. Le premier se nommait Étienne — lapidé peu après, il fut le premier martyr du christianisme.

DOGME

Du grec *dogma*, c'est-à-dire *opinion certaine*. Ce terme, dans les Évangiles, ne désigne que les lois profanes. Mais les Pères de l'Église l'utilisèrent dans le sens d'enseignement sacré, de vérité qui s'impose à tous les fidèles. De nos jours encore, le dogme est le point essentiel d'une religion reçue par une révélation divine. Le dogme est toujours regardé comme la seule référence des croyants, tels les Vedas dans l'hindouisme, les Dix Commandements, la Révélation faite à

Mahomet et transmise par le Coran. Le dogme catholique est nourri des enseignements du Nouveau Testament mais s'exprime dans les décisions des conciles et les bulles papales.

DOMINICAINS
Frères prêcheurs appartenant à l'ordre des Prêcheurs (O.P.) fondé par saint Dominique. Leur but, dès l'origine, était la prédication, l'enseignement de la doctrine chrétienne et la défense de la foi (parfois confondue avec l'Inquisition) contre les hérésies. L'Ordre obéit à la règle de saint Augustin et aux constitutions des Prémontrés. Les Dominicains sont vêtus de la coule blanche, large robe avec un capuchon de laine que recouvre un long manteau noir. Albert le Grand, Thomas d'Aquin, Fra Angelico, Maître Eckart et Lacordaire ont appartenu à cet ordre, dont les membres furent aussi appelés *Jacobins* parce que leur premier couvent était rue Saint-Jacques à Paris.

D'abord contemplatives, les sœurs dominicaines se sont réparties en plusieurs branches, soit vers les œuvres caritatives, soit vers l'enseignement.

DOMINIQUE (SAINT)
Fondateur de l'ordre des Dominicains (Espagne, 1170, Italie, 1221). Noble castillan, Dominique de Caleruega étudia à l'université de Palencia puis fut prieur du couvent d'Osma, qu'il réforma. Face à l'hérésie cathare, il prêcha et fonda un monastère féminin à Prouilhe, et créa une maison vouée à l'éducation des prêtres. Il fonda aussi des couvents à Rome et à Bologne. Dès leur fondation, les établissements dominicains, tel le *Studium generale* du couvent Saint-Jacques à Paris, dispensèrent un enseignement théologique.

DONATISME
Schisme de l'évêque Donat, au IVe siècle, qui entraîna avec lui les populations berbères : il refusait que le pardon soit accordé à ceux qui, sous les persécutions de Dioclétien, avaient renoncé à leur foi chrétienne, pour y revenir ensuite.

ÉGLISE

Du latin *ecclesia*, assemblée, c'est-à-dire l'ensemble des chrétiens, ou quelques-uns d'entre eux, réunis physiquement ou spirituellement. En France, le terme *Église* (avec majuscule) signifie l'Église catholique romaine, dont le chef, le pape, est symboliquement le successeur de l'apôtre Pierre, la France étant la *Fille aînée de l'Église*. L'Église de Rome ne constitue cependant pas l'ensemble de la chrétienté car il existe aussi les Églises d'Orient, elles-mêmes constituées d'un grand nombre d'Églises de sensibilité, de langues et de coutumes différentes. Depuis la Réforme existent aussi les Églises protestantes et l'Église anglicane qui toutes revendiquent une authenticité fondée sur la foi dans la divinité du Christ. C'est la raison pour laquelle l'Église est l'Épouse du Seigneur et la Mère des chrétiens.

Sur un plan architectural, une église est une construction destinée à recevoir des fidèles réunis pour la célébration du culte. C'est l'église maison de Dieu, orientée vers l'est d'où naît la lumière et où paraîtra le Christ lors de la parousie à la fin des temps. Le Moyen Âge, à partir de la période romane, a dans le tracé de l'église représenté un vaisseau (une nef) ou un homme dont le corps est étendu sur le sol, tête au chœur et pied au portail, les bras formant le T du transept.

Ces églises sont réputées aussi bien pour leur architecture que pour les illustrations de pierre de leurs tympans, leurs vitraux et leurs chapiteaux, dans lesquels l'élan spirituel chrétien le dispute à la symbolique traditionnelle.

ÉRIGÈNE (JEAN SCOT)

Penseur et théologien chrétien du IXe siècle qui enseigna à l'école palatine de Charles le Chauve. Érigène aurait traduit les textes du Pseudo-Denys avant de rejoindre, à la cour d'Angleterre, le roi Alfred le Grand. Érigène enseigna alors dans la première université d'Oxford. Disciple de Platon et des néoplatoniciens, aussi bien que de saint Augustin et Denys l'Aréopagite, Érigène écrivit notamment le *Traité sur l'Eucharistie*, le *De divisione natura*, le *De predestinatione* et le *De visione Dei*, ouvrages dans lesquels il soutient que tout provient de Dieu, et que, par étapes, tout y retourne.

ERMITE

Du grec *erêmos*, désert. Personne qui s'est volontairement éloignée du monde pour vivre une existence de méditation et de prière. Des premiers ermites chrétiens qui se réunirent émanèrent les premiers groupes monastiques, notamment les ermites de saint Augustin, de saint Antoine, de saint Jérôme. Ainsi naquirent les Augustins, les Bénédictins et les Carmes (du mont Carmel). Dans l'art roman, les ermites sont représentés revêtus d'un manteau, la tête couverte d'une capuche, tenant un fanal signifiant la connaissance cachée qu'ils possèdent.

ÉTIENNE (SAINT)

Premier diacre désigné par les apôtres et premier martyr chrétien lapidé à mort vers l'année 36. Miraculeusement retrouvés, ses ossements furent transportés dans la basilique bâtie à Jérusalem par l'impératrice Eudoxie (vers 330-340) sur le lieu supposé de sa lapidation. Saint Étienne, né à Corinthe, est célébré le 26 décembre.

EUCHARISTIE

Du grec *eukharistia* signifiant action de grâce, remerciement. Sacrement principal du christianisme, qui commémore le repas de la Cène institué par le Christ, et son sacrifice. Les espèces de l'Eucharistie, le pain (corps du Christ) et le vin (sang du Christ), sont partagées par les fidèles selon l'instruction du Seigneur : *Faites ceci en mémoire de moi* (Luc 22, v. 19-20).

Dans le culte catholique romain, les espèces (pain et vin) sont fréquemment remplacées par l'hostie (pain sans levain) consacrée. Dans le culte protestant, l'Eucharistie est généralement appelée Sainte Cène ou Communion. Elle est célébrée sous les deux espèces. La présence réelle du Christ y est spirituelle, non attachée à la matérialité des espèces.

ÉVÊQUE

Du grec *episkopos*, signifiant surveillant. D'abord prêtre inspecteur aux premiers temps du christianisme, l'évêque est devenu peu à peu le dignitaire le plus élevé dans la hiérarchie chrétienne. Dans l'Église catholique, l'évêque est le chef spirituel d'un diocèse ou d'un évêché et siège dans une cathédrale. Nommé par le Saint-Siège, l'évêque administre les sacrements et ordonne les prêtres. Les évêques sont reconnaissables aux attributs qui symbolisent leurs fonctions tels que la crosse, la mitre violette et l'anneau.

EXCOMMUNICATION

Punition ecclésiastique consistant à exclure, provisoirement ou définitivement, le membre d'une communauté religieuse. Pour l'Église catholique, l'excommunié est privé des sacrements et de la sépulture en terre bénite (cimetière consacré). L'excommunication n'est pratiquement jamais utilisée dans les Églises protestantes et orthodoxes.

FIDÉISME
Théorie philosophique fondée sur une pensée de Pascal spécifiant que la foi religieuse dépend du sentiment et non de la raison. Cette réflexion affirmait la supériorité de la foi sincère sur le raisonnement intellectuel, dans la mesure où la foi peut seule éclairer le chemin menant vers la vérité.

FOI
Pour le christianisme, avoir la foi, c'est tenir pour certains des faits invérifiables. La foi est la conviction engendrée par la confiance. L'apôtre Paul a ramené tout le christianisme au concept de la foi. C'est pourquoi il écrit : *La foi est une manière de posséder déjà ce que l'on espère, un moyen de connaître des réalités que l'on ne voit pas* (épître aux Hébreux, chapitre XI). Pour le catholicisme, la foi et l'obéissance à l'Église vont ensemble, alors que la doctrine évangélique (protestante) considère la foi comme la première (la seule) condition au pardon des péchés et à l'obtention du salut.

FONDAMENTALISME
Tendance parfois extrême regroupant dans diverses religions des fidèles n'acceptant que le sens littéral des Écritures et n'admettant aucune évolution ou interprétation libérale. Le fondamentalisme conduit souvent au sectarisme.

FRANCISCAINS
Religieux de l'ordre mendiant que fonda saint François d'Assise au début du XIIIe siècle (1208). Reconnaissables à la cordelette qu'ils portent en ceinture, ces moines étaient des

Frères mineurs au service des malades et des démunis. La prière et le travail étaient les principes fondamentaux de leur règle sévère qui, plus qu'à la prédication, faisait place à la charité par l'exemple.

FRANÇOIS DE SALES (SAINT)

Évêque de Genève (1567-1622). Fondateur en 1612 de l'ordre de la Visitation. Canonisé en 1665 et proclamé docteur de l'Église par Pie IX, auteur d'une *Introduction à la vie dévote* considérée comme un texte essentiel relatif à la piété catholique.

FRANÇOIS XAVIER (SAINT)

Jésuite espagnol (Espagne 1506-Chine 1552). Surnommé l'Apôtre des Indes, François Xavier fut disciple de saint Ignace de Loyola, avant d'être missionnaire aux Indes, à Ceylan, au Japon et en Chine où il mourut. Son tombeau est à Goa.

FRÈRES

Nom que se donnent les membres de communautés religieuses car tous enfants de Dieu et frères en la foi, selon les termes que saint Paul utilise dans ses épîtres. Pratiquement tous les ordres monastiques utilisent ce terme, de même que les congrégations et les membres de sociétés initiatiques. Dans les abbayes, on appelle *frères lais* ou *frères convers* les laïcs qui travaillent dans le domaine sans avoir eux-mêmes prononcé des vœux monastiques. Quelques ordres religieux utilisent le nom de frères, notamment les Franciscains (*Frères mineurs, Frères de la Pénitence*) et les Dominicains (*Frères prêcheurs*).

GALLICANISME
De *gallican*, signifiant de la Gaule. Doctrine religieuse soutenue par les rois de France, qui respectait les dogmes de l'Église catholique et l'autorité du pape mais revendiquait une organisation indépendante, notamment dans la nomination des prélats et le prélèvement des dîmes. Le gallicanisme apporta une certaine autonomie à l'Église de France.

GENTIL
Nom donné par les Juifs, puis par les premiers chrétiens, aux païens.

GNOSE
Du grec *gnosis*, c'est-à-dire connaissance. C'est la connaissance suprême, absolue, spirituelle, exotérique et ésotérique, qui, selon Lalande, cherche à *concilier et associer toutes les religions et à en expliquer le sens par la Connaissance ésotérique transmise par l'initiation et la Tradition*. La gnose représente le Savoir en totalité, c'est pourquoi elle servit de base à de nombreux mouvements ésotériques qui la revendiquèrent ; elle fut à l'origine de nombreux écrits, tels les *Traités d'Hermès Trismégiste* (Trois Fois Grand) à l'origine de l'hermétisme.

GNOSTICISME
Apparu deux siècles après les débuts du christianisme, le gnosticisme est une attitude philosophique et religieuse et un large mouvement syncrétiste. Il présente plusieurs aspects selon les époques et les religions : les tendances grecque et néoplatonicienne, judaïque et kabbaliste (avec

Philon d'Alexandrie). Certains gnostiques ésotéristes ont transmis la Tradition initiatique des anciens mystères grecs et égyptiens.

GRÂCE

Du latin *gratia*, faveur. Pour le christianisme, la grâce est un don que Dieu dispense aux hommes gratuitement pour peu, selon saint Paul, qu'ils aient la foi. La théologie catholique assure que les sacrements sont destinés à faire participer les âmes au sacrifice du Christ afin qu'elles bénéficient des grâces acquises par son exemple et ses mérites. Cependant, la grâce n'est jamais refusée aux cœurs purs et aux prières sincères. Saint Augustin, parfois surnommé le « Docteur de la grâce », insistait sur l'importance du don gratuit de Dieu, tandis que saint Thomas d'Aquin assurait que Dieu donne sa grâce, même si tout ce qui doit arriver est ordonné depuis toujours. Les protestants confessent que seule la grâce de Dieu, acquise en Jésus-Christ, confère le salut par le moyen de la foi. C'est le point central de leur doctrine. Les luthériens admettent la grâce efficace des sacrements, tandis que les calvinistes de stricte observance acceptent, en même temps que la grâce commune pour tous, la prédestination pour certaines âmes.

GRÂCES

Prière de remerciement que l'on adresse à Dieu après les repas et, par extension, par reconnaissance envers la divinité, à l'occasion d'une grâce particulière (action de grâces).

HÉRÉSIE

Mot d'origine grecque, *hairesis*, signifiant doctrine. Généralement utilisé pour désigner une opinion religieuse différente
de celle de l'Église romaine puis, par extension, toute idée
considérée comme fausse par une organisation officielle ou
une pensée dominante. L'hérésie est une idée ou doctrine
contraire à l'orthodoxie, parfois une révolte. Dans la plupart
des cas, elle est condamnée sévèrement par les pouvoirs en
place. Les coupables d'hérésie pouvaient être, comme les sor-
ciers, condamnés par l'Inquisition à être brûlés vifs.

HOSPITALIERS

Ordres religieux voués à la protection des pèlerins et aux soins
des malades, dont les plus anciens furent créés au IXe siècle. À
l'époque des croisades, les ordres hospitaliers (chevaliers du
Saint-Sépulcre, hospitaliers de Saint-Jean de Jérusalem,
chevaliers Teutoniques et Templiers) s'établirent en Palestine
après la prise de la Ville sainte par Godefroy de Bouillon.
Après s'être installé à Chypre en 1291, puis à Rhodes en
1308, l'ordre des Hospitaliers s'établit définitivement à Malte
en 1530 et prend le nom de chevaliers de l'ordre de Malte.

HUGUENOTS

Nom formé à partir du mot allemand *Eidgenossen* (confédérés)
donné aux Genevois et reporté péjorativement sur les protestants français et calvinistes des XVIe et XVIIe siècles par les
catholiques, eux-mêmes qualifiés de *papistes*. Cette étymologie
est parfois contestée car, selon Théodore de Bèze, elle provient
de la porte Hugon à Tours, près de laquelle se rassemblaient

les réformés. Les huguenots étaient aussi surnommés *parpaillots*, de l'occitan *parpailhol*, le papillon, en raison de la large chemise blanche (la *camise*, d'où *camisard*, un autre de leurs surnoms) qu'ils portaient en signe de reconnaissance.

HUS (JAN), HUSSISME

Réformateur tchèque (1369-1415) qui enseigna la théologie à Prague où il critiqua les abus du clergé de son temps. Auteur d'un *De corpore Christi*, de pure doctrine catholique, on le chassa pourtant de l'Université en 1410 puis on l'excommunia lorsqu'il s'éleva contre la décapitation de trois de ses partisans, qu'il considéra et honora comme martyrs. Jan Hus poursuivit son enseignement jusqu'en 1414, année où il fut emprisonné et accusé d'hérésie. On brûla ses livres et on le fit mourir sur un bûcher à Constance, en 1415, ainsi que son disciple et compagnon Jérôme de Prague. La Bohême considère Jan Hus comme un martyr et un héros national car, en plus d'être un réformateur, il fut aussi l'un des premiers écrivains de langue tchèque. Après sa mort, il se créa une ligue pour défendre la liberté de prêcher librement l'Évangile. De nombreuses luttes opposèrent hussites et catholiques fidèles à la papauté romaine.

HYMNE

À l'origine, l'hymne était en Grèce un poème chanté en l'honneur des dieux (le mot est alors masculin) ; les hymnes orphiques tendent vers une spiritualité qui annonce par bien des points le mysticisme chrétien. Dans l'Ancien Testament, la plupart des hymnes se trouvent dans les Psaumes qui étaient à la fois des invitations à la louange et la glorification de la bonté et de la grandeur de Dieu. Les compositeurs chrétiens, d'abord des moines, ont donné à l'hymne (le mot devient alors féminin) un aspect universel, notamment celles écrites pour célébrer la nativité de Noël et la résurrection de Pâques. Les plus célèbres compositeurs d'hymnes (hymnologistes) furent saint Hilaire de Poitiers, saint Ambroise, saint Bernard et saint Bonaventure. Tant dans les Églises orthodoxe et latine que dans les Églises protestantes, les hymnes jouent un grand rôle dans la célébration du Christ.

ICÔNE

Du grec *eikôn*, image. Représentation religieuse peinte sur bois, ou miniature, que l'on rencontre surtout dans les églises chrétiennes orientales. Par extension, on donne le nom d'icônes à des représentations religieuses peintes. D'une grande beauté artistique, les icônes font souvent, dans l'Église orthodoxe, l'objet d'une véritable vénération et de nombreux pèlerinages.

ICÔNOCLASME

Doctrine de ceux qui s'opposaient, à Byzance, à l'adoration et au culte des icônes et images saintes.

IDOLÂTRIE

Du grec *eidôlon*, image, et *latreucin*, servir, adorer. Adoration des images ou d'une divinité sculptée ou peinte. Dans l'Ancien Testament, puis dans le christianisme et l'islam, les cultes rendus aux idoles ainsi que leur représentation étaient absolument interdits. Par extension, le terme d'idolâtrie s'applique à toute chose qui prend une place prépondérante et exagérée dans la vie d'un individu en lieu et place de la divinité : idolâtrer la richesse matérielle plutôt que la valeur spirituelle.

IGNACE DE LOYOLA (SAINT)

Né en 1491 et mort en 1556. Fondateur de la Compagnie de Jésus (Jésuites) en 1534. Auteur des *Exercices spirituels*, il fonda son ordre pour évangéliser partout où cela serait possible, et combattre la Réforme. Il fut le premier général de l'ordre.

IMAGES (CULTE DES)

C'est par obéissance au deuxième commandement du Décalogue : *Tu ne te feras pas d'idole [image] ni rien qui ait la forme de ce qui se trouve au ciel*, qu'il est interdit dans de nombreux cultes issus de la Bible de représenter un être divin ou une autre entité. À l'origine, la chrétienté a elle aussi interdit les images ; elles représentaient toutefois des symboles tels que la croix, l'agneau *(Agnus Dei)*, le poisson, l'étoile de la nativité et quelques autres manifestations du mystère chrétien. Au Moyen Âge, l'interdit disparut, et de nombreuses images, notamment sculptées, de Jésus, de la Vierge et des saints ornèrent les monuments romans et clunisiens, ce qui provoqua une réaction de saint Bernard et des Cisterciens qui dénoncèrent ces débordements imagiers et prônèrent un retour à la rigueur et au dépouillement.

INDULGENCE

Rémission des peines temporelles dues en expiation des péchés commis et occasion d'un important trafic, la papauté vendant des indulgences pour renflouer ses caisses et financer ses basiliques. Ainsi les riches pouvaient-ils, même en péchant ouvertement, se dispenser d'un pèlerinage en Terre sainte ou à Compostelle en s'achetant (très cher) une bonne conduite.

INFAILLIBILITÉ

Le représentant authentique d'une doctrine traditionnelle — qui par conséquent a gravi les degrés de l'initiation — est nécessairement infaillible lorsqu'il parle au nom de cette doctrine. Cette qualité n'est pas attachée à l'individualité du personnage, mais à sa fonction. Celui qui a reçu la connaissance ne peut errer. Il ne croit pas : il sait. La croyance peut subir des variations, s'effacer même ; le savoir, lui, est définitif. Voici, en substance, ce que proclame le concile de Rome convoqué par Pie IX le 13 juillet 1870 et qui s'est prononcé sur l'infaillibilité pontificale : « Le Pontife romain, lorsqu'il parle *ex cathedra*, c'est-à-dire, lorsque, remplissant la charge de pasteur et de docteur de tous les chrétiens, il définit une doctrine sur la foi ou les mœurs, doit être tenu par l'Église universelle comme jouissant pleinement, grâce à l'assistance divine qui lui a été promise par le premier des apôtres, de cette infaillibilité dont le divin Rédempteur a voulu que son Église fût pourvue. Par conséquent, telles définitions du Pontife romain doivent être considérées comme irréformables en elles-mêmes et non en vertu du consentement de l'Église. »

INQUISITION

Du latin *inquisitio*, enquête. Nom du tribunal ecclésiastique créé pour juger des personnes dénoncées comme hérétiques aux autorités religieuses. Devant l'essor de la religion cathare, le pape envoya des missionnaires pour convertir les fidèles de la nouvelle croyance. Ayant constaté leur échec, le pape Innocent III décréta la croisade contre les albigeois en 1209, puis le pape Grégoire IX créa des tribunaux d'exception, qu'il confia aux Dominicains. Par la torture, et selon un questionnaire codifié qui ne laissait jamais aux accusés la possibilité de se défendre face à des accusateurs anonymes, les juges obtenaient des aveux qui leur permettaient de les condamner (généralement à mort) pour hérésie.

Officiellement, l'Inquisition fut fondée au synode de Toulouse en 1229 par Grégoire IX. Un grand nombre de documents tels que le *Manuel de l'inquisiteur* de Bernard Gui (1323) et les *Instructions* de Torquemada servaient de guide aux membres des tribunaux qui n'avaient souvent rien à reprocher à ceux qu'ils avaient la charge de condamner. Bien que gradués à l'origine, les châtiments devinrent de plus en plus sévères, et certaines régions, comme le Languedoc et les Flandres, subirent en réalité une véritable répression servant le pouvoir et contribuant à l'enrichissement de quelques grands, ecclésiastiques et membres des cours royales.

L'Inquisition condamnait, puis abandonnait au bras séculier l'exécution des sentences de mort, dont le bûcher n'était pas toujours la plus horrible. Bien que sévissant surtout en France et en Espagne, l'Inquisition s'étendit dans la plupart des pays d'Europe, hormis l'Angleterre, qui refusa l'ingérence de la papauté et créa ses propres tribunaux. L'Inquisition tenta d'exterminer les albigeois et les vaudois, mais aussi les dissidents tels que les *bégards*, les *béguines*, les *flagellants*, les *patarins*, et tous ceux qui, de près ou de loin, déviaient un tant soit peu de la doctrine romaine.

La *Sainte Inquisition* devint par la suite la *sacrée congrégation du Saint-Office*, puis la *congrégation pour la Doctrine de la foi* (1542), qui existe toujours au Vatican où elle est désormais chargée des questions de la foi.

INTÉGRISME

Du mot *intègre*, c'est-à-dire d'une pureté absolue. Terme utilisé par les puristes d'une doctrine ou d'une religion, qui refusent toute modification, toute disposition nouvelle tentant de l'adapter à la société. Le terme de *traditionalisme* est aussi usité comme synonyme d'intégrisme.

L'intégrisme se rencontre dans toutes les religions, du christianisme à l'islam, dans le hassidisme comme dans l'hindouisme. Les principales caractéristiques de l'intégrisme sont l'intolérance et la haine de toute institution laïque et démocratique, de tout gouvernement ou organisation refusant la mainmise d'un pouvoir ecclésiastique.

INVESTITURE

On appelait investiture, en droit féodal, la mise en possession d'un fief donné par un seigneur à son vassal ; le mot s'appliquait aussi à la mise en possession d'un immeuble ou d'un bénéfice. Comme symbole de la propriété ou du pouvoir qu'il transmettait ainsi, le seigneur donnait soit une motte de terre, un rameau, un fétu de paille, soit une couronne, une lance, un sceptre, ou, enfin, la crosse et l'anneau s'il s'agissait de hauts dignitaires ecclésiastiques : car les rois ayant attaché des terres ou des pouvoirs temporels aux évêchés et abbayes, évêques et abbés se trouvèrent recevoir à la fois, au moment de leur nomination, un fief et une juridiction religieuse. Donc, quelque chose de temporel qu'ils tenaient du prince, et quelque chose de spirituel qu'ils ne tenaient pas de lui. L'usage prévalut peu à peu de leur conférer l'investiture par la crosse et l'anneau. Le prince la donna d'abord pour le fief qu'il avait attaché à la dignité. Mais bientôt, il entendit aussi la donner pour la juridiction spirituelle. Il prétendit donc conférer à la fois le temporel et le spirituel aux évêques et abbés, autrement dit, il supprima l'élection traditionnelle et s'attribua le droit de disposer des évêchés et des abbayes à son gré. C'est ce qui advint surtout en Allemagne, et qui eut de détestables conséquences : évêchés et abbayes furent fréquemment donnés à des courtisans, à prix d'argent, et le pays s'emplit bientôt d'une foule de prélats qui n'avaient rien d'ecclésiastique. Grégoire VII entreprit d'y porter remède, faisant éclater la *querelle des Investitures*. La lutte se poursuivit sous les pontificats de Victor III, Urbain II, Pascal II, Gélase II et Calixte II. Elle aboutit finalement au principe de la séparation des pouvoirs : l'empereur n'investirait plus que par le sceptre, le pape par la crosse et l'anneau.

IRÉNÉE (SAINT)

Né à Smyrne, vers 130, venu d'Asie Mineure après avoir reçu l'enseignement de Polycarpe, lui-même disciple de saint Jean, docteur de l'Église, Irénée s'installa à Lyon, dont il fut l'évêque. Saint Irénée est l'auteur de nombreux ouvrages religieux et mourut martyr vers 200, selon Jérôme.

JANSÉNISME

Doctrine théologique du XVIIᵉ siècle, du nom de Jansénius, dont l'ouvrage, l'*Augustinus* (1640), fut attaqué par les Jésuites en raison de ses positions qui adhéraient à l'opinion de saint Augustin sur la grâce et la prédestination. La doctrine de Jansénius, condamnée par le pape Innocent X, laissait peu de libre arbitre aux hommes. Elle fut soutenue par Pascal et Antoine Arnaud. Mère Angélique Arnaud, abbesse du couvent de Port-Royal qu'elle avait réformé, fut parmi les principaux artisans du jansénisme. En 1713, l'abbaye de Port-Royal fut condamnée par une bulle *(Unigenitus)* de Rome, et détruite.

JEAN CHRYSOSTOME (SAINT)

Prêtre d'Antioche, Père de l'Église d'Orient et patriarche de Constantinople, né à Antioche vers 344 et mort près de Comane de Cappadoce en 407. Jean fut chargé de prêcher la parole de Dieu ; son éloquence le rendit si populaire qu'on le surnomma Chrysostome *(Bouche d'or)* et qu'on le proclama patriarche de Constantinople. Il organisa des œuvres hospitalières et dénonça la richesse de certains ecclésiastiques. En raison de ses remarquables *Homélies* et *Catéchèses*, il est aussi docteur de l'Église.

JÉRÔME (SAINT)

En latin *Hieronymus*. Père et docteur de l'Église né vers 347 et mort vers 420. Savant lettré, on lui doit une traduction de la Bible, de l'hébreu au latin, qu'on appelle la *Vulgate* en raison de sa grande diffusion. Saint Jérôme a laissé une grande œuvre faite de traductions, d'histoire ecclésiastique, de sermons, de lettres et d'écrits concernant les théories d'Origène. On représente saint Jérôme seul dans le désert avec un lion à ses pieds.

JÉSUITES

Membres de la Compagnie de Jésus, ordre fondé à Paris par saint Ignace de Loyola en 1534. Cet ordre est marqué par la rigueur de son recrutement, par sa discipline, ainsi que par ses exigences spirituelles et intellectuelles. La Compagnie de Jésus joua un grand rôle dans la Contre-Réforme, puis ensuite dans l'éducation, ses collèges dispensant un enseignement de qualité aux enfants de la noblesse et de la bourgeoisie.

LAÏCITÉ
Ce qui n'est ni ecclésiastique ni religieux.

LANGUES LITURGIQUES
Le monde occidental n'a pas à sa disposition d'autre langue sacrée que l'hébreu, encore qu'elle ne s'applique qu'à l'Ancien Testament. Le latin et le grec, tout comme le slavon utilisé par les Églises orthodoxes, sont de simples langues liturgiques. Pour jouer ce rôle, il leur suffit d'être « fixées » afin d'échapper aux fluctuations auxquelles sont soumises les langues parlées. Les modernes nomment ces langues fixées des « langues mortes », ce qui est impropre tant qu'elles sont utilisées pour des rituels. On notera que le protestantisme ne fait usage que de langues vernaculaires et que le catholicisme, à partir du concile de Vatican II, a pratiquement abandonné le latin, ce qui implique l'abandon de toute liturgie authentique.

LUTHER (MARTIN)
Théologien réformateur allemand (1483-1546), ordonné prêtre chez les Augustins d'Erfurt avant d'être docteur en théologie, puis professeur à l'université de Wittenberg. De passage à Rome en 1510, Luther fut choqué par le luxe de la cour pontificale et entretint la polémique contre les indulgences, s'opposant à l'inquisiteur Tetzel qui en faisait commerce auprès de ceux qui pensaient obtenir le pardon de leurs péchés en les achetant. Luther se révolta contre le pape et proposa quatre-vingt-quinze Thèses de discussion qu'il afficha en 1517 sur la porte de l'église de Wittenberg. Le

pape Léon X lança une bulle pour l'excommunier, mais Luther la brûla solennellement sur la place de Wittenberg.

Après avoir entendu sa profession de foi, Charles Quint voulut le punir mais l'électeur de Saxe le garda dans le château de Wartburg pour le protéger. Luther y demeura caché sous le nom de chevalier de Saint-Georges, et traduisit le Nouveau Testament en allemand. En 1525, il rédigea la *Confession d'Augsbourg* en compagnie de Melanchthon, qui fut à l'origine de la constitution des Églises luthériennes. Luther a laissé de nombreux ouvrages, parmi lesquels le *Petit Catéchisme* et le *Grand Catéchisme de l'ordre du service divin*, et le *Petit Traité de la liberté chrétienne*.

LUTHÉRIENS

Protestants qui adoptent les positions chrétiennes de Luther. Deux des principales caractéristiques du luthéranisme sont la reconnaissance, pour la foi, en la seule autorité de la Bible, et la délivrance du péché originel par la foi et la grâce. Le luthéranisme est la principale religion protestante en Allemagne, en Hollande, dans les pays scandinaves et baltes et en Europe centrale.

MANICHÉISME

Religion fondée par Mani (ou Manès). C'est une sorte de syncrétisme associant le mazdéisme, le christianisme, le bouddhisme et d'autres courants religieux asiatiques. Le manichéisme se fonde sur le dualisme interne à toute chose, dont il fait un principe fondamental. C'est surtout la lutte du bien et du mal ou, plus symboliquement, l'opposition de la lumière et des ténèbres, qui fait l'objet de disciplines tendant à éliminer, ce qui contraint l'esprit à rester prisonnier de la matière.

Seule la connaissance, l'ascèse et la pratique des vertus permettent d'accéder à l'illumination et à la libération, comme l'ont enseigné les grands prophètes.

MARONITES

Chrétiens d'Orient, uniates de rite syrien dont le nom rappelle saint Maron, fondateur de nombreux monastères au Liban. Les maronites furent souvent en butte aux guérillas menées contre eux par les musulmans qui peu à peu les refoulèrent dans les montagnes. En Syrie et au Liban, les maronites constituent toujours une importante communauté restée sous la juridiction du patriarcat d'Antioche.

MARTYR

Mot signifiant *témoin*, donné à tous ceux qui meurent pour leur foi, et ce dans toutes les religions. Pendant les premiers siècles suivant l'apparition du Christ, les chrétiens furent... *haïs de tous à cause de mon Nom*, comme le leur avait assuré le Seigneur dans l'Évangile de Matthieu (chapitre 10, verset 22). Le temps des martyrs chrétiens dura environ trois siècles, et ne s'acheva qu'avec le règne de l'empereur Constantin, bien qu'il se soit poursuivi en France sous les rois mérovingiens.

MESSE
Office principal du culte catholique. La messe commémore le sacrifice du corps et du sang de Jésus-Christ sous les espèces du pain et du vin. Dans cette communion nommée eucharistie, le Christ est « immolé » sur l'autel. Aujourd'hui, la messe est appelée eucharistie. Elle comporte la liturgie de la parole, constituée de prières, de chants, d'invocations, de lectures et d'un sermon, et le sacrifice eucharistique qui comprend l'offertoire, la consécration et la communion.

MÉTHODISTES
Communauté protestante suivant l'enseignement dispensé par John Wesley au XVIIIe siècle. Celui-ci prêcha une méthode de vie spirituelle destinée aux anglicans. Avec ses disciples, rejetés par l'Église anglicane, il créa un groupe dont les membres (y compris des laïcs et des femmes) prêchaient en plein air. La communauté méthodiste est très importante en Angleterre et aux États-Unis.

MÉTROPOLITAIN
Titre donné aux évêques de l'Église d'Orient.

MOINE
Du latin *monachus*, dérivé du grec *monos* signifiant *seul*. Ermite à l'origine, puis religieux consacrant sa vie à Dieu, à la prière et au travail, vivant généralement dans un monastère ou une abbaye. Les religieuses ont une vie identique et sont appelées *moniales*. Parmi les principaux ordres monastiques, on distingue ceux qui obéissent à la règle de saint Benoît (Clunisiens, Cisterciens, Chartreux, Célestins) et ceux qui suivent la règle de saint Augustin — dits *Chanoines réguliers* ou *Frères mendiants* — (Dominicains, Franciscains, Carmes, Augustins, Récollets et Capucins).

En Europe, les moines, qui étaient souvent les seuls lettrés capables de copier des manuscrits et d'enseigner l'écriture, sont aussi à l'origine de la propagation de la foi. De même, ils ont contribué à l'aménagement du territoire, durant la période médiévale : ils se sont occupés des cultures, de l'assèchement des marais, de la construction d'ouvrages d'art et de fortification, de l'édification des premières églises et cathédrales. Les moines sont aussi à l'origine des grandes foires et des marchés, des hostelleries et relais pour voyageurs et pèlerins, des ateliers accueillant des apprentis, base du compagnonnage, ainsi que des écoles.

MONOPHYSISME
Doctrine (condamnée) selon laquelle la nature divine, en Jésus-Christ, l'emporte sur la nature humaine, ce qui aboutit à la négation de son humanité *(voir Monothélisme)*.

MONOTHÉISME
Du grec *monos*, seul, et *theos*, dieu. Religion d'une seule divinité, d'un Dieu unique. Le monothéisme est apparu en Égypte avec Aménophis IV, dit Akhenaton, et chez les Hébreux, ainsi que le *Décalogue* le décrit dans la Bible, précisant : *Tu n'auras pas d'autres dieux face à moi*. Du monothéisme biblique sont issues trois des grandes religions actuelles, le judaïsme, le christianisme et l'islam.

MONOTHÉLISME
Doctrine (condamnée) selon laquelle seule la volonté divine s'exprime en Jésus-Christ, ce qui nie son humanité *(voir Monophysisme)*.

NÉPOTISME

Lorsqu'un homme en place utilise son pouvoir pour favoriser ses proches parents. On a beaucoup reproché aux papes leur népotisme en faveur de leurs neveux.

NESTORIANISME

Doctrine de Nestorius, hérésiarque patriarche de Constantinople au Vᵉ siècle, formé à l'école d'Antioche, qui créa une école christologique affirmant les natures séparées, humaine et divine, du Christ, ce qui ne permettait pas d'appeler la Vierge Marie Mère de Dieu *(Theotokos)* mais seulement Mère du Christ *(Khristokos)*. Cyrille d'Alexandrie fit condamner Nestorius au concile d'Éphèse de 431, mais le nestorianisme se répandit à Édesse, en Perse, en Asie centrale et en Inde. Finalement, Nestorius fut exilé en Égypte où il termina ses jours, ce qui n'empêcha pas l'expansion de cette branche du christianisme qui comptait plus de deux cents évêques et plusieurs dizaines de millions de fidèles au XIIᵉ siècle. Mahomet aurait rencontré les membres du christianisme nestorien qui auraient, dit-on, influencé sa spiritualité.

NICÉE

Ville de Bithynie, qui fut le siège de deux conciles. Le premier concile, en 325, réuni par Constantin sous le pontificat de Sylvestre Iᵉʳ, avait pour but de définir le dogme chrétien par rapport aux face des hérésies, notamment celle d'Arius, qui y fut excommunié. Le second concile œcuménique, en 787, réuni par Constantin VI et l'impératrice Irène, autorisa et encouragea le culte des images.

NICOLAÏSME
C'est, en termes plus directs, l'incontinence des prêtres. En effet, dans l'Église médiévale, cette incontinence pose un problème non pas moral (le péché de chair est considéré avec une relative indulgence), mais économique : les prêtres font des enfants afin de leur transmettre leurs charges, qu'ils ont payées très cher.

NORBERT (SAINT)
Fondateur de l'ordre des Prémontrés (né vers 1080 et mort en 1134). Il fut archevêque de Magdebourg, dénonça les mœurs du clergé régulier dont il dut subir, en retour, l'hostilité.

OBLAT

Du latin *oblatus*, offert. État semi-monastique d'une personne laïque n'ayant pas prononcé des vœux de moine mais vivant dans un monastère. Jadis, les abbayes observant la règle de saint Benoît accueillaient dans des locaux séparés des moines, des oblats et des frères convers. D'autre part, pendant le sacrifice de l'Eucharistie, on donne le nom d'oblats au pain et au vin, offerts aux fidèles.

ŒCUMÉNISME

Mot grec, *oikoumenês*, signifiant totalité, univers. Tendance, puis mouvement organisé par des Églises chrétiennes désirant l'union spirituelle, selon les commandements évangéliques. En 1948, à Amsterdam, fut créé le Conseil mondial des Églises qui réunit de nombreuses Églises et communautés protestantes, bientôt rejointes par la plupart des Églises orthodoxes (1954) et russes (1961). L'Église catholique romaine resta réticente (sous Pie XII) puis se préoccupa de l'unité des Églises chrétiennes, notamment à partir du concile de Vatican II (1962-1965), avec Jean XXIII et Paul VI, puis Jean-Paul II.

ORDRES

L'un des sept sacrements du catholicisme, qui confère à un religieux les fonctions ecclésiastiques de la prêtrise (ordre majeur). L'ordre est donné à des clercs après une longue préparation qui permet de franchir les degrés de la hiérarchie ecclésiastique. On dénombre quatre ordres mineurs (portier, lecteur, exorciste, qui chasse les démons, acolyte, qui assiste le prêtre lors des cérémonies religieuses) et trois ordres majeurs (évêque, prêtre et diacre).

Les grands ordres monastiques constituent une hiérarchie particulière qui comprend principalement les abbés et les moines, de même que les ordres de chevalerie médiévale qui, à l'origine, avaient un caractère monastique.

ORIGÈNE

Fils d'un martyr, théologien et Père de l'Église, Origène est né à Alexandrie vers 183 et mort à Tyr vers 254. Surnommé *Homme d'airain*, il enseigna durant vingt-huit ans à Alexandrie, fut ordonné prêtre et fonda une école à Césarée. Suspecté d'hérésie, il fut déposé par Démétrius, évêque d'Alexandrie, et privé de la prêtrise. Emprisonné, il mourut à Tyr des suites des tortures infligées au moment des persécutions de Dèce. Origène est l'auteur d'un grand nombre d'ouvrages empreints de la gnose chrétienne et de néoplatonisme, condamnés par le concile de Constantinople en 553.

ORTHODOXIE

Du grec *orthos* et *doxa*, c'est-à-dire opinion ou croyance juste, droite. L'une des trois grandes branches du christianisme avec le catholicisme et le protestantisme. Constituée par les Églises d'Orient, l'orthodoxie se reconnaît dans les principes de la foi tels qu'ils furent énoncés par les sept conciles œcuméniques, dont le plus important a été celui de Chalcédoine en 451, qui proclama la nature divine et humaine du Christ. Elle est aussi fidèle aux principes spirituels prêchés par les Pères orthodoxes dont saint Athanase d'Alexandrie, saint Basile de Césarée, saint Grégoire de Nysse, saint Grégoire de Nazianze et saint Jean Chrysostome.

C'est l'empereur Justinien qui fonda et organisa l'Église orthodoxe, suivant le modèle centralisé de l'administration romaine, et qui convoqua, en 553, le concile œcuménique de Constantinople. Les divergences entre l'Église orthodoxe et l'Église romaine apparurent après le concile de Chalcédoine, lorsque les Orientaux dénoncèrent le manque d'œcuménisme des conciles organisés par les papes après celui de Nicée en 787 (premier schisme).

Le désaccord s'aggrava sur la question fondamentale du *credo* ajouté par Rome, qui modifiait ce qu'avaient fixé les deux conciles précédents, et sur la prééminence du pape, l'orthodoxie affirmant que seul le Christ était le chef de l'Église chrétienne. Séparées depuis le schisme de 1054, les deux Églises entretiennent depuis Vatican II des rapports à nouveau œcuméniques.

PALLIUM
Insigne réservé aux évêques, fait de laine blanche parsemée de croix noires, en remplacement de la figure du Bon Pasteur dont il était primitivement orné. Les agneaux qui fournissaient cette laine étaient solennellement bénis le jour de la Sainte-Agnès, dans la basilique de cette martyre, sur la via Nomentana. Le plus vieux renseignement que l'on possède sur son existence est une constitution du pape saint Marc, au IVᵉ siècle, disposant que l'évêque d'Ostie portera le pallium lorsqu'il donnera la consécration épiscopale au futur pape qui n'est pas évêque, avant son élévation à la chaire apostolique.

PAPE
Chef suprême de l'Église catholique romaine, appelé aussi souverain pontife, Saint-Père... Le pape est le successeur de saint Pierre auquel le Christ confia cette charge (Matthieu 16). Le pape est élu par un collège de cardinaux et réside dans la cité du Vatican. Sans souveraineté temporelle depuis les accords du Latran (1929), mais déclaré infaillible par le concile Vatican I de 1871, le pape s'adresse aux catholiques par des *bulles* et des *encycliques*.
C'est à Grégoire VII, à l'issue d'un synode convoqué en 1081, qu'est conféré le nom de pape, qui devient alors synonyme d'évêque universel. Jusqu'alors, il est porté par tous les évêques de la chrétienté. Les premiers évêques de Rome choisissent eux-mêmes leurs successeurs. Puis l'élection est confiée au clergé et au peuple, choix que l'empereur se borne à approuver. Nicolas II repousse l'intervention du peuple et

décide que seuls les cardinaux éliront le chef de l'Église. Les papes, ou leurs légats, convoquent et président eux-mêmes les conciles œcuméniques ; puis ils confirment et publient leurs décrets. La nomination des cardinaux, l'investiture des évêques, l'élection ou la translation des évêchés, la création ou la suppression des ordres leur appartiennent. Ils prononcent ou lèvent les excommunications, veillent à maintenir l'intégrité du dogme, accordent les différentes dispenses, prononcent les canonisations. Leurs jugements sont sans appel, irréformables et obligatoires pour tous les fidèles.

PASTEUR

Berger. Dénomination des guides spirituels qui, à l'image de Dieu — *l'Éternel est mon Berger* (dit le psalmiste) — et du Christ — *Je suis le Bon Berger* (Bon Pasteur) — protègent, instruisent et conduisent le troupeau des fidèles vers la nourriture divine. La crosse des évêques illustre cette fonction de pasteur de la communauté. Chez les protestants, le pasteur (qui, contrairement au prêtre, ne fait pas le vœu de célibat) est le ministre du culte.

PÉCHÉ

Du latin *peccatum*, signifiant faute ou crime. Transgression, volontaire ou non, de la loi divine et de ces commandements. Selon la Bible, le *péché originel* est la faute que tout homme porte en lui depuis la chute d'Adam et son expulsion du jardin d'Éden. Les sept *péchés capitaux* sont l'avarice, la colère, l'envie, la gourmandise, la luxure, l'orgueil et la paresse. L'Église catholique, toutefois, distingue le *péché mortel* et le *péché véniel* (peccadille) et, avec l'Église orthodoxe, déclare que péché véniel et péché mortel peuvent être effacés par la confession sincère et la contrition, alors que le protestantisme professe que la foi et le repentir sincère suffisent.

Vivre dans le péché signifie vivre loin de Dieu et *pécher contre l'esprit* consiste en un refus d'accepter Dieu, une attitude orgueilleuse dont le Christ assure qu'elle ne peut être pardonnée. Selon l'Évangile de Matthieu (chapitre 5, versets 23-28), *la miséricorde accordée par Dieu au pécheur exige que celui-ci pardonne à son prochain.*

La notion de péché a existé de tout temps et dans toutes les religions, où elle était appelée *tabou*. De même, partout et depuis toujours ont existé des cérémonies expiatoires, épreuves, ordalies, purifications, jeûnes, mortifications et pèlerinages...

PÉLAGIANISME

Doctrine d'inspiration stoïcienne de Pélage, moine irlandais du Vᵉ siècle établi en Afrique, qui affirmait la supériorité de la volonté humaine sur la grâce, et qui niait le péché originel. Saint Augustin et saint Jérôme combattirent cette hérésie qui fit des adeptes jusque chez les moines de Provence, un siècle plus tard.

PÈLERINAGE

Voyage qu'accomplissent les fidèles d'une religion vers un lieu saint, soit par obligation religieuse (pèlerinage musulman vers La Mecque), soit par vœu personnel ou désir de méditation (Jérusalem, Saint-Jacques-de-Compostelle chez les catholiques). Quelquefois, il s'agit d'un pèlerinage destiné à obtenir une guérison jusque-là impossible (Lourdes) ou à sauver un être dans le malheur.

Le christianisme quant à lui a envoyé ses pèlerins vers le Saint-Sépulcre de Jérusalem, vers Rome et vers les tombeaux des saints et martyrs tels ceux conservés à Saint-Denis, Saint-Martin de Tours, Saint-Sernin de Toulouse, Sainte-Foy de Conques et aussi Chartres, Le Puy, Rocamadour ou Czestochowa en Pologne. Au Moyen Âge, c'est vers le tombeau de Saint-Jacques, en Galice, redécouvert par Charlemagne, que se sont dirigés des millions de pèlerins venus de toute l'Europe. L'époque moderne a suscité des pèlerinages comme ceux de La Salette, de Pontmain, de Fatima et de Lourdes. Les protestants font chaque année une commémoration de leurs martyrs disparus dans les Cévennes, tandis que des processions se rendent à Montségur honorer la mémoire des cathares.

Le pèlerinage est un acte religieux ayant la plupart du temps un aspect méritoire. Conduisant vers le salut, le pèlerinage exige à la fois purification, recueillement et prières.

PÉNITENCE

Du latin *paenitere*, se repentir. La pénitence est d'abord une souffrance volontairement imposée pour expier une faute, ou par désir de perfectionnement. Le christianisme a imposé des moments de pénitence et de purification tels que le carême, les quatre temps, les jeûnes et les temps d'abstinence.

La pénitence est l'un des sept sacrements de l'orthodoxie et du catholicisme, destinée à remettre les fautes des pécheurs repentants. Après ce sacrement viennent l'absolution et la prière destinée au rachat du péché. Plusieurs ordres religieux portent le nom de pénitents et il existe aussi des confréries de pénitents, souvent laïques mais dirigées par un prieur. Leurs membres sont appelés pénitents blancs, gris, bleus, noirs. Ils dispensaient des soins aux mourants et veillaient à ce qu'un service religieux accompagne les morts les plus pauvres.

PÈRES DE L'ÉGLISE

Ce sont les philosophes chrétiens qui, en grec ou en latin, ont écrit les textes de référence sur lesquels s'est bâti le dogme chrétien ; parmi eux, saint Augustin, et saint Jérôme, dont la traduction de la Bible en latin (*Vulgate*) fera autorité jusqu'au xxe siècle.

PERSÉCUTIONS

Dans le christianisme, ce terme s'applique généralement aux violences exercées contre les premiers chrétiens par les empereurs romains, de Néron à Constantin, qui y mit un terme par l'édit de Milan. La première cause des persécutions romaines venait du refus des chrétiens d'adorer les empereurs divinisés. Par la suite, le christianisme organisa lui aussi des persécutions contre ceux qu'il considérait comme hérétiques, notamment les cathares, les hussites, les vaudois, puis les protestants, qu'il condamna aux bûchers et aux galères.

PIERRE LE VÉNÉRABLE

Né en 1092 et mort en 1156. Abbé de l'abbaye de Cluny, il y rétablit l'austérité primitive de la règle monastique de saint Benoît. Il fit traduire le Coran en latin et en donna une *Réfutation*.

PONTIFE
Du latin *pontifex*, c'est-à-dire faiseur de ponts. Titre que portaient les empereurs, *pontifex maximus* (grand pontife) dans l'ancienne Rome signifiant, autant dans le monde physique que spirituel, le rôle de lien qu'ils jouaient entre les divinités et les hommes. Le pape de l'Église de Rome, tout comme ses prédécesseurs païens et impériaux qui nommaient les prêtres *(flamines)* et les prêtresses *(vestales)*, nomme les cardinaux et veille à la vie religieuse de la communauté dont il est à la fois le guide et le père.

PRÊTRE
Du grec *presbuteros*, signifiant ancien, d'où provient le mot presbytère, puis prêtre. Guide des fidèles, berger des croyants d'une communauté religieuse, le prêtre exerce un sacerdoce qui fait de lui l'intermédiaire, l'intercesseur, entre la divinité et ses fidèles. Dans l'Église catholique, le prêtre est un religieux ayant reçu le troisième ordre majeur. Les protestants ont des prêtres nommés pasteurs tandis que l'islam a des guides, imams, et le bouddhisme des lamas.
Les prêtres catholiques font vœu de célibat tandis que les prêtres orthodoxes et anglicans peuvent se marier.

PRIEUR
Du latin *prior*, signifiant le *premier*. Dans certains ordres monastiques, le prieur est le personnage le plus important après l'abbé, directeur et conscience de l'abbaye ou du monastère. Cependant, dans un prieuré, c'est le prieur qui a la responsabilité supérieure. Dans un monastère, le prieur, nommé par l'abbé, le remplace en cas d'absence. Il préside au réfectoire et lit les textes saints pendant les repas, puis répartit le travail entre tous les moines. Chargé de guider les novices, le prieur avait jadis sa stalle dans le chœur, du côté gauche de l'autel, face à celle de l'abbé.

PROTESTANTISME

On admet deux étymologies possibles du mot protestantisme. La première le fait provenir du latin *pro-testare* : attester, confesser. La seconde le fait dépendre de la *protestation* émise par un grand nombre de chrétiens qui, à la suite de Martin Luther, s'élevèrent au XVIᵉ siècle contre les abus du clergé et certains aspects de la doctrine catholique. Cette protestation les incita à refuser l'autorité de la papauté romaine. D'une manière générale, le terme de protestantisme comprend toutes les tendances nées de ce mouvement, bien que le protestantisme possède des aspects très différents suivant les Églises, les pays et les civilisations. Cependant, des principes communs, spirituels et organiques relient entre elles toutes ses branches car toutes se réclament de la Bible, Ancien et Nouveau Testament, avec la volonté d'être proches des enseignements évangéliques, accompagnée d'un souci de dépouillement dans les temples et la liturgie.

Les principales Églises protestantes sont l'Église luthérienne, l'Église réformée (ou presbytérienne) d'inspiration calviniste, l'Église anglicane (ou épiscopalienne) et l'Église méthodiste. S'y ajoute un courant dit évangélique, qui comprend notamment les baptistes et les pentecôtistes. Tous admettent les dogmes généraux du christianisme : la Création, le Péché originel, la Rédemption, la Trinité, le Jugement dernier, la profession de foi par le Symbole des Apôtres. En revanche, ils n'admettent pas l'intercession des saints et de la Vierge Marie, même s'ils reconnaissent la conception virginale du Christ par l'action du Saint-Esprit. Si les Églises issues de la Réforme ont pour doctrine fondamentale le salut par la seule grâce de Dieu, elles croient cependant les œuvres nécessaires car elles sont au service de tous les hommes, frères dans le Christ.

En France, à la suite des guerres de Religion, le protestantisme ne fut officiellement autorisé en certains lieux qu'après l'édit de Nantes promulgué par Henri IV en 1598, mais dont la révocation par Louis XIV, en 1685, généra une campagne d'intolérance proche de l'Inquisition. Le massacre des huguenots pendant la nuit de la Saint-Barthélemy, sous Charles IX, et la déportation des femmes et des hommes cévenols lors des dragonnades, sous Louis XIV, en furent le paroxysme. Chaque année, dans les Cévennes, un rassemblement protestant commémore ces événements et honore l'Église du désert qui organisait des cultes clandestins malgré la répression.

En 1787, Louis XVI signa l'édit de tolérance, puis en 1802, à la suite du Concordat conclu entre Napoléon et la papauté, les articles organiques reconnurent le culte protestant et lui accordèrent un certain nombre de chapelles. En 1905, à la suite de la loi sur la séparation de l'Église et de l'État, la liberté totale de culte fut accordée aux protestants.

RÉFORME

Mouvement de la première moitié du XVIᵉ siècle qui divisa le christianisme occidental en deux parties, l'une réformée et protestante, l'autre catholique et romaine. Succédant à Jan Hus condamné à mort *(voir ce nom)*, le mouvement de protestation appelé par la suite Réforme trouva son véritable élan avec Martin Luther en Allemagne qui, excommunié, publia en 1530 la *Confession d'Augsbourg*. Ce grand texte fondateur fut poursuivi par d'autres réformateurs tels Zwingli et Calvin, Knox, Melanchthon et Guy de Bresse.
En Angleterre, l'Église prit aussi son indépendance vis-à-vis de Rome et la révolution de Cromwell généra un protestantisme plus tolérant. En Europe, la Contre-Réforme fut à l'origine de la fondation de diverses congrégations destinées à la prédication et au retour à l'orthodoxie catholique.

RELIQUES

Du latin *reliquiae*, signifiant *restes*. Vestiges d'un important personnage ou témoignages d'un grand événement, ossements, morceaux de vêtements, instruments de supplice (pour les martyrs), morceaux de bannières portées lors de batailles illustres, pages manuscrites, tout ce qui manifeste une présence dans la mémoire collective…
Parmi les reliques les plus importantes du christianisme se trouvent les morceaux de la vraie Croix, possédés par de nombreuses cathédrales, et la Couronne du Christ (ou seulement ses épines) pour qui Saint Louis fit édifier la Sainte-Chapelle de Paris. Au Moyen Âge, l'Église exigea que tout autel consacré contienne une ou plusieurs reliques, ce qui

avait pour but de donner une assise spirituelle et une continuité humaine à l'ensemble de l'édifice. Le trafic des reliques, auxquelles on prêtait des pouvoirs miraculeux, tint une place importante dans l'économie médiévale.
Le protestantisme proscrit rigoureusement le culte des reliques.

RÉSURRECTION (RITUEL DE...)

À peine le pape a-t-il cessé de vivre que le cardinal camerlingue, prévenu par le maître des cérémonies, se rend en habit violet dans le palais, au pied du lit où repose le défunt, dont le visage est couvert d'un voile blanc. Le cardinal fait alors la génuflexion et une courte prière. Il se relève ensuite et les adjuvants découvrent le visage du pape. S'approchant du corps, il frappe trois fois la tête du pontife avec un petit marteau d'argent et l'appelle trois fois par son nom. Puis il se tourne vers les assistants et dit : « Le pape est réellement mort. » Le camerlingue frappe au sommet de la tête, un peu à l'arrière de la suture crânienne, parce que c'est le lieu par où l'âme s'échappe au moment de la mort. Les doctrines indiennes le nomment le « trou de Brahma ». Les trois coups, « le triple appel », sont une évocation de l'âme défunte adjurée de donner un signe au cas où l'opération offrirait quelque espoir de réussite. Ce rituel date des premiers temps de la chrétienté.

ROME

Ancienne capitale de l'Empire romain, la ville de Rome est pour le catholicisme le siège de l'autorité religieuse, le lieu de résidence des papes (Vatican). Dans les jardins monastiques et les enclos paroissiaux, et sur certains chapiteaux à décoration florale, on plantait ou sculptait des fleurs nommées *arum* qui rappelaient l'attachement des religieux et des ecclésiastiques au siège de la chrétienté (c'est-à-dire *À Rome*).

SACRÉ COLLÈGE
Assemblée des cardinaux qui assiste le pape dans son gouvernement, à la manière d'un sénat.

SACRILÈGE
Du latin *sacrilegium*, signifiant vol d'objets sacrés. Profanation d'un objet sacré ou personne *(sacrilegus)* ayant commis cette profanation. Dans l'absolu, le sacrilège est une insulte à l'harmonie et à l'ordre du monde, c'est pourquoi toutes les religions l'ont sévèrement puni, car le sacré terrestre correspondait au monde divin. C'est ainsi que pénétrer sans initiation ni rituel dans le saint des saints du temple, le naos, ou attenter à la pureté des vestales provoquait la plupart du temps une condamnation à mort.

Le christianisme, qui allait, dans ses punitions, des pénitences simples au bûcher pour les cas extrêmes, distinguait plusieurs sortes de sacrilèges : ceux qui étaient commis contre les prêtres et ceux qui l'étaient contre des lieux, des édifices ou des objets consacrés.

SAINT
Du latin *sanctus*, pur, vertueux. Attribué à une personne, à un lieu ou à un objet, le mot saint le consacre aux yeux des profanes comme aux membres d'une communauté religieuse. Toutes les religions possèdent des lieux saints vers lesquels se dirigent des pèlerinages. Le centre des temples, le naos dans lequel ne peut entrer que le grand prêtre, est généralement le lieu le plus sacré appelé *saint des saints*.

C'est dans le Saint des saints que les Hébreux enfermaient le tabernacle, où était placée l'arche d'alliance.

Le christianisme considère comme saints les martyrs et les êtres qui ont eu une vie particulièrement exemplaire, tant par l'amour qu'ils ont donné que par la fidélité qu'ils ont montrée dans leur foi. Les églises, villes et villages ont souvent pris le nom d'un saint pour en faire leur patron protecteur, tandis que les familles donnaient ce nom, pour des raisons identiques, à leurs enfants lors de leur baptême. Les saints sont généralement fêtés le jour anniversaire de leur mort tandis que la fête de *tous les saints*, la Toussaint, est célébrée le 1er novembre.

On appelle *Semaine sainte* la semaine qui précède Pâques et qui débute le dimanche des Rameaux.

Le *Saint-Siège* est le siège de la papauté au Vatican, à Rome. Il représente le gouvernement de l'Église, exercé par la Curie et par le souverain pontife, lequel est appelé aussi le *Saint-Père*.

SAINT-ESPRIT

Avec le Père et le Fils, le Saint-Esprit est la troisième personne de la Trinité. Selon l'Église catholique *(Credo)*, le Saint-Esprit procède du Père et du Fils *(filioque)*, alors que pour l'Église orthodoxe, c'est du Père par le Fils qu'il procède. Cette distinction est la principale raison du schisme qui sépara les deux Églises. C'est par le Saint-Esprit que la Vierge Marie conçut Jésus, de même que c'est le Saint-Esprit qui présida au baptême du Christ en descendant sur lui comme une colombe.

Le Saint-Esprit est aussi appelé Paraclet, c'est-à-dire le Consolateur, le guide et l'inspirateur des disciples avant leur mission au moment de la Pentecôte, quand il descendit sur eux sous la forme de langues de feu : *Allez, enseignez toutes les nations et baptisez-les au nom du Père, du Fils et du Saint-Esprit* (Luc). Les dons spirituels que reçurent les apôtres étaient les sept dons du Saint-Esprit, à savoir la sagesse, l'intelligence, la science, le conseil, la force, la piété et la crainte de Dieu.

Par une colombe placée sous la croix occitane, les huguenots honorent le Saint-Esprit.

SCHISME
Séparation, scission au sein d'une Église, une partie des fidèles
refusant l'autorité du pape en titre.

SIMONIE, SIMONISME
Achat ou vente d'un bien spirituel.

SYNODE
Assemblée ecclésiastique convoquée par un évêque puis, par
extension, réunion d'évêques.

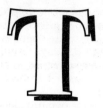

TEMPLIERS

Ordre des chevaliers de la milice du Temple, fondé par neuf chevaliers après la première croisade pour défendre et assister les pèlerins sur la route de Jérusalem. L'ordre du Temple était à la fois militaire et religieux, obéissant à la stricte règle de saint Benoît, sous le parrainage de (saint) Bernard de Clairvaux. Le maître de l'ordre avait le rang de prince. Les Templiers portaient le costume militaire ou la robe monacale, recouverte par une grande cape blanche, parée d'une croix rouge. Les premiers chevaliers ne s'installèrent pas dans les forteresses militaires de Jérusalem mais campèrent à l'emplacement du temple de Salomon, c'est pourquoi ils prirent le nom de chevaliers du Temple ou Templiers. Ces moines-soldats, jaloux de leur indépendance, qui dans les batailles en Terre sainte se couvrirent de gloire, acquirent, au contact de l'Orient, une connaissance symbolique et ésotérique qui leur fut reprochée et en conduisit certains au bûcher, quand le roi de France Philippe le Bel voulut s'emparer de la fortune qu'ils avaient accumulée. Il les fit condamner par le pape à la suite d'un procès inique.

THÉISME

Du grec *theos*, dieu. Croyance en un dieu personnel n'appartenant pas nécessairement à un système religieux, que l'on invoque et qui se manifeste selon les événements, à l'inverse du *déisme* qui nie, au contraire, toute action divine, et de l'*athéisme* qui nie l'existence même d'une divinité.

THÉOLOGIE

Des mots grecs *theos*, dieu, et *logos*, discours. Science des choses divines, enseignement donné à ceux qui étudient les rapports entre les hommes et les divinités. Il existe deux sortes de théologies, la *théologie naturelle*, étudiée à la seule lumière de la raison, et la *théologie révélée*, issue de l'enseignement biblique et concernant plus particulièrement le judaïsme, le christianisme et l'islam.

La *théologie chrétienne* a été d'abord élaborée par les Pères de l'Église, puis par ses docteurs, dont saint Augustin, tandis que saint Thomas d'Aquin (1227-1274) et les scolastiques lui donnaient sa forme actuelle dans le catholicisme.

La Réforme luthérienne et calviniste donna, elle, naissance à une théologie plus centrée sur les Écritures, fondée sur la justification par la foi et le don gratuit de la grâce.

THÉRÈSE D'AVILA (SAINTE)

De son vrai nom Teresa de Cepeda, Thérèse d'Avila, née à Avila en 1515 et morte à Alba de Tormes en 1582, fut une grande mystique espagnole qui réforma le Carmel qu'elle rendit avec l'aide de saint Jean de la Croix, à son austérité originelle. Elle atteignit les sommets du mysticisme et connut l'extase, dite *transverbération*. Thérèse d'Avila, docteur de l'Église, est l'auteur d'ouvrages mystiques tels que *Le Chemin de la perfection*, *Le Château de l'âme* et *Les Pensées sur l'amour de Dieu*, ainsi que de lettres et de poèmes.

THÉRÈSE DE L'ENFANT-JÉSUS (SAINTE)

Religieuse française née à Alençon en 1873 et morte à Lisieux en 1897. Carmélite à 15 ans, morte à 23 ans, Thérèse de l'Enfant-Jésus, dite aussi *sainte Thérèse de Lisieux*, fut canonisée en 1925, et proclamée docteur de l'Église en 1997.

THOMAS D'AQUIN (SAINT)

Théologien italien, docteur de l'Église, né à Aquino en 1225 et mort à Fossa Nova en 1274. Après des études de théologie, de lettres et de sciences à Naples, Thomas d'Aquin s'installa à Paris où il fut l'élève et le disciple d'Albert le Grand, avant d'enseigner lui-même à Paris, en Italie, et de nouveau à Paris où il participa aux querelles des averroïstes. Son œuvre est abondante et a fixé la théologie catholique pour plusieurs siècles. On remarque des commentaires sur la Bible, sur Aristote, ainsi que de très nombreux ouvrages d'apologétique (défense de la religion) et de dogmatique (fixation de ses dogmes).

THOMISME

Doctrine élaborée par saint Thomas d'Aquin qui l'enseigna à l'Université de Paris au XIIIᵉ siècle. Cette doctrine fut exposée dans la *Somme théologique*, adaptation de la scolastique à la philosophie d'Aristote. Albert le Grand était à l'origine de ce qui apparut comme une révolution et qui marqua profondément la pensée médiévale, jusqu'alors fondée sur la pensée de saint Augustin et sur ses commentaires de Platon. Outre l'enseignement religieux, la *Somme théologique* voulait concilier la connaissance de Dieu par la Révélation (dogme de la théologie chrétienne) avec la science profane.

TIARE

Le mot « tiare » vient du latin *triregnum*. Cette coiffe, adoptée par la papauté romaine depuis le Moyen Âge, traditionnellement composée de trois couronnes superposées, qui est, avec les clefs, l'un des principaux attributs de la papauté, sous-entend que celui qui la porte règne sur les trois mondes : le ciel, la terre et le monde intermédiaire ou sublunaire. Le Rois mages du Nouveau Testament illustrent parfaitement ce triple pouvoir. Dans un autre registre, la tiare désigne la domination sur le monde de la manifestation visible, celui de la manifestation invisible et sur le principe invariable qui les unit. Lorsqu'on couronne un pape, le cardinal chargé de lui placer la tiare sur la tête prononce ces paroles : « Recevez cette tiare ornée d'une triple couronne et sachez que vous êtes le Père, le Prince et le Roi, recteur de la terre et vicaire de notre Seigneur Jésus-Christ. »

TRAPPISTES

Moines cisterciens installés dans l'abbaye de Notre-Dame-de-la-Trappe, en Normandie, dès 1140, dont l'abbé de Rancé rétablit la règle primitive au XVIIᵉ siècle. Les moines trappistes observent totalement et en tous lieux un silence absolu et portent des vêtements noirs et blancs. C'est actuellement l'ordre religieux le plus rigoureux.

TRINITÉ

Dogme fondamental du christianisme (fixé au concile de Nicée en 325) précisant qu'un seul Dieu existe en Trois Personnes, le Père, le Fils et le Saint-Esprit. La première vision biblique de la Trinité est l'apparition (théophanie) de Dieu, près des chênes de Mambré, sous un aspect triple (Genèse 18, v. 1 et 2) : *Le Seigneur apparut à Abraham… Il leva les yeux et aperçut trois hommes…*

Le christianisme admet l'existence de Dieu en trois personnes distinctes, mais consubstantielles, d'une même nature. Le Père, créateur de tout ce qui est, le Fils, engendré de toute éternité et qui s'est fait homme, et le Saint-Esprit, qui est l'amour du Père et du Fils, tandis que le Christ est le Verbe actif, la Parole. C'est là le dogme central de la religion chrétienne.

Les représentations de la Sainte Trinité sont nombreuses dans l'art religieux médiéval, qui montre des végétaux trilobés ou trifoliés (tel le trèfle) ainsi que de nombreux objets symboliques tels que trône, livre, colombe, cercles entrelacés ou anges réunis par trois, ainsi que les ornementations aux formes de triskèle comme en présentaient les arts celte et nordique. Depuis le XVIIᵉ siècle, la Trinité est représentée comme un triangle mystique, ou delta mystique, dans lequel s'inscrit un œil ou le tétragramme.

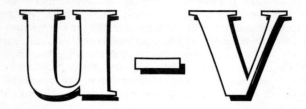

UNIATES
Chrétiens orientaux ainsi dénommés parce qu'ils sont unis à l'Église de Rome et reconnaissent la souveraineté du pape et le dogme catholique depuis le concile de Florence en 1439. Les uniates se répartissent principalement en orthodoxes et en nestoriens (monophysites) tout en ayant conservé leurs langues et leurs rites particuliers. Les principaux uniates sont les Ruthènes polonais, les Roumains byzantins, les gréco-melchites, les catholiques syriens et arméniens, les Chaldéens et les Russes. Bien qu'orientaux, de nombreux uniates sont établis en Europe et en Amérique où ils ont leurs églises particulières.

VATICAN
Après leur retour d'Avignon, au XIVe siècle, les papes s'établissent au Vatican, palais construit sur la colline du même nom, au nord du Janicule, lieu où saint Pierre aurait subi le martyre et où il aurait été enterré. Son tombeau, en tout cas, y est vénéré dès le IIe siècle. Une première basilique y est érigée par Constantin le Grand en 324. Léon IV l'entoure plus tard de remparts, constituant ce qu'on appelle le Borgo, adossé au château Saint-Ange.

L'État du Vatican — le plus petit du monde — d'une superficie de 44 hectares, compte un millier d'habitants. Il est instauré par les accords du Latran de 1929. Il englobe une douzaine d'autres édifices situés dans Rome et dans ses environs. Les papes y vivent entourés de leurs serviteurs, de leur garde et de leur cour : laïques et ecclésiastiques, camériers et prélats de la maison pontificale.

La cité vaticane possède son drapeau, sa gendarmerie, sa monnaie, sa radio, sa poste, son imprimerie, sa bibliothèque possédant plus de 500 000 volumes et un organe de presse : l'*Osservatore romano*. La citoyenneté est accordée à ceux qui y ont leur office, aux cardinaux résidant à Rome et à quelques personnes désignées par le pape. Le Vatican régit d'autres domaines pontificaux, comme la basilique de Saint-Jean de Latran ou la résidence de Castel Gandolfo.

VAUDOIS

Membres d'une communauté chrétienne fondée à la fin du XIIe siècle par Pierre Vaudès, dit Valdo, un négociant lyonnais. Les vaudois n'admettaient que la Bible comme enseignement, refusaient les sacrements, la hiérarchie et les saints de l'Église catholique.

Les vaudois, répandus dans le sud de la France, créèrent leur propre clergé et des distinctions entre les fidèles désignés comme *pauvres*, *maîtres* et *apôtres*. Proches des cathares par certains points, les vaudois furent excommuniés par l'Église de Rome puis poursuivis et férocement exterminés en France et en Italie pendant la croisade que le pape Innocent III lança contre eux en 1209. Réfugiés à Strasbourg, quatre-vingts d'entre eux furent brûlés. D'autres purent se réfugier en Bohême, à Genève et dans les hautes vallées de Savoie et du Piémont.

En 1522, les vaudois s'allièrent aux protestants et furent à nouveau persécutés, notamment dans le Lubéron. Il fallut attendre 1848 pour que leur culte soit libre. De nos jours, quelques églises vaudoises autonomes subsistent encore en Italie dans les vallées piémontaises.

VICAIRE

Suppléant d'un prêtre, ou prêtre en second, dans une paroisse. Le pape est le vicaire du Christ. *Grand vicaire* : auxiliaire de l'évêque. *Vicaire apostolique* : prélat d'une région en cours de conversion, qui n'est pas encore devenue diocèse.

VULGATE

Du latin *vulgatus*, signifiant texte répandu. Nom donné à la traduction latine de la Bible faite par saint Jérôme au

IVe siècle, selon les textes hébreux pour l'Ancien Testament, d'après le texte grec et araméen pour le Nouveau Testament. L'ancienne Vulgate, dite *Italique*, fut quant à elle traduite à partir de la version grecque dite des *Septante*. Le concile de Trente (1546) a proclamé la Vulgate comme seule traduction valable pour le catholicisme. Elle fut fixée par le pape Sixte Quint (1590) et prit le nom de *Vulgate sixtine*, puis révisée sous l'autorité du pape Clément III (1592) et appelée *Vulgate clémentine*.

Index alphabétique des papes et antipapes

A

B

G

H

I

J

L

R

S

T

U

V

Z

Imprimé en France sur Presse Offset par

BRODARD & TAUPIN

GROUPE CPI

20334 – La Flèche (Sarthe), le 15-09-2003
Dépôt légal : septembre 2003